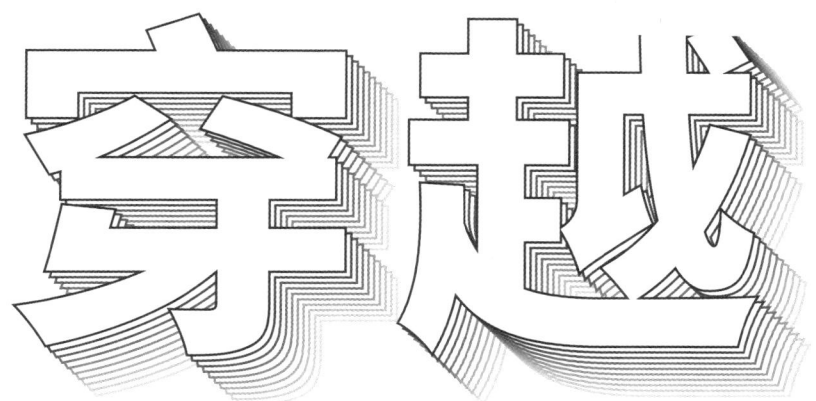

散户最佳交易模式

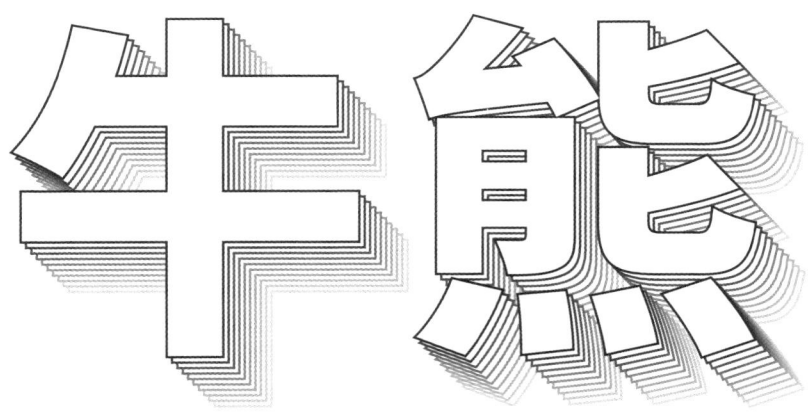

屠龙刀 ◎ 编著

中国宇航出版社

·北京·

版权所有　侵权必究

图书在版编目（CIP）数据

穿越牛熊：散户最佳交易模式 / 屠龙刀编著.
北京：中国宇航出版社，2025.1. -- ISBN 978-7-5159-2446-5

Ⅰ．F830.91

中国国家版本馆CIP数据核字第202434NA81号

策划编辑　卢　册			封面设计　王晓武	
责任编辑　卢　册			责任校对　张文丽	

出　版 发　行	**中国宇航出版社**
社　址	北京市阜成路 8 号 　　邮　编　100830
	（010）68768548
网　址	www.caphbook.com
经　销	新华书店
发行部	（010）68767386　　（010）68371900
	（010）68767382　　（010）88100613（传真）
零售店	读者服务部
	（010）68371105
承　印	三河市君旺印务有限公司
版　次	2025 年 1 月第 1 版　　2025 年 1 月第 1 次印刷
规　格	710×1000　　　　　　开　本　1/16
印　张	12.25　　　　　　　　字　数　188 千字
书　号	ISBN 978-7-5159-2446-5
定　价	49.00 元

本书如有印装质量问题，可与发行部联系调换

前 言

市场上的股票交易模式有很多种，但没有一种交易模式适合所有人，也没有一种模式可以"拿来即用"就获得盈利。

很多投资者将大把时间用在寻找交易模式上，看见有人用短线交易模式赚到钱了，就尝试做短线交易，结果没几天就亏钱了；又看见有人用长线投资模式赚到钱了，于是又开始搞长线投资，结果因为坚持不下去，又放弃了；又看见很多人都追涨强势股和涨停板，就又去尝试玩超短线交易，结果又是亏钱。如此就形成了恶性循环。

其实交易模式本身没有优劣之分，几乎每种交易模式都有大量的推崇者、追随者，关键要看谁在用，在什么条件下用，怎么用。从投资者的角度来看，选择交易模式时，需要关注以下几点：第一，个人性格适合采用何种交易模式（个人性格与交易模式的匹配性）；第二，自身情况适合采用何种交易模式（个人实际情况与交易模式的契合性）；第三，当前的市场环境适合采用何种交易模式（市场环境与交易模式的适应性）。

本书提供了常用的多种交易模式，但并没有指定某一类投资者就一定应该使用哪种交易模式。归根结底，选择交易模式还要靠投资者自己。但是本书为投资者提供了一个可以选择的基础。

投资者在充分分析自身情况以及市场情况后，可以从本书所列出的各类交易模式中"有所选择"地加以应用。

为了便于投资者掌握和筛选交易模式，本书将市场上经常使用的交易模式进行了归类与整理。从大的层面来看，常用的交易模式大致可以分为七大类别，涵盖了日内交易模式、超短线交易模式、短线交易模式、波段交易模式、振荡交易模式、中长线交易模式以及熊市交易模式等。在这些大的交易模式之下，又可以划分为诸多具体的实战战法，本书共列举了最常使用的68种实战技法。

本书介绍的交易模式有很多种，但并不意味着投资者每种都要掌握和精通。通常来说，投资者首先需要对这些交易模式有一个全局性的了解，以便遇到某种行情时知道该使用哪种交易模式。其后再结合自己的实际情况选择一种或几种交易模式仔细研究，通过模拟交易或小规模试盘等方式，逐步完善对交易模式的理解和应用，直至对某一种或几种交易模式达到精通的程度。

在实战过程中，单一的交易模式有时并不适用于所有行情，这时投资者就可以根据外界环境的变化，尝试切换交易模式，丰富自己的交易"工具箱"。

总之，没有一种交易模式可以被投资者"拿来即用"，即使那些与投资者相契合的交易模式，要想在实战中盈利，也需要不断地打磨、总结与完善，使之能够成为自己的"独门武器"。

目 录

第一章　散户需要何种交易模式

第一节　交易模式的类型 / 2
一、日内交易模式 / 2
二、超短线交易模式 / 3
三、短线交易模式 / 3
四、波段交易模式 / 5
五、振荡交易模式 / 6
六、中长线交易模式 / 6
七、熊市交易模式 / 7

第二节　如何选择交易模式 / 7
一、个人性格 / 7
二、个人客观情况 / 8
三、市场环境 / 10
四、选择优势交易模式 / 10

第二章　日内交易模式

第一节　T+0 交易的基本原则 / 12
一、没有波动，就没有 T+0 / 12
二、日内完成交易 / 14

三、交易不可过于频繁 / 14

　　四、避开熊市 / 15

第二节　T+0 交易模式 / 16

　　一、顺向 T+0 操作技术 / 16

　　二、逆向 T+0 操作技术 / 20

第三节　日内交易实战技巧 / 24

　　一、低开震仓，拉高出货 / 24

　　二、盘中直线暴跌 / 26

　　三、早盘急速拉升，反向下行 / 28

　　四、二度冲高不破前高 / 29

第三章　超短线交易模式

第一节　涨停板打板战法 / 32

　　一、快速涨停第一板 / 33

　　二、新股初次涨停打板 / 34

　　三、回封板入场战术 / 37

第二节　龙头战法 / 39

　　一、新题材易出龙头股 / 39

　　二、大题材出大龙头 / 41

　　三、想象空间大的题材 / 43

　　四、大龙头抢入战术 / 44

　　五、龙头分化打板 / 46

　　六、龙头首阴战法 / 51

第三节　高位回踩战法 / 53

　　一、强势牛股回踩启动 / 53

　　二、龙回头启动战术 / 55

　　三、牛股空中反包涨停 / 56

第四章 短线交易模式

第一节 突破买入战法 / 61
- 一、放量突破前期高点 / 61
- 二、放量突破阻力线 / 63
- 三、放量突破 5 日均线 / 65
- 四、放量突破下降趋势线 / 66
- 五、特殊的突破前高：多方尖兵 / 68

第二节 回调买入战法 / 70
- 一、回抽上行买入法 / 70
- 二、回调不破 10 日线 / 71
- 三、缺口支撑买入技法 / 73
- 四、遇前高支撑起涨点 / 74
- 五、特殊的回调形态：黄金坑 / 76

第三节 横盘起涨战法 / 77
- 一、突破矩形整理区域 / 78
- 二、突破均线黏合区域 / 80
- 三、突破平行振荡区域 / 82

第四节 超跌反弹战法 / 84
- 一、深度下跌再反攻 / 84
- 二、金针探海 / 86
- 三、暴跌距离均线远 / 88
- 四、地量遇地价 / 89

第五章 波段交易模式

第一节 波段底部与顶部识别 / 93
- 一、底部形态的构建 / 93
- 二、波段顶部的特征 / 95

第二节 底部形态反转战法 / 97
- 一、K 线突破低位盘整区域 / 97

二、K 线 V 形底 / 99

　　三、K 线 W 形底 / 102

　　四、K 线头肩底 / 104

　　五、K 线塔形底 / 107

第三节　主升浪战法 / 109

　　一、经典三浪启动 / 109

　　二、主升浪底部识别 / 111

　　三、主升浪战法——回踩支撑位 / 112

　　四、主升浪战法——跳空启动 / 114

　　五、主升浪战法——异动上攻 / 116

第四节　波段交易战法 / 119

　　一、中期均线波段战法 / 119

　　二、MACD 指标波段战法 / 120

　　三、布林线中轨波段战法 / 123

第六章　振荡交易模式

第一节　固定点位交易战法 / 126

　　一、固定价格交易法 / 126

　　二、1 分钱交易法 / 127

第二节　波动区域交易战法 / 129

　　一、布林线低吸高抛法 / 130

　　二、通道交易法 / 131

　　三、速阻线振荡交易法 / 132

　　四、整理区间交易法 / 134

第七章　中长线交易模式

第一节　中长线趋势交易战术 / 137

　　一、趋势交易法 / 137

　　二、左侧交易与右侧交易 / 140

三、中长期均线交易法 / 145

第二节　绩优股价值投资法 / 147

一、价值投资的原则 / 148

二、价值投资的基本分析框架 / 151

三、价值投资的基本程序 / 154

四、价值投资的入场与离场 / 157

第三节　成长股投资法 / 159

一、寻找高成长股 / 160

二、适当时机进入 / 165

三、选择熟悉的标的 / 166

第八章　熊市交易模式

第一节　熊市基础交易战法 / 169

一、休眠交易法 / 169

二、熊市赚股，牛市赚钱 / 171

三、微笑曲线分批交易法 / 172

第二节　熊市间断式交易模式 / 175

一、极阴抢反弹交易法 / 175

二、底部短线交易法 / 177

三、网格交易法 / 178

第三节　熊牛转换交易模式 / 181

一、左侧添油交易法 / 181

二、持仓不动交易法 / 184

第一章
散户需要何种交易模式

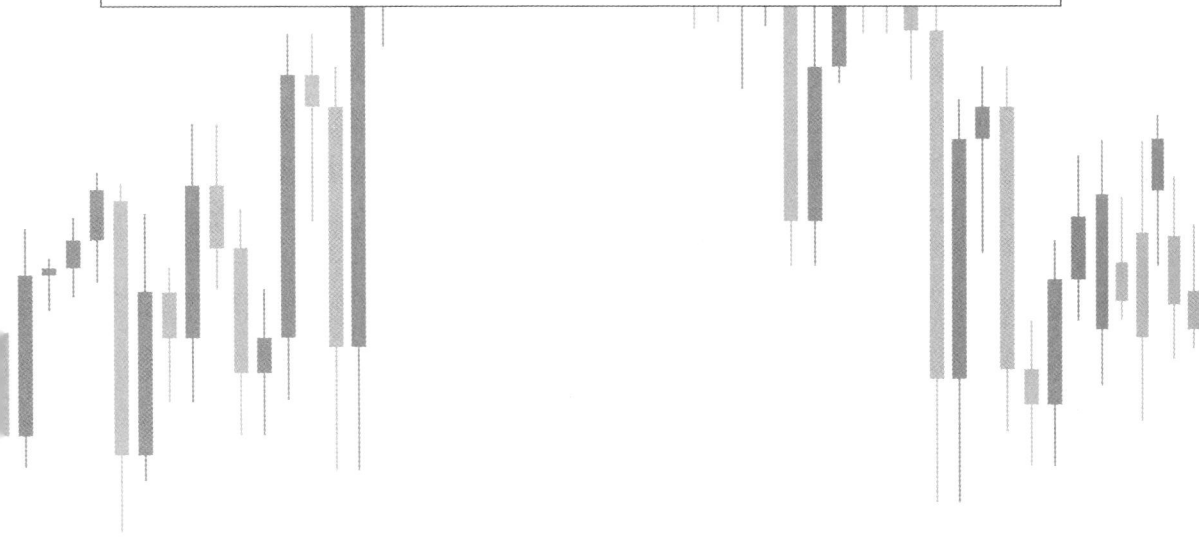

没有最好的交易模式，只有适合的交易模式。市场上的交易模式有很多种，几乎每种交易模式都不乏推崇者。单纯地从交易模式本身的特点来判断哪种交易模式更好，注定是徒劳的。对于投资者来说，关键是要根据个人特点和市场走势，找到适合自己的交易模式。

第一节　交易模式的类型

目前市场上常用的交易模式有很多种，归纳起来大致有这样几类，如图1-1所示。

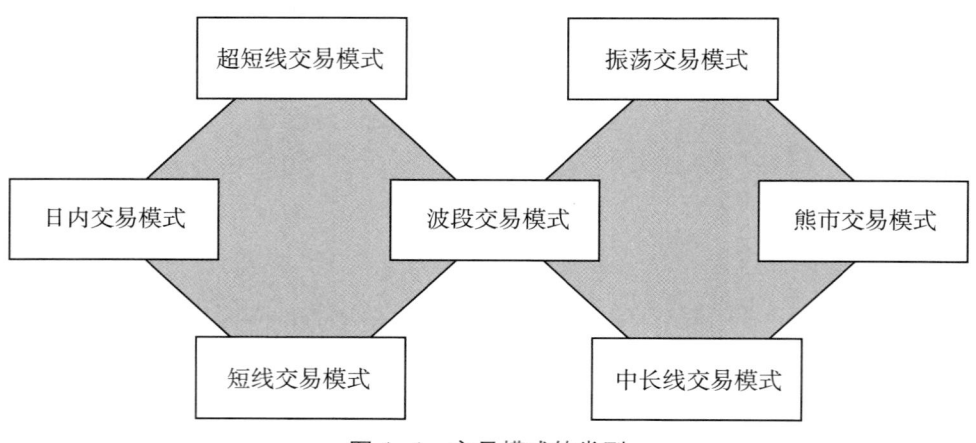

图 1-1　交易模式的类型

一、日内交易模式

该类交易模式也可以看作超短线交易模式的一种，且是其中较为特殊的一种。由于目前 A 股市场上执行的是"T+1"交易规则，即当日买入的股票要下一个交易日才能卖出。因此，投资者要实现"T+0"操作，本身就需要采用一定的方法和技巧。

其次，投资者还需要根据市场环境即时做出交易决策。从大的层面来看，市场环境、市场上的投资者情绪、市场热度；从个股角度来看，股价分时线的走势、形态以及盘口挂单的数据等，都可能对股价走势产生一定的影响。

也就是说，该类交易模式适合能够全天跟盘、盯盘，且盘感较佳的投资者，对于很多无法做到随时盯盘的投资者而言，该类交易模式并不适用。

二、超短线交易模式

尽管很多投资者不喜欢超短线交易，认为这种交易本身就是一种投机，与投资大相径庭。但不可否认的是，目前的A股市场上，超短线交易仍是一种非常重要的交易模式。几乎所有游资使用的都是超短线交易模式。超短线交易模式在一定程度上推动了市场热点的产生，激发了市场的赚钱效应，也极大地提升了市场的活跃度。投资者应该都清楚，没有了交易活跃度，也就没有了市场。

超短线交易模式具有如下几个特点。

第一，超短线交易模式，从本质上来说，就是为了博取股价短期内波动带来的价差所产生的收益。因此，投资者所选的标的多为当前市场的热门股票、波动较大的股票。至于股票的基本面，并不是最重要的。

第二，在超短线交易模式中，还有一类比较特殊的交易，即涨停板交易。很多超短线交易都是围绕涨停板展开的，如打板交易、龙头股交易等。总之，强势股才是超短线交易者的最爱，而涨停板、龙头股就是强势股中的强势股。

第三，超短线交易模式的风险非常大，对投资者的要求也最高。由于股价短线波动较大，亏损的概率也是非常大的。因此，投资者必须做好仓位管理与止损准备，确保交易失败不会对本金产生太大的影响。

三、短线交易模式

短线交易模式是目前应用最为广泛的交易模式。很多常见的技术分析方法、技术指标、交易技术与技巧，多数都属于短线交易范畴。短线交易的核心精髓，在于忽视股价中长线的行情走势，寻求在小趋势中获取交易成功的方法。

概括起来说，短线交易模式又可以细分为四类交易战法，如图1-2所示。

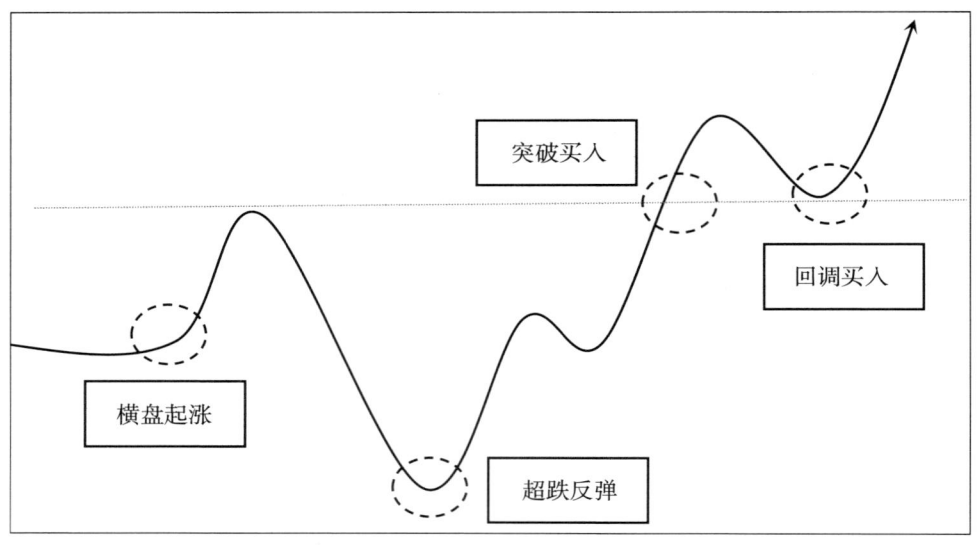

图 1-2　四类经典短线交易战法

第一类：突破买入。

这是短线交易模式中最主要、最常用的一种交易战法。在具体交易实战中，当股价实现有效突破时，往往意味着股价即将发动新的上攻。股价所突破的点位越重要，未来股价上涨的概率、上涨的空间也就越大。通常来说，股价突破的重要点位包括前期高点、前期低点、重要整数点位、重要均线、重要支撑位或阻力位等。

第二类，回调买入。

回调买入也是一种重要的交易战法。通常来说，当股价上升一段时间后出现回调走势，而股价回调至某一重要支撑位获得足够支撑时，就会重新启动上升趋势。股价回调遇到支撑时，往往也是很多场外资金入场的机会。回调遇到支撑的位置通常为均线位置（多为中期均线）、前期高点或低点位置、重要的整数点位等。

第三类，横盘起涨。

股价经过较长时间的横向振荡整理后，必然面临方向性的选择。一旦股价开始上升，也就意味着横盘期结束，股价正式开启了上升模式，这也属于较佳的买入点位。通常来说，股价横盘多围绕一定的区域进行，多条均线也会出现黏合状况。一旦股价开始上扬，均线进入多头发散排列时，就是股价上升空间打开之时。

第四类，超跌反弹。

相对而言，超跌反弹买入战法的风险相对较高。若没有特殊的利空事件，股价持续出现大幅下跌，且严重偏离其内在价值，也就意味着股价短期内有修复的需要，也就是说，股价短线超跌反弹的概率很大。当然，一旦投资者判断出错，就可能被套在半空中，这也是参与超跌反弹交易的风险所在。

应用短线交易模式需要注意这样两点。

第一，短线交易毕竟是一种风险较高的模式，因此，从事短线交易的投资者在入场前就需要构建比较完善的交易系统。预设入场条件、止盈与止损条件、加仓与减仓条件等。

第二，适用于短线交易模式的战法、技战术非常多，而且很多技术指标也是应用在短线交易领域内的，投资者需要有所取舍，寻找适合自己的交易方法或技术。

四、波段交易模式

市场不会一直上涨，也不会一直下跌，有的只是起起落落。在股价振荡与波动过程中，孕育着数不清的交易机会。当然，这些机会中，有的交易价值较大，有的交易价值相对较小。作为投资者，就是要努力把握那些交易价值相对较大的交易机会。

其实从严格意义上来说，整个市场的交易行为都可以看成一种波段交易，区别在于有的波段大一些，成了中长线交易；有的波段小一些，就是所谓的短线或超短线交易。这与波浪理论基本吻合，依据波浪理论，拉尔夫·纳尔逊·艾略特（Ralph Nelson Elliott）也将整个市场的运动划分成了若干级别的波浪：级别较高的波浪循环需要数年，甚至十几年才能走完；有的级别较低的波浪可能一天，甚至一个小时就能走完几个循环。关键要看投资者是如何理解、使用波浪理论的。

在波段交易模式中，底部与顶部的识别、捕捉主升浪是最为核心的内容。将顶部与底部识别清楚了，就可以让自己立于不败之地，而抓住了主升浪，就抓住了盈利的希望。

五、振荡交易模式

振荡交易，这里指的是在股价没有明确运行方向前所采取的交易行为。由于 A 股市场缺乏必要的做空机制，投资者想要从 A 股市场盈利，只有看多某只股票，而后采取交易行动。那么，当股价处于振荡态势，运行方向未明时，投资者就只能等待了。也就是说，在股价运行方向确定时，投资者追随胜利者的脚步即可。但在振荡交易模式中，即使股价运行方向未明，投资者仍可进行交易。

锁定股价振荡区间，是振荡交易模式运行的核心。有的股票是围绕一定的价格区间振荡的，有的股票在振荡过程中会呈现出某种特定的形态，如三角形、楔形、矩形等。投资者只有辨明了股价振荡的态势，才能采取相应的交易行动。

六、中长线交易模式

股市被称为经济的晴雨表。股票市场的走势与整个国民经济的走势应该是相吻合的，且一般来说，市场的运动会先于经济基本面的变化而变化。从这一点上来说，随着经济的发展，股市也应该呈现持续振荡上行的态势。当然，具体到 A 股市场可能有所不同，毕竟最近几十年以来，尽管国民经济取得了长足发展，A 股市场的涨幅却十分有限，如表 1-1 所示。

表 1-1　国内生产总值（GDP）与上证指数涨幅对比

项目	2000 年数值	2023 年数值	涨幅
GDP	10.03 万亿元	126.06 万亿元	1156.83%
上证指数	1368.69	2974.93	117.36%

从表 1-1 中可以看出，尽管自 2000 年以来，GDP 的涨幅超过了 11 倍，但上证指数的涨幅仅为 1.17 倍，也就是说，GDP 的涨幅是股市涨幅的 10 倍。从数据对比来看，上证指数的走势并不理想，但这并不妨碍个股的精彩表现。事实上，很多超级绩优股在这二十多年里也出现了十分惊人的涨幅，比 GDP 涨幅更多的股票也有很多，比如贵州茅台、五粮液、格力电器、美的集团等，都有超过几十倍的涨幅。

中长线交易模式的操作要点包括如下两点。

第一，标的股票的选择。这是中长线交易的核心和重中之重。一般来说，白马股、超级绩优股、高成长股才是中长线交易的最佳标的。只要基本面没有发生改变，这些超级绩优股即使股价在一段时间内下跌，也能够很快收复，而垃圾股则很可能没有收复股价的机会了。

第二，入场时机的选择。尽管超级绩优股可以作为中长线交易的合适标的，但并不意味着何时买入股票都是合适的，只有在股价大幅下跌或股价低于其内在价值时，才是最佳的入场时机。这就需要借助一定的价值投资知识，或者股价出现大幅下跌时，或者个股遭遇"黑天鹅"事件（并不会伤及基本面），才是最佳的入场时机。

七、熊市交易模式

熊市并非理想的交易时机。经典股票投资理论也认为，投资者不宜在熊市交易。但事实上，仍然有很多投资者在熊市进行交易。

即使在熊市，市场也并非都是一路下行的，在有些时段（有时时间相对较长），股价也会出现反向上攻态势。因此，一些比较适合熊市的交易模式，也可以成为投资者交易"武器库"中的备选方案。

第二节　如何选择交易模式

交易模式本身并没有优劣之分。无论哪种交易模式，都有大批的支持者和使用者，也都有很多投资者利用这些交易模式获得了成功。同样，利用这些交易模式进行投资的失败者也大有人在。交易模式的选择，一般需要考虑以下几点因素，如图1-3所示。

一、个人性格

性格决定命运。在股票交易领域，性格直接决定了交易行为。性格急躁者，很难长期持有一只股票，那么一些中长线交易模式明显不适合这类投资者；相反，一些投资者的性格较为沉稳，做事有条理，但反应速度相对较慢。

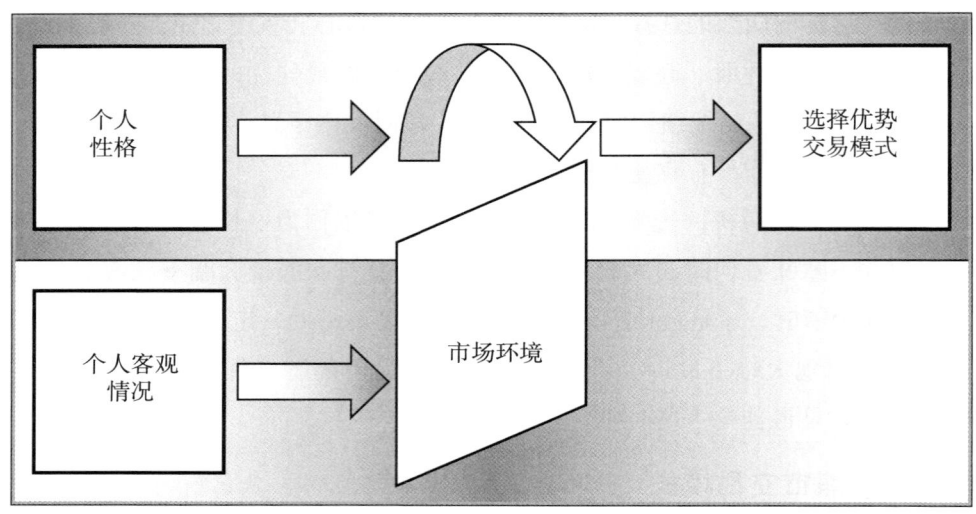

图1-3 交易模式的选择

这类投资者就明显不适合超短线交易模式和日内交易模式，毕竟这些超短线交易需要投资者在几分钟甚至几秒钟内做出交易决策。因此，在选择交易模式前，投资者需要对自己的性格特点进行全方位的分析，可以尝试问自己几个问题。

（1）买入股票后能拿多久？10天？20天？两个月？

（2）买入股票后，股价持续下跌了10天，还继续持股吗？

（3）外围市场持续大涨，自己持仓的股票却横着不动，还继续持股吗？

（4）自己持仓的股票盘中大涨或大跌，要进行加仓或减仓操作吗？

事实上，无论采用哪种交易模式，都会事先设定好交易系统，何时加仓、何时减仓都是事先设定好的，没有达到加减仓标准，就不动手；反之，就可以坚决地执行。成熟的投资者是不需要为股价盘中的波动患得患失的。

二、个人客观情况

事实上，投资者的客观实际情况，对股票交易模式选择的影响也是非常大的。这些客观情况主要包括这样几个维度，如图1-4所示。

1. 资金

资金是股票投资的血液，没有了资金，也就没有了投资的资本。现实情况中，很多投资者手中有钱后，就一股脑地将资金投放到了股市，想要搞个中长线投资。可是随后却发现，日常生活中还有其他的规划需要资金，于是不得不忍痛割肉离场。

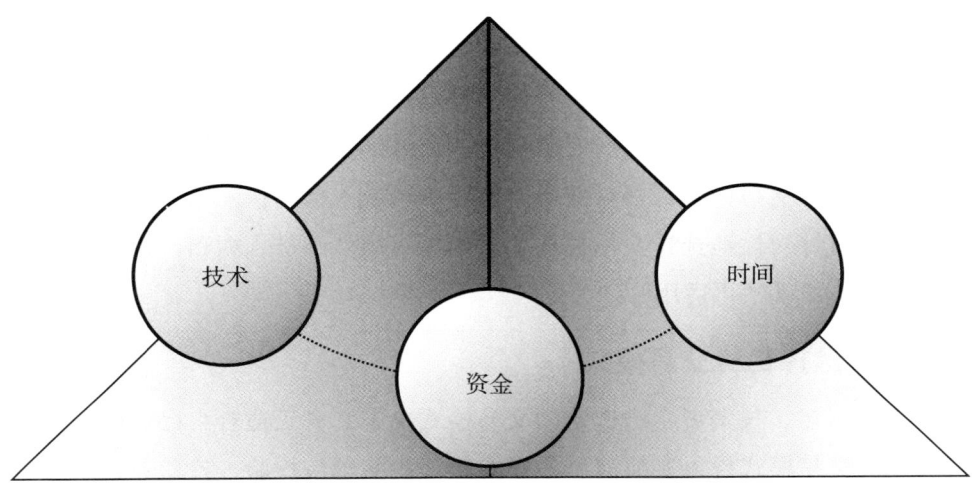

图1-4 影响交易模式选择的个人客观情况

因此，在入场交易前，投资者需要对资金用途有一个明确的规划，哪些资金用作日常花销，哪些资金是用来投资的。而在用于投资的资金中，有些资金拿来炒股的时间不会太长，有些资金则属于长期投资的资金，这两种资金进入股市后，投资者所选择的交易模式势必会有所不同。针对长期投资的资金，投资者可以选择各类交易模式；而只有一段时间内空闲的资金，一般不适合用于炒股，即使进入股市，也宜采取短线或超短线交易模式。

2. 技术

技术准备也是投资者选择交易模式前需要考虑的因素。通常来说，短线交易、超短线交易对股票基本面的要求相对较少，但对技战术要求较高。投资者需要熟练掌握各类技术分析方法和交易技术、交易工具等；反之，长线交易则需要投资者能够针对市场上的股票进行详细筛选，挑选投资价值较高或成长性较好的股票。

3. 时间

投资者能够用于交易决策的时间也是重点考虑的因素。有些投资者能够拿出大把的时间进行盘后分析、盯盘等，而有些投资者则没有大量的时间进行交易研究，那这部分投资者明显不适合进行短线或超短线交易，更不用说日内交易了。

三、市场环境

市场环境也是影响投资者选择交易模式的重要影响因素。市场环境处于牛市、熊市还是振荡市，投资者所选择的交易模式也会有所不同。比如，在牛市中，很多交易模式都可以使用，但若市场进入横向振荡市或熊市，投资者就需要有针对性地选择交易模式了。如果市场已经进入熊市，用牛市中常用的交易模式就不再适用了。

四、选择优势交易模式

有些时候，投资者自己选定的交易模式也未必真正适合自己。因此，在将所选的交易模式投入实战前，最好先做一些测试与检验，检验通过后再进行实战。

选择优势交易模式的步骤包括如下几项，如图1-5所示。

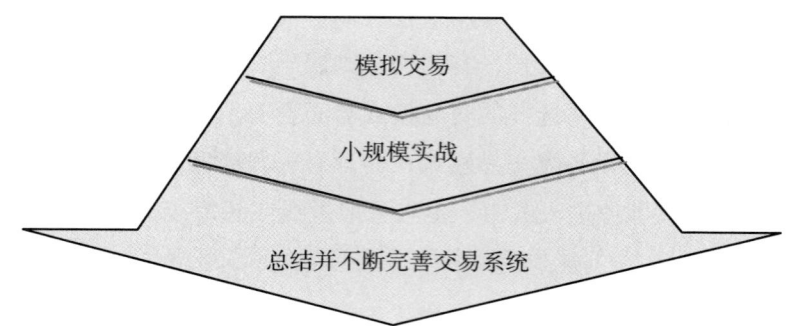

图1-5　选择优势交易模式

首先，投资者需要通过模拟交易来验证交易模式的有效性。当然，投资者也可以选择几种交易模式，然后通过模拟交易来检验效果，从中选择交易效果最理想的一种交易模式。

接着，投资者可以将通过模拟交易验证的交易模式小规模地应用于实战交易，通过若干次小规模的实战交易，来检验交易模式的运行效果。

最后，投资者需要对交易模式的实战效果进行总结，并不断完善交易系统。

第二章
日内交易模式

在众多交易模式中，日内交易模式的应用难度是比较高的，比较适合股市经验较为丰富的投资者。

日内交易（即 T+0 交易），即持仓时间超短的一种交易模式，当日买入，当日卖出，不留夜持仓。日内交易模式的精髓在于捕捉股价瞬间波动所形成的价差，进而实现盈利。严格意义上来说，目前的 A 股市场并不支持这种交易模式，但投资者仍可以借助一些方法和规则，科学合理地进行日内交易。

第一节　T+0 交易的基本原则

相比于其他超短线交易，T+0 交易的风险更大，因而，进行 T+0 交易的投资者必须牢牢坚持如下几个基本原则。

一、没有波动，就没有 T+0

整个 T+0 交易系统都是建立在股价日内交易过程中会出现剧烈波动基础之上的，因此，没有了这种波动，也就失去了 T+0 交易的基础。

先来看一下山东钢铁的股价日内走势情况，如图 2-1 所示。山东钢铁的股价在 2024 年 7 月 26 日全天的波动范围都比较小。投资者要想在这只股票上完成 T+0 交易，是很困难的，既没有明确的入场时机，也没有离场时机，且波动幅度过小。交易这类股票不仅无法获得利润，还会浪费资金成本。

下面再来看一下伟时电子的股价走势情况，如图 2-2 所示。整个交易日下来，伟时电子的股价波动幅度超过了 10%，也就是说，投资者即使只拿到了一半的波动量，也可以获利超过 5%。由此可见，该类股票就是比较理想的 T+0 交易标的。

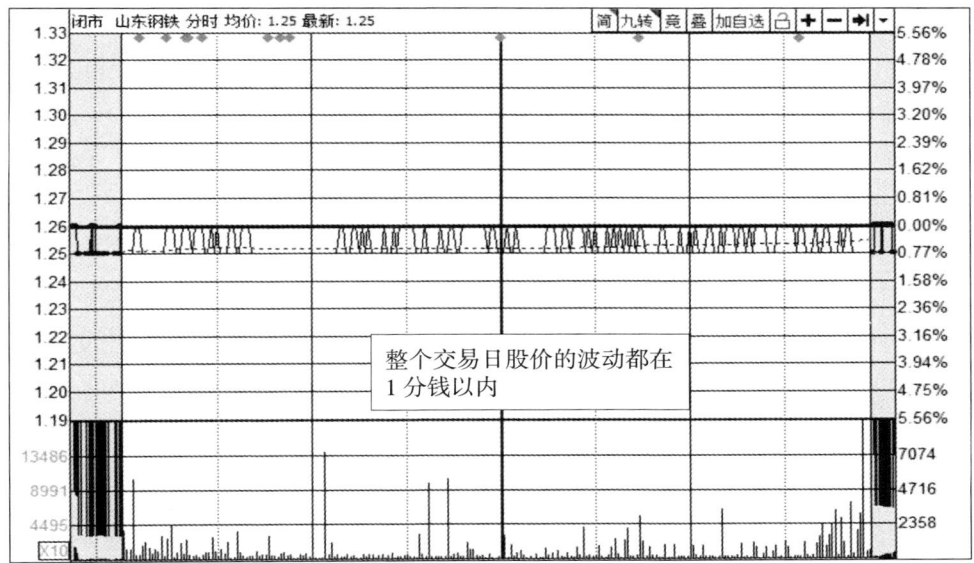

图 2-1　山东钢铁（600022）分时走势图（2024.7.26）

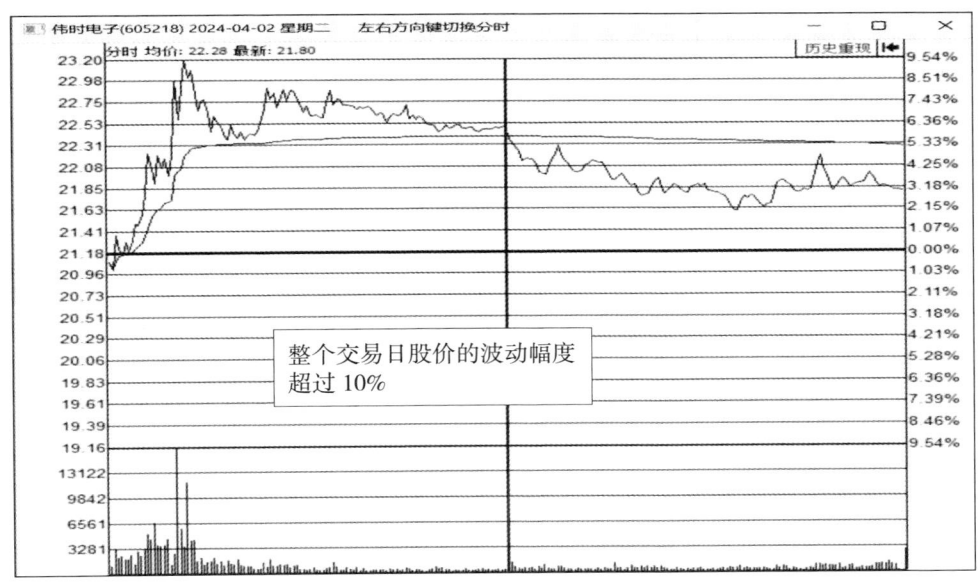

图 2-2　伟时电子（605218）分时走势图（2024.4.2）

一般来说，能够成为 T+0 交易标的的股票应该符合以下几点要求。

第一，选择股性活跃的股票。有些股票的股性天生比较活跃，每日波动都比较大；有些股票的股性欠活跃，整日波动幅度较小。因此，投资者在选择股票时，应该尽量选择那些股性一直比较活跃的个股。

第二，选小不选大。中小盘股票的波动性一般要大于大盘股，因此，同等条件下，选择中小盘股票操盘更为适宜。

第三，选择热门板块股票。越是热门板块的股票，波动性越强，毕竟资金流入与流出的规模都比较大，这类股票的波动幅度和空间也比较大。

二、日内完成交易

T+0交易本身就是一种日内交易技术。不过，从T+0交易的应用实践来看，很少有投资者能够坚持在日内完成交易。原因无外乎两点：其一，股价后期的上涨或下跌超过自己的预期，想要留到下一个交易日再看；其二，由于日内交易出现亏损，而不愿意承认自己的损失，希望在下一个交易日降低亏损。

无论采用何种T+0操作策略，当日没有完成交易，都会对以后的交易活动产生较大的影响。

第一，如基于顺向T+0策略的投资者，手中有股票，盘中又将剩下的一部分资金买入了股票，若收盘时没有及时卖出原有的股票，那么持仓将会翻倍，下一个交易日一旦股价开盘下跌，将会全仓被套，以后都无法顺利进行T+0操作了。

第二，如基于逆向T+0操作的投资者，手中有股票，采用先卖出后买入的策略。若将股票卖出后，没有及时补仓，则下一个交易日手中就只剩下现金了，再买入股票就无法继续完成T+0交易了。当然，这个失误要比满仓股票好些，毕竟没有被套牢，但如此操作的结果，将会导致后面的交易日失去一次T+0交易机会。

总之，这都是T+0交易的大忌。

三、交易不可过于频繁

尽管T+0交易属于超短线交易，理论上投资者每天都可以进行交易，但这并不意味着投资者必须进行交易。事实上，T+0交易的精髓并不在于每日能够交易，而是在合适的机会出现时，随时可以进行交易，这就保证了投资者不会因为规则的限制而错失交易机会。

因此，投资者在交易中必须注意这样几点。

第一，控制交易频次。很多新手投资者开始进行T+0交易后，总是急于交易，每日早早地将交易次数用尽。其实，这本身就是一种修炼不到位的体现。与其这样，还不如不进行T+0操作。也就是说，作为交易新手，要控制自己的交易冲动，尽量减少交易次数。有交易机会而不轻易地使用，或者说只在较好的交易机会出现时才出手，才是明智之选。

第二，成功率才是盈利的根本，而非交易次数。投资者进行T+0交易，本质上就是为了博取日内波动的收益，因此，耐心地等待合理的时机出现，才是获胜的根本。如果过早地将交易次数用完，当机会真正来临时，就只能望而兴叹了。

第三，考虑A股市场的交易特点，下午14:10经常会出现一些变盘的情况，投资者必须为此做好足够的准备。

四、避开熊市

理论上来说，T+0交易无论牛市和熊市都可以操作，但事实并非如此。毕竟A股市场还缺乏卖空机制，即使投资者通过融资融券获得股票，想要从事卖空操作也是很难的。一来，市场上的融资融券标的仅限于大盘股票，而这些股票的波动性可能相对较小，往往并不适合T+0操作；第二，尽管有些融资融券标的的波动性尚可，但并不意味着投资者就一定可以借到股票，事实上，在熊市开启后，投资者是很难从证券公司融到股票的；第三，尽管可以通过先卖出后买入的T+0操作来降低仓位成本，但若整个市场的大趋势向下，市价越来越低，而且下跌速度肯定要快于投资者降低成本的速度，这就使得投资者持仓的股票一直处于亏损状态，这肯定并非理想的短线操作选择。

因此，即使是T+0交易，最为明智的选择仍是要避开熊市。

尽管T+0交易不需要特别大的行情做支持也可以进行交易，但是，如果整个市场都处于下跌趋势中，那么，短线交易想要获利就会变得特别艰难。孙子曰：古之所谓善战者，胜于易胜者也。引申到短线交易中来，就是一个优秀的短线交易者，应该只做最容易成功的交易。也就是说，只有大盘趋势向好的时候，才是短线交易者的最佳行动时机。

第二节 T+0 交易模式

由于 A 股市场执行的是 T+1 交易模式，并不支持 T+0 交易。投资者进行 T+0 交易，需要满足一定的条件，而后通过一定的技术方法方可完成。目前，T+0 交易的基本盈利模式主要包括两种，即顺向 T+0 和逆向 T+0。

一、顺向 T+0 操作技术

顺向 T+0 交易是指投资者持有一定数量的某只股票后，在某一天的交易时段内，认为该股将上涨，就可以买入同一只股票，待其上涨到一定高度后，将原来持有的同一品种的股票全部卖出，从而在一个交易日内实现低买高卖，并借此获取差价利润。

下面用一个例子来说明整个顺向 T+0 交易过程。假设一位投资者手中持有 1000 股价值 11 元的股票和 1 万元现金。在某一交易日，股价下跌到 10 元位置，此时这位投资者认为该股当天有可能会出现一波上涨行情，于是便用手中的资金以每股 10 元的价格买入 1000 股该股股票（手续费、佣金忽略不计）。收盘前，该股重新上涨到 11 元位置，投资者就可以将以前买入的 1000 股股票抛出，而将当日买入的 1000 股股票留在手中。这就相当于该投资者当天以每股 10 元的价格买入了 1000 股股票，又在当天以每股 11 元的价格将 1000 股股票卖出了。手中的 1000 股股票没变，而资金多出了 1000 元。这就是一次成功的顺向 T+0 交易。

顺向 T+0 交易要求投资者手中必须持有部分现金，否则难以实现顺利交易。如果投资者满仓被套，则无法进行 T+0 交易。

1. 顺向 T+0 操作的前提条件

第一，大盘有振荡向上趋势。

投资者要进行顺向 T+0 交易，必须保证大盘当日的趋势能够振荡向上，这里对大盘有两个要求：一是必须方向向上，如果方向向下，将带动个股下跌，也就无法完成 T+0 交易；二是必须有充足的振荡空间，大盘振荡必将带动个股出现振荡，从而有利于交易的完成。

第二，个股有向上突破的态势。

投资者不能看到个股下跌就认为该股一定会重新上涨，只有上涨趋势已经明显了，才能开始行动。

第三，严守操盘纪律。

投资者要进行的是 T+0 交易，因而一定要保证当天买入的股票当天卖出，不能留到下一个交易日。

2. 顺向 T+0 交易方法

顺向 T+0 交易需要投资者手中持有股票和现金，在入场交易前应制订详细的交易计划。

第一，买入方法。

为了避免因判断失误造成投资损失，建议投资者将准备投放的现金分成两部分。当分时线向上突破均价线时，执行第一次买入操作；当分时线向上突破某一重要阻力位，如前一交易日收盘价、当日开盘价、前期高点等，投资者可考虑执行第二次买入操作。

第二，卖出方法。

为了获取更多的利润，投资者也可以将原先持有的股票分为两部分。当分时线呈现典型的顶部特征时（如出现经典顶部形态、量价顶背离等），可执行第一次卖出操作；当分时线跌破某一重要支撑位，如某条均线时，可执行第二次卖出操作；股价跌破买入之前最低价时，必须将手中剩余的可卖股票卖出。

为了让读者熟悉 T+0 操作技法，本节选用的主时间框架为分时线。当然，读者也可以用 1 分钟 K 线替换分时线，然后将均线替换成均价线，这样并不影响对股价走势的判断。

（1）大盘环境。

投资者进行顺向 T+0 操作前，也需要对大盘环境有所了解。一般来说，只要大盘没有明确的向下趋势，个股都可能完成顺向 T+0 交易。

下面来看一下上证指数日 K 线走势图，如图 2-3 所示。

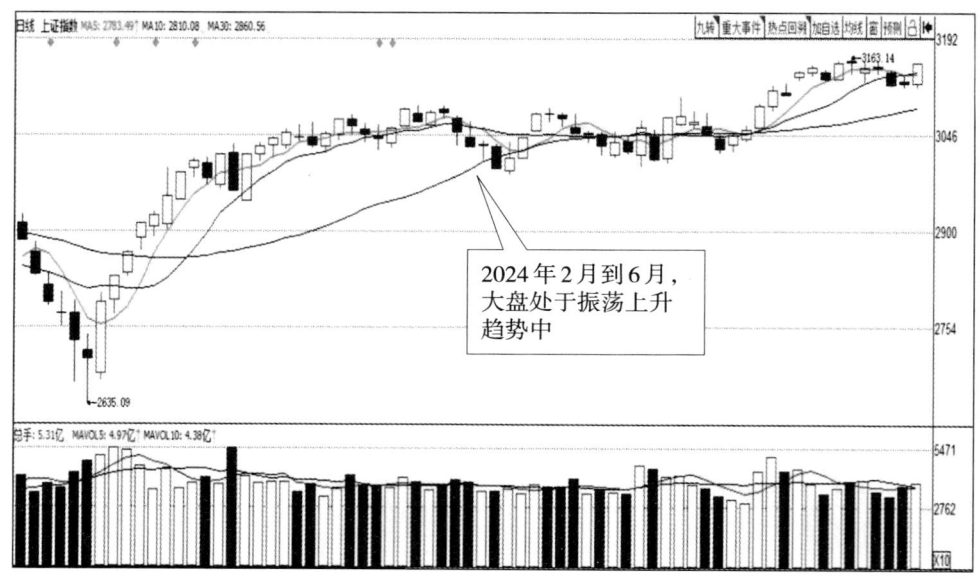

图 2-3　上证指数（000001）日 K 线走势图

再来看一下上证指数在 3 月 13 日的分时走势情况，如图 2-4 所示。

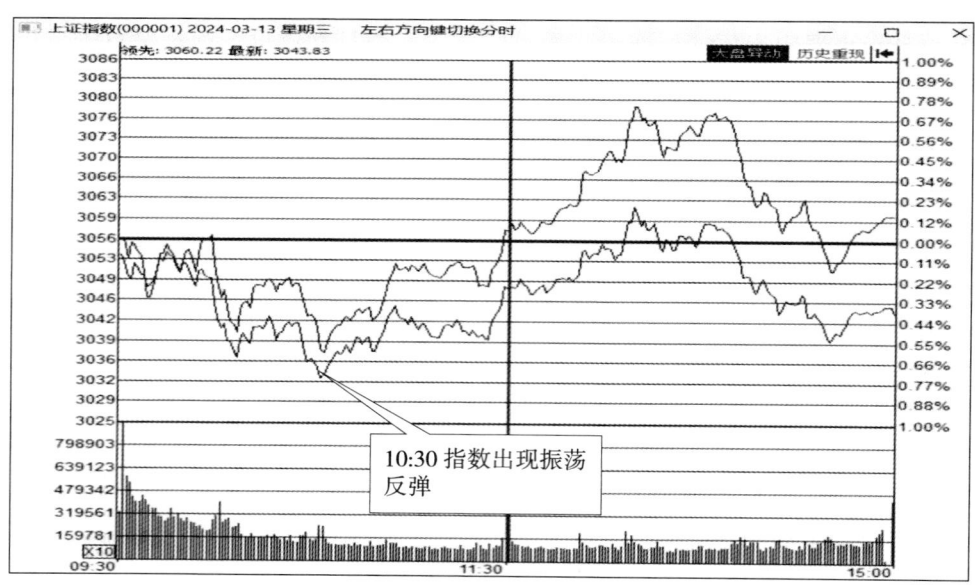

图 2-4　上证指数（000001）分时走势图（2024.3.13）

上证指数在 2024 年 3 月 13 日早盘开盘之后出现了一波振荡下行走势，其后指数出现了明显的反弹走势，不过在下午时段，反弹终结，又再度下跌。

整体上来看，大盘指数维持了横向振荡走势。

（2）个股走势。

下面再来看一下天成自控在 3 月 13 日的分时走势图，如图 2-5 所示。

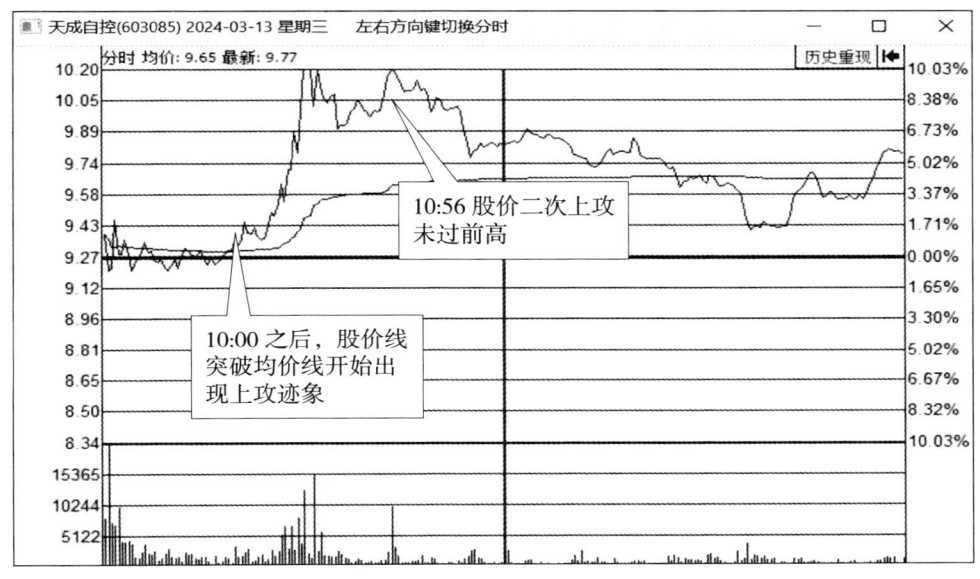

图 2-5　天成自控（603085）分时走势图（2024.3.13）

从图 2-5 中可以看出，天成自控的股价在 2024 年 3 月 13 日早盘开盘之后经历了一波振荡走低，很快跟随大盘出现了反弹行情，分时线迅速上穿均价线，说明该股的买入时机已到。

此时持有天成自控的短线投资者可以做出如下判断。

第一，天成自控当日开盘后表现较为强势，大盘出现振荡下行时，该股股价只是维持了横向盘整态势。

第二，10:30 以后，大盘出现了反弹迹象，而且上涨非常有力，说明此时行情非常适宜进行 T+0 交易。

第三，天成自控的股价开盘之后经历了一波横盘后出现上攻迹象，在大盘反弹的刺激下已经出现了明显上冲，说明该股上涨可期。投资者应该把握这次 T+0 交易时机，在 10:30 执行买入操作。

第四，10:56 天成自控的分时线二度冲高出现回落，且第二次并未突破前一次冲高的高点，投资者可进行卖出操作。

当日 T+0 交易收益可能大于 6%，是一次非常成功的交易。

本次 T+0 交易成功的关键在于以下两点。

第一，能否成功把握股价突破均线的买入时机（投资者若不太习惯使用分时线，也可以用 1 分钟 K 线操作）。如果错过这一时间点，将损失大量投资收益，投资者宜慎之。

第二，能否看清大盘反弹的方向。当大盘反弹高点超过大盘开盘点位时，投资者就应该确认指数可能会上行，并迅速做好买入股票的准备。

二、逆向 T+0 操作技术

逆向 T+0 交易是指投资者持有一定数量的某只股票后，在某一天的交易时段内，认为该股将下跌，就可以卖出全部或部分股票，待其下跌到一定价位后，将原来持有的同一品种的股票再全部买回，从而在一个交易日内实现高卖低买，并借此获取差价利润。

下面用一个例子来说明整个逆向 T+0 交易过程。假设一位投资者手中持有 1000 股价值 11 元的股票。在某一交易日，股价上涨到 12 元位置，此时这位投资者认为该股当天有可能出现一波下跌行情，于是将手中的 1000 股股票全数卖出，获得 12000 元现金（手续费、佣金忽略不计）。收盘前，该股下跌到 11 元位置，投资者就可以将以前卖出的 1000 股股票买回，这样手中还是持有 1000 股股票，但资金多出了 1000 元。这就是一次成功的逆向 T+0 交易。

逆向 T+0 交易要求投资者手中必须持有一定数量的股票，而不需要有现金。投资者即使满仓被套，也可以进行逆向 T+0 交易。从理论上来说，开通融资融券的投资者，即使手中没有要卖出的股票，也可以通过先向证券公司融入股票，卖出后，待股价下跌后再赎回的方式来完成逆向 T+0 操作。但在实战过程中，投资者事实上很难融到想要卖出的股票，因而本书不将其作为一种股票来源的方法进行讲解。

1. 逆向 T+0 操作的前提条件

第一，大盘有振荡向下趋势。

投资者要进行逆向 T+0 交易，必须保证大盘的趋势能够振荡向下，这里对大盘有两个要求：一是必须方向向下，如果方向向上，将带动个股上涨，也就无法完成逆向 T+0 交易；二是必须有充足的振荡空间，大盘振荡必将带动个股出现振荡，从而有利于交易的完成。

第二，个股有向下突破的态势。

投资者不能看到个股上涨就认为该股一定会下跌，只有下跌趋势明显了，才能开始行动。

第三，严守操盘纪律。

投资者要进行的是逆向 T+0 交易，因而一定要保证当天卖出的股票当天买回来，不能空仓。

2. 逆向 T+0 交易方法

逆向 T+0 交易需要投资者手中持有股票，在入场交易前应制订详细的交易计划。

第一，卖出方法。

为了避免因判断失误造成投资损失，投资者可以将准备投放的股票分成两部分。当分时线或 1 分钟 K 线向下跌破均价线时，执行第一次卖出操作；当分时线向下跌破某一重要支撑位，如前一交易日收盘价、当日开盘价、前期低点等，投资者可考虑执行第二次卖出操作。

第二，买入方法。

为了获取更多利润，投资者可将当日卖出股票所换回的现金分为两部分。当分时线呈现典型的底部特征时（如出现经典底部形态、量价底背离等），可执行第一次买入操作；当分时线或 1 分钟 K 线突破某一重要阻力位，如某条均线时，可执行第二次买入操作；股价向上突破卖出之前最高价时，必须将手中剩余的现金买入股票。

为了让读者熟悉 T+0 操作技法，本节选用的主时间框架为分时线。当然，读者也可以用 1 分钟 K 线替换分时线，然后将均价线替换成均线，并不影响对股价走势的判断。

（1）操盘环境。

投资者进行逆向 T+0 操作前，也需要对大盘环境有所了解。一般来说，只要大盘没有明确的向上趋势，个股都可能完成逆向 T+0 交易。

下面来看一下上证指数日 K 线走势图，如图 2-6 所示。

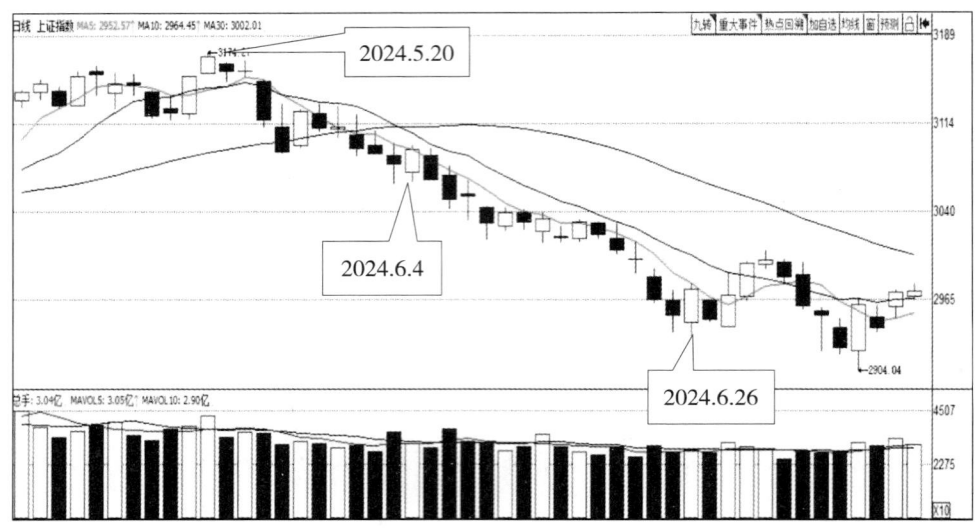

图 2-6　上证指数（000001）日 K 线走势图

从图 2-6 中可以看出，上证指数自 2024 年 5 月到 6 月期间，一直处于振荡下跌态势之中。从某种意义上来讲，这是比较有利于进行逆向 T+0 操作的。

2024 年 5 月 20 日，股价触及短线高点回落后，连续出现几个交易日的大幅下挫，比较有利于逆向 T+0 操作。

再来观察一下上证指数在 6 月 4 日的分时走势，如图 2-7 所示。

上证指数在 2024 年 6 月 4 日早盘低开之后出现了一波横向振荡走势，其后指数多数时间运行在前日收盘价下方，临近尾盘时段出现了反弹。大盘的振荡下行与反弹都可能带动个股的走势。

（2）个股走势。

下面再来看一下邵阳液压的分时走势图，如图 2-8 所示。邵阳液压的股价在 2024 年 6 月 4 日早盘开盘之后经历了一波快速冲高走势，但由于大盘走势并不理想，投资者应考虑股价可能会回调。盘中大盘冲高无力，股价跟随大盘出现了下跌行情。

此时持有邵阳液压的短线投资者可以做出如下判断。

第一，大盘目前处于下跌趋势，尽管早盘出现反弹，但反弹力度较弱，

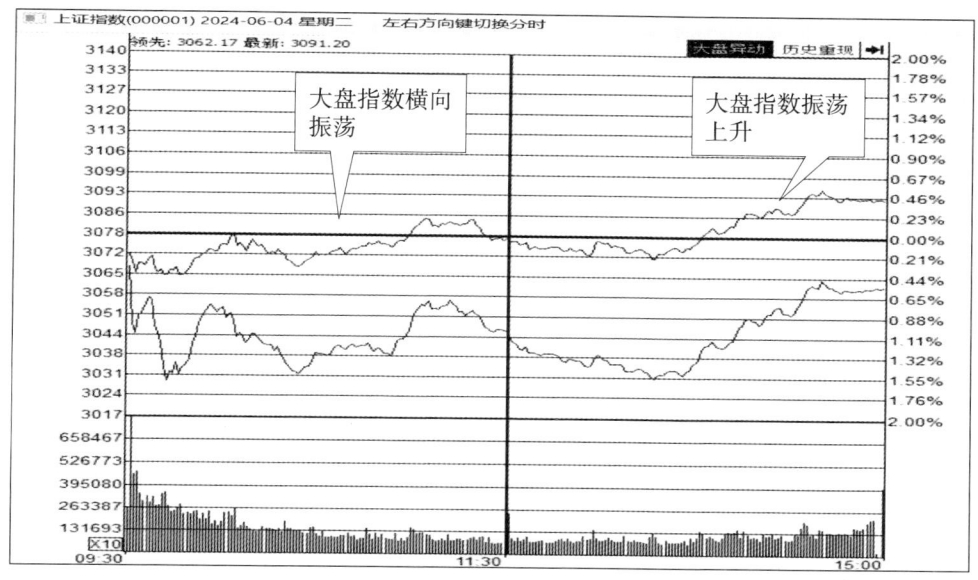

图 2-7　上证指数（000001）分时走势图（2024.6.4）

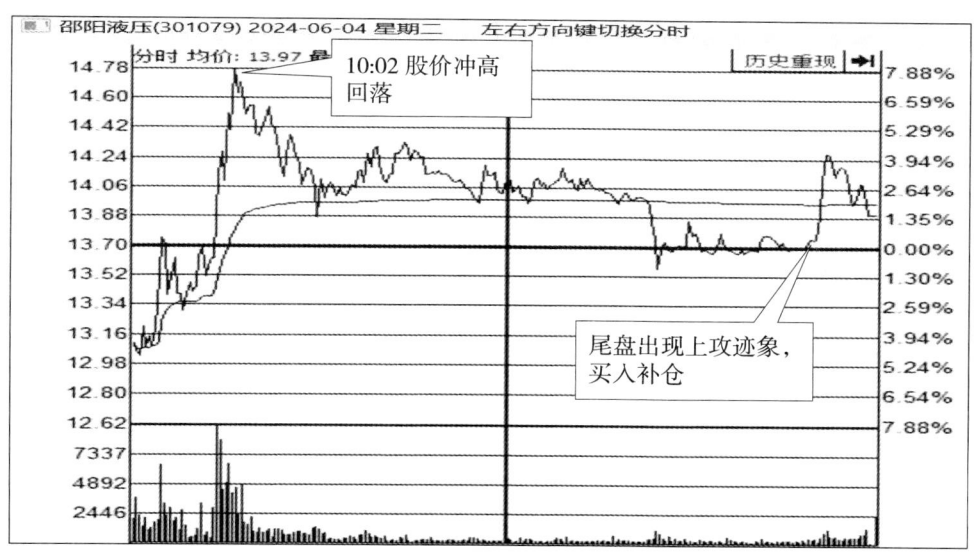

图 2-8　邵阳液压（301079）分时走势图（2024.6.4）

继续下跌的概率仍然很大。大盘上升不久就出现回调，且下跌力度非常强，说明此时行情非常适宜进行逆向 T+0 交易。

第二，邵阳液压的股价开盘之后经历了短暂的冲高，但在大盘下跌的带动下已经出现了明显下跌，这说明该股继续走低的可能性很高。投资者应该把握这次逆向 T+0 交易时机，在 10:02 执行卖出操作。

第三，10 点之后，在大盘下跌的带动下，邵阳液压出现了大幅下跌，投资者只需持币观望。

第四，进入尾盘时分，该股出现反弹向上的迹象，投资者可在尾盘时段买入补仓。

当日 T+0 交易收益可能大于 5%，是一次非常成功的交易。

（3）交易总结。

本次 T+0 交易成功的关键在于以下两点。

第一，能否成功把握股价线跌破均价线的卖出时机（有时股价开盘后一路低于均价线，投资者可在股价线反弹回落时执行卖出操作）。如果错过这一时间点，将损失大量的投资收益，投资者宜慎之。

第二，补仓。T+0 交易要求当日卖出的股票，当日一定要补回。从图 2-8 中可以看出，该股到收盘时段出现反弹迹象，但继续走低的概率很大。这可能会使得投资者有放弃补仓的意向，不过出于对 T+0 交易纪律的维护，还是要坚决补仓。只有完成补仓，下一个交易日才能有继续做 T+0 的机会。

第三节　日内交易实战技巧

T+0 交易的核心要点，是在每日的盘中时段找寻最佳的买入与卖出时机，而且是先有较佳的买入时机，再有不错的卖出机会（顺向 T+0）或者先有卖出机会，再有买入机会（逆向 T+0）。事实上，从以往的股价波动来看，很多股票的日内波动幅度都比较大，当然，要想及时、准确地抓住这些波动所带来的利润并不容易。本节选取几种成功把握比较大的技巧进行讲解，以供读者参考。

一、低开震仓，拉高出货

早盘往往可以成为顺向 T+0 交易最重要的出手时机。很多主力在拉升股价前都有在早盘时段向下打压股价的习惯,这也是一种欲扬先抑的操作手法。不过,投资者在操盘过程中,还要结合当时的大盘环境、个股情况以及市场炒作风向综合考虑。

具体操作要点如下。

第一,在大盘环境尚可的情况下,个股没有利空条件却出现了小幅低开的情况,开盘后分时线被迅速向下打压(一般2到3个百分点为宜),此时投资者需要关注大盘和个股相关板块的动向。

第二,若大盘并未出现大幅走低,且个股相关板块同步出现向好迹象时,投资者需要密切关注个股分时线的变化。

第三,当个股分时线放量向上突破均价线时,投资者可执行T+0买入操作。

第四,股价连续拉升后,出现滞涨状况或已经向下跌破了均价线,则可考虑执行T+0卖出操作。

一般来说,早盘时段股价的波动比较大,机会把握得当,还是可以获得不错的收益的。

下面来看一下新研股份的案例,如图2-9所示。

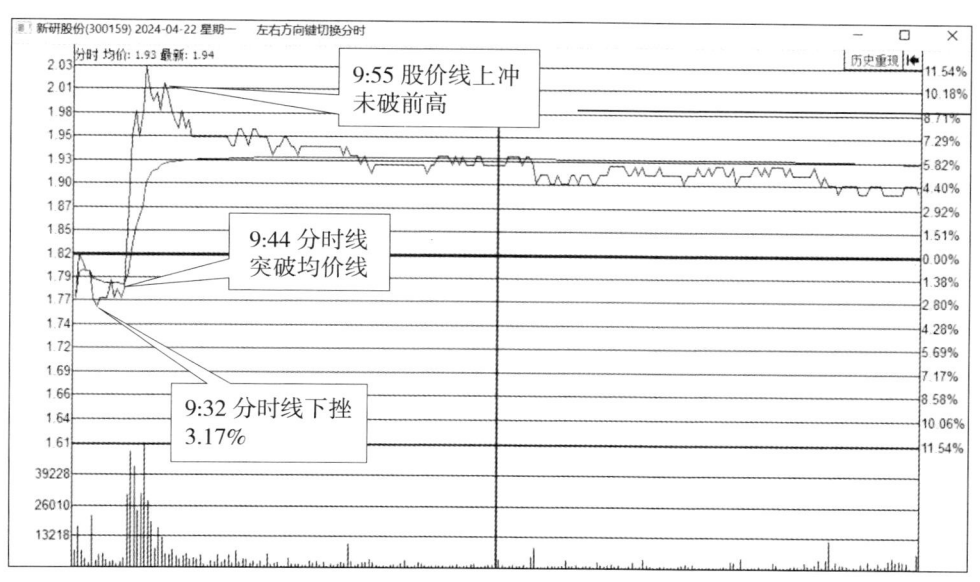

图2-9　新研股份(300159)分时走势图(2024.4.22)

从图 2-9 中可以看出，新研股份的股价在 2024 年 4 月 22 日早盘低开之后快速走低，跌幅一度达到 3.17% 左右，其后该股股价被迅速拉升，9:44 向上突破均价线。想要进行顺向 T+0 交易的投资者，此时就可以坚决地执行短线买入交易了。

其后，该股股价出现一波快速冲高走势。当然，这类短线冲高如果不能封住涨停板，往往会反向出现振荡下跌走势。9:55 左右，该股分时线走高，没有突破前期高点而回落时，投资者可执行卖出操作。

二、盘中直线暴跌

处于平稳运行的大盘，在某些因素的作用下突然出现下挫，此时很多个股也会随之出现无理由的急速暴跌。当这种恐慌气氛过后，很多被错杀的股票就会出现快速反弹走势，这也是很多股票的分时线出现深 V 形的原因。

具体操作要点如下。

第一，在大盘环境突然出现下挫的影响下，个股随之出现大幅下挫走势。也就是说，个股出现暴跌的走势其实是一种被动的下跌走势。

第二，股价下挫时，恐慌感要强，分时线几乎是直线下挫的，只有这种形态，后面反弹的力度才会大。

第三，当大盘与个股企稳后，立即入场执行买入操作。

第四，当股价反弹至先前下跌起始位附近或略低于该位置时，可执行 T+0 卖出操作。

一般来说，这种操作的风险较大，但短线收益可能也会很大。同时对投资者的手法和心理要求都比较高，投资者必须在反弹的第一时间抢入，否则可能错过很多利润。

下面来看一下博亚精工的案例。

2024 年 7 月 9 日，处于振荡上行的上证指数在 9:56 左右突然出现跳水走势，分时线急速下挫，如图 2-10 所示。

由于大盘出现急速跳水的情况，很多个股受其影响也出现了大幅下挫态势，博亚精工就是其中一只，如图 2-11 所示。博亚精工的股价在 2024 年 7 月 9 日早盘开盘后，经过一波上冲后出现振荡走势。

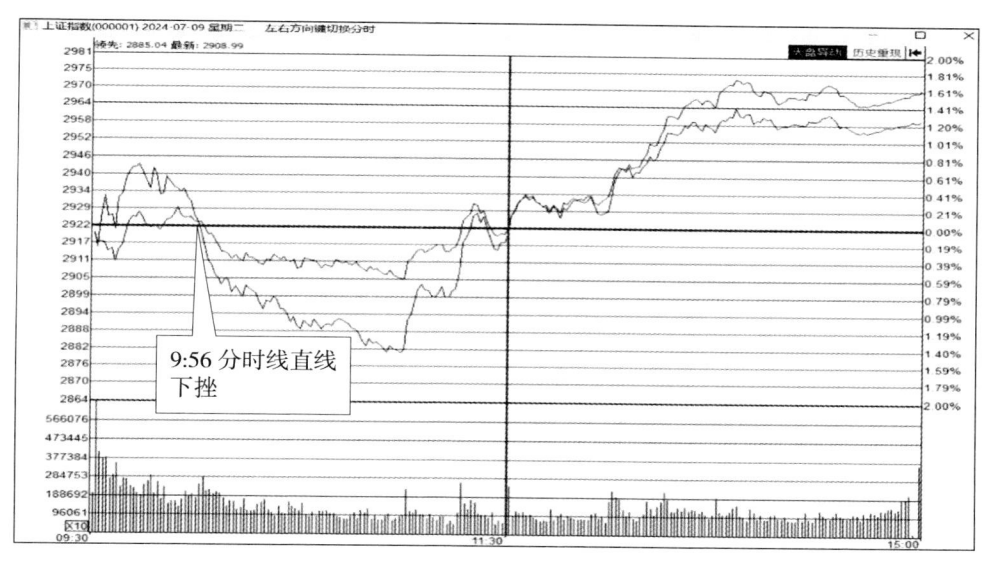

图 2-10　上证指数（000001）分时走势图（2024.7.9）

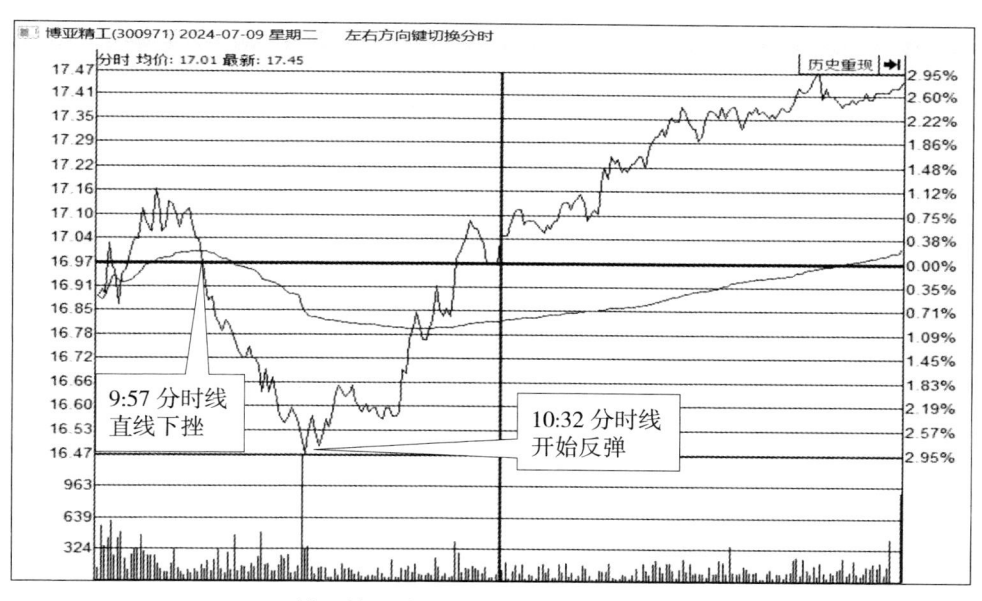

图 2-11　博亚精工（300971）分时走势图（2024.7.9）

9:57 左右，受大盘大幅下跌的影响，分时线出现了大幅走低态势。投资者可在大盘与个股同步企稳反弹时入场买入该股。

10:32，该股下跌幅度达到 2.95%。此后，个股分时线同步反弹向上，投资者可立即跟进买入股票。

此后，该股股价分时线在大盘持续上攻的带动下，一路振荡上升至收盘时段。投资者如果操作得当，此次 T+0 操作的获利也将达到 5% 左右。

三、早盘急速拉升，反向下行

早盘是股价波动性最强的一个时段。很多主力也希望在早盘阶段进行反向操作，即明明准备打压股价，却在早盘先向上拉升；明明想要拉升股价，却先打压股价等。因此，逆向 T+0 交易者可以将早盘阶段看成一个非常重要的操作窗口。

具体操作要点如下。

第一，个股股价早盘开盘之后直线拉升，给人一种即将大涨的感觉，很多喜欢早盘买入的投资者可能会随之入场追高。

第二，经过几分钟的拉升后，股价不涨反跌，开始反向下跌，并很快跌破了均价线。

第三，一般来说，当分时线跌破均价线时，投资者即可执行卖出操作。当然，由于这类股票短线拉升幅度较大，分时线与均价线偏离较大，投资者也可以在股价跌破均价线之前执行卖出操作。

第四，当股价经过一波下跌后，特别是跌破了开盘价之后，投资者可择一低点重新将股票买回。当然，这类股票全天走低的概率也很高，投资者买回时可以分批操作，以降低成本。

一般来说，早盘时段股价的波动比较大，如果机会把握得当，还是可以获得不错的收益的。

下面来看一下迪生力的案例，如图 2-12 所示。迪生力的股价在 2024 年 4 月 10 日早盘高开之后被迅速拉升，涨幅一度超过 10%，其后，该股股价被迅速打压，向下跌破均价线。此时投资者可执行卖出操作。

其后，该股股价全天振荡走低，一直到下午阶段，该股一度下跌幅度超过 3%，投资者可执行补仓操作。

若操作得当，当天盈利可能会超过 10%。

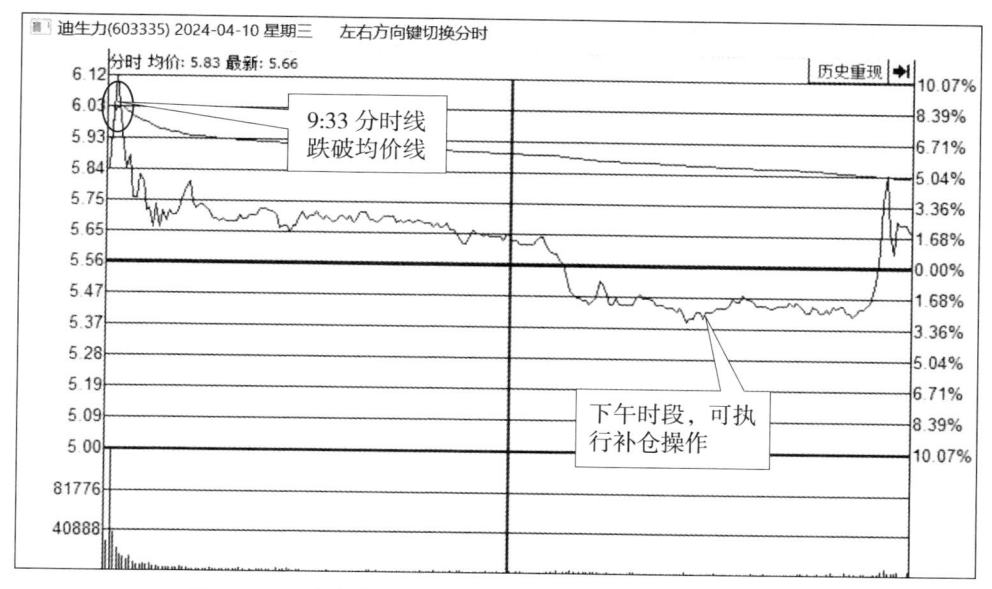

图 2-12　迪生力（603335）分时走势图（2024.4.10）

四、二度冲高不破前高

二度冲高不破前高，说明股价上攻动能有所不足，短线有回调的可能。T+0 交易者可趁此机会完成逆向 T+0 操作。

具体操作要点如下。

第一，股价冲高往往不是一蹴而就的，是需要连续几次不间断地拉升完成的。不过，当股价在创下新高回调一段时间后，若股价再度上冲，但并未创出新高即回落，则意味着股价上冲动力不足。

第二，当股价二度上冲失败，向下跌破均价线或出现明显拐点时，即可执行卖出操作。

第三，股价经过振荡回调，且出现明显拐头向上的拐点时，再执行买入补仓操作。

第四，若股价并未出现明显的拐点，也可在临近收盘阶段补仓买回股票。

下面来看一下雪祺电气的案例，如图 2-13 所示。雪祺电气的股价在 2024 年 3 月 27 日早盘低开之后出现了大幅振荡走高态势。

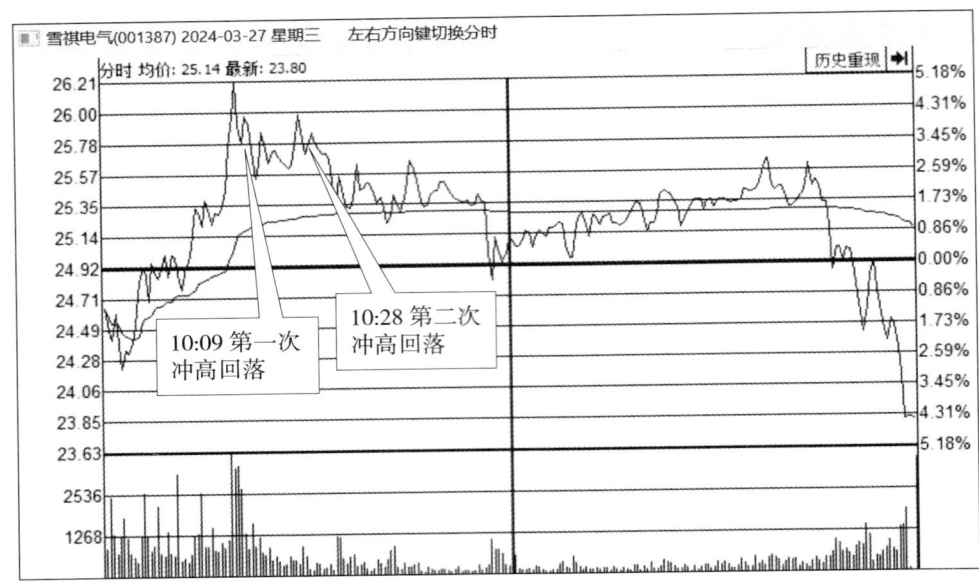

图 2-13　雪祺电气（001387）分时走势图（2024.3.27）

10:09 左右，该股股价第一次冲高后出现回落，分时线回落至均价线上方较远位置，说明股价短线上攻速度太快，有回调的需要，也说明多方实力尚可。

10:28 左右，该股分时线二次冲高，同样以回落收场，且第二次冲高所形成的高点要低于第一个高点，说明多方实力明显不足。投资者可在二次冲高回落，分时线跌破均价线时，执行卖出操作。

其后，该股分时线曾三度冲高，但高点低于第二次，这也是看跌信号，投资者若手中仍有股票，可第二次卖出。

其后，该股股价振荡走低，投资者可在临近收盘时段补仓买回。

若操作得当，当天盈利可能会超过 7%。

第三章
超短线交易模式

超短线交易模式是投资者应用较多的一种交易模式。特别是最近几年，A 股市场缺少系统性机会，很多资金倾向于通过超短线的快进快出来实现盈利。从某种意义上来说，超短线交易模式也属于短线交易模式中的一种，只是属于其中比较特殊的一种。

本章所讲的超短线交易模式，指的是持仓时间少于 3 个交易日的交易模式，多数情况下，都是"今日买，明日卖"的交易方式。

从具体交易过程来看，超短线交易具有占用资金时间短、资金利用率高等特点，但同时也是风险最大的一种交易模式。在实战交易过程中，投资者必须时刻做好风险防控工作，先进行分仓管理，再进行控仓操作，降低每笔交易在整个资金体量中的比重，这样即使某一笔交易出现较大亏损，也不会对整个资金产生较大的影响。

第一节　涨停板打板战法

涨停板打板战法，即股价临近涨停时，瞬时以打板价入场买入股票，并坐收次日股价冲高拉升所带来利润的一种交易模式。

该交易模式具有如下几个特点。

第一，持仓时间短。无论交易成功与否，多数情况下次日都应该选择离场出货（除非次日股价直接涨停或跌停）。

第二，成功率相对较高。纵观以往的交易记录，股价触及涨停板，特别是一段时间内初次触及涨停板的股票，成功封板的概率较大。同时，根据以往的交易经验，某一交易日股价若能成功封住涨停板，那么次日股价冲高的概率要远远大于其他股票。

第三，风险相对较高。临近封板入场，意味着投资者几乎要以涨停价买入股票，一旦股票冲击涨停失败，很有可能会产生较大的亏损幅度。

从具体的操作层面来看，涨停板打板战法还有很多细分战法。

一、快速涨停第一板

快速涨停第一板，即股价长期未出现涨停板后，走出来的第一个涨停板，且涨停时间较早，一般在开盘半小时内实现涨停的股票。当然，这类股票需要将前期经历过大幅炒作的股票排除掉。很多前期经历了大幅炒作的股票，也可能在沉寂一段时间内收出涨停板，但这种涨停板往往带有很大的诱多性质。

打板快速涨停第一板的好处有这样几点：第一，前期获利盘小，相对而言，即使出现回撤，幅度也不会太大；第二，一旦成功实现连板，后期获利丰厚；第三，次日出现惯性冲高的概率很大。

打板快速涨停第一板的操盘要点如下。

第一，股价经过一段时间的振荡后，在某一交易日突然大幅拉升。若股价大幅拉升前出现了"挖坑"走势更佳。

第二，股价从开始大幅拉升到涨停，用时非常短，说明资金做多态度非常坚决，没有任何犹豫。

第三，股价大幅拉升时，市场开始流传关于该股票的利好消息，可能会为股票带来一定的助涨效应。

下面来看一下顺威股份的案例，如图3-1所示。顺威股份的股价在2023年年底到2024年年初的一段时间内呈现了单边下跌态势。

2024年2月8日，该股股价在大盘向好的带动下，出现了触底反弹走势。此后，该股股价一路小幅振荡上扬。

3月15日，在市场大幅炒作飞行汽车概念的刺激下，顺威股份的股价在开盘不久后就封上了涨停板，如图3-2所示。2024年3月15日，顺威股份在早盘开盘10多分钟的时间里，经过一波拉升就封上了涨停板，这说明资金做多该股的态度非常坚决，也反映了资金对后市的看好。想要打板的投资者就应该第一时间入场抢筹。

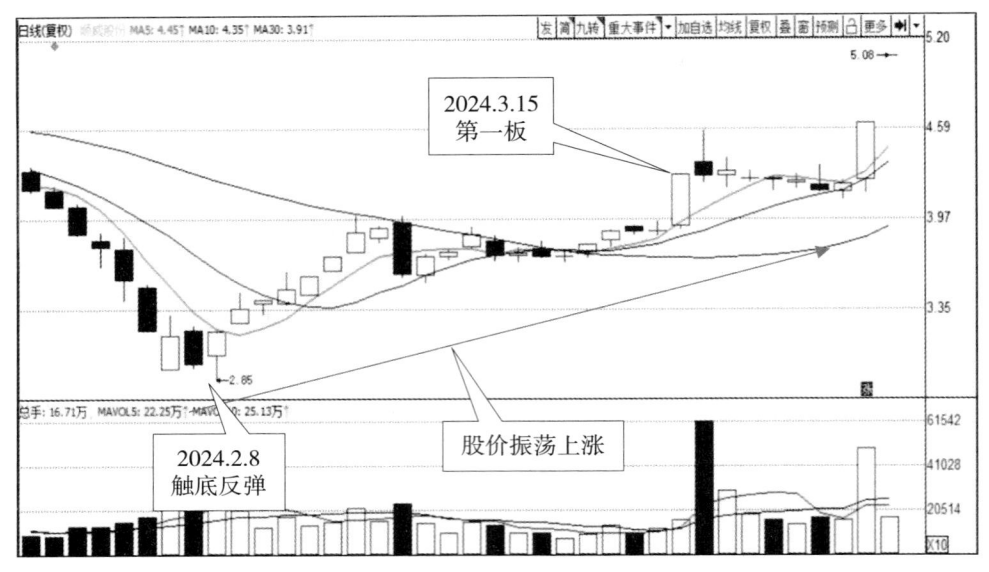

图 3-1　顺威股份（002676）日 K 线走势图

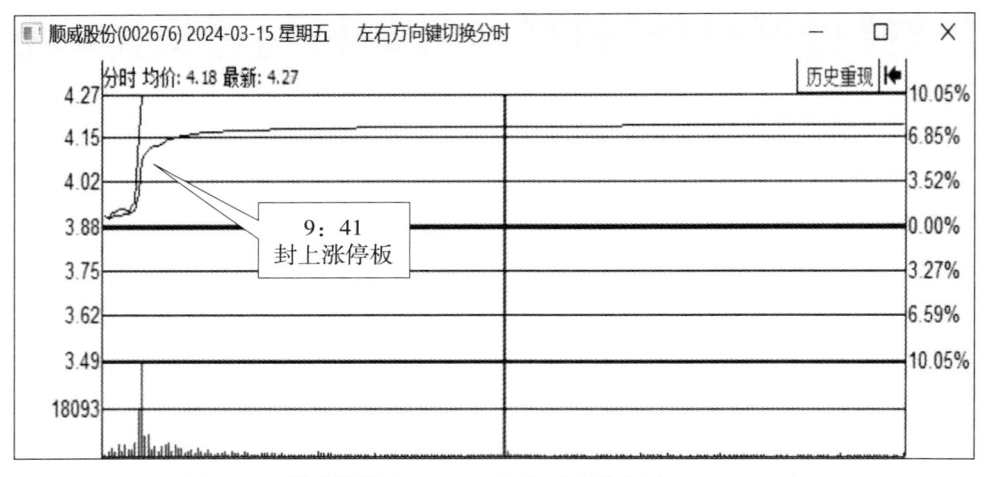

图 3-2　顺威股份（002676）分时走势图（2024.3.15）

此后，该股股价出现了一波振荡上升走势。超短线投资者若能在 3 月 15 日成功入场，则可在 3 月 18 日（16 日、17 日周末休市）股价早盘冲高时直接清仓卖出。这就完成了一次成功的打板超短线操作。

二、新股初次涨停打板

这里的新股，特指上市 20 个交易日以内的股票。新股初次涨停，是指新股上市后第一波无量拉升（有时没有这一波拉升）结束后出现的第一个涨停板。当一只新股的第一个涨停板出现时，往往意味着该股在第二个交易日也会有一波冲高走势。相对于其他类抢入涨停板的情况，抢入新股的涨停板会安全一些。

投资者追涨新股初次涨停时，需要注意以下几点。

第一，新股第一波拉升的幅度。

鉴于新股涨跌停的限制，新股上市后很可能会出现一波一字板涨停行情，若一字板出现的数量较多，则该股其后可能会出现回调走势，回调的幅度与拉升的幅度往往成正比。当然，随着新股发行和上市交易制度的改革，很多新股在上市后常常会出现首日冲高后立即转入回落的走势。也就是说，以前的那种新股上市必然遭到爆炒，必然连续一字涨停的定律已经不存在了，这就为新股交易增加了更大的风险。

第二，涨停板出现的位置。

涨停板出现在以下两个时段最好：一是股价经过回调整理之后，出现第一个涨停板；二是股价创新高时，出现第一个涨停板。

第三，追涨时机。

投资者要秉持一个原则，即股价不涨停不追。只有股价到达涨停板位置，且有大单开始买入时，方可追涨买入。

第四，成交量关系。

涨停板出现当天，成交量如果能够相比前几个交易日有所放大，则可以增大股价继续上涨的可能性。

第五，仓位控制。

股价临近涨停时追涨涨停板的操作面临非常大的风险，因而，应以少量资金参与为宜。参与该项操作的资金占资金总额的比重不能超过20%。

下面来看一下平安电工的案例，如图3-3所示。

平安电工于2024年3月28日正式上市交易，发行价格为17.39元，当日开盘价为31元，收盘价为33.11元，相比发行价格，涨幅为90%。此后，该股股价出现持续调整态势。

从图3-3中可以看出，平安电工的股价经过多日调整后，已经下跌了较大的幅度。2024年4月8日，大盘大幅下跌，市场缺乏热点。很多游资开始将注册制新股作为攻击对象，平安电工的分时走势如图3-4所示。

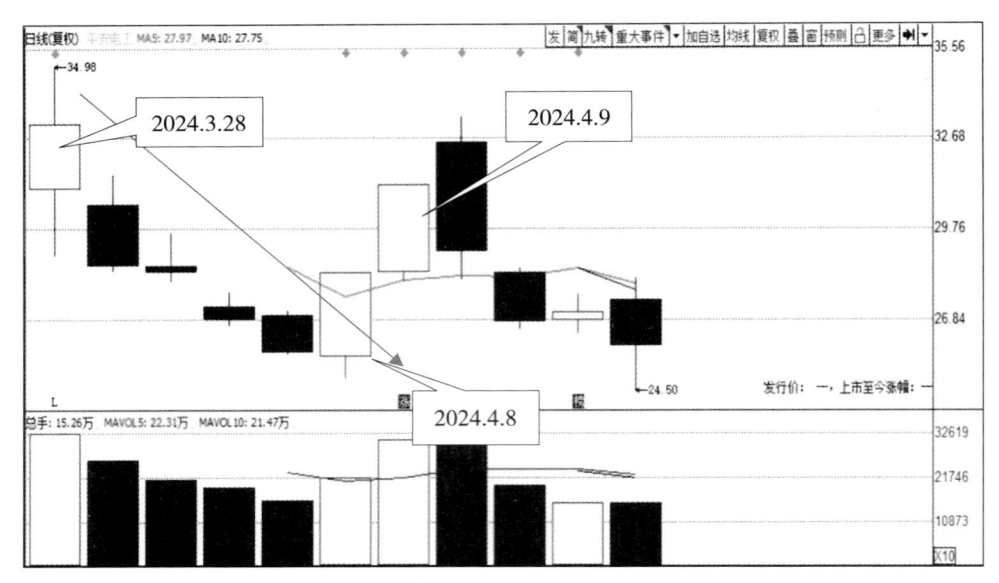

图3-3　平安电工（001359）日K线走势图

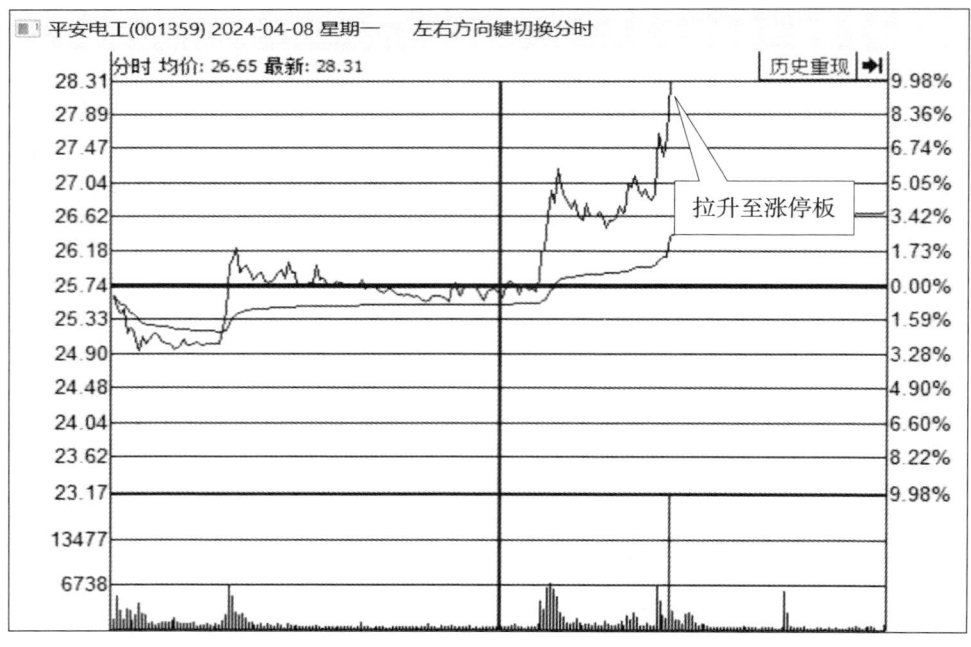

图3-4　平安电工（001359）分时走势图（2024.4.8）

4月8日，平安电工低开低走一波后，被分成几波拉升。到了下午2点左右，直接封上涨停板。对于想要抢入涨停板的投资者来说，当股价上涨至涨停价位，且卖盘再无大单，而买单频现时，就是最佳的买入时机。

投资者买入该股后，次日股价涨停时继续持有，待4月10日该股出现跳水走势时执行卖出操作即可。

三、回封板入场战术

回封板是指涨停板打开之后，又再次封上涨停板的形态。该形态的出现，多与盘中部分资金急于兑现出逃有关。随着涨停板的打开，想要离场的资金都会出逃，而后新入场的资金又重新将股价拉回涨停板，这说明仍有大量资金看好该股的后市走势。相对来说，回封板形态可以让想离开的资金出去，也减轻了股价后续上升的压力，同时抬高市场平均持仓成本，对股价后续回调会有强劲的支撑。

在具体操作层面有以下几个要点。

第一，股价涨停打开前的几个交易日，最好已经出现了几个涨停板，说明该股已经属于市场热门股票，甚至龙头股了，这样这只股票就更加容易聚焦市场情绪。

第二，股价打开涨停板，经历了一波资金出逃后，在股价重新上攻时，主动卖出的资金明显减少，说明抛盘存在不足。

第三，在实战中也存在回封失败的情况，即股价打开涨停板后，经过一波振荡重新上拉，但在即将封上涨停板时又被打压下来。有的股票则是断断续续地封上涨停，然后又打开。也就是说，拉升意愿并不坚决，甚至出现将股价拉升至涨停板后又撤掉买单的情况。这些是需要投资者特别警惕的情况。

第四，原则上，股价回拉时，还是要坚持不见涨停位不入场。事实上，这类股票往往是越早入场风险越大，到达涨停位再入场，风险相对要小一些。

第五，封板后打开再回封，卖盘会少很多，安全很多。

如图3-5所示，2023年年底，新质生产力概念、工业互联网概念在市场上掀起了几波炒作热潮。身具工业互联网概念的四川金顶一度成为资金攻击的重点目标。

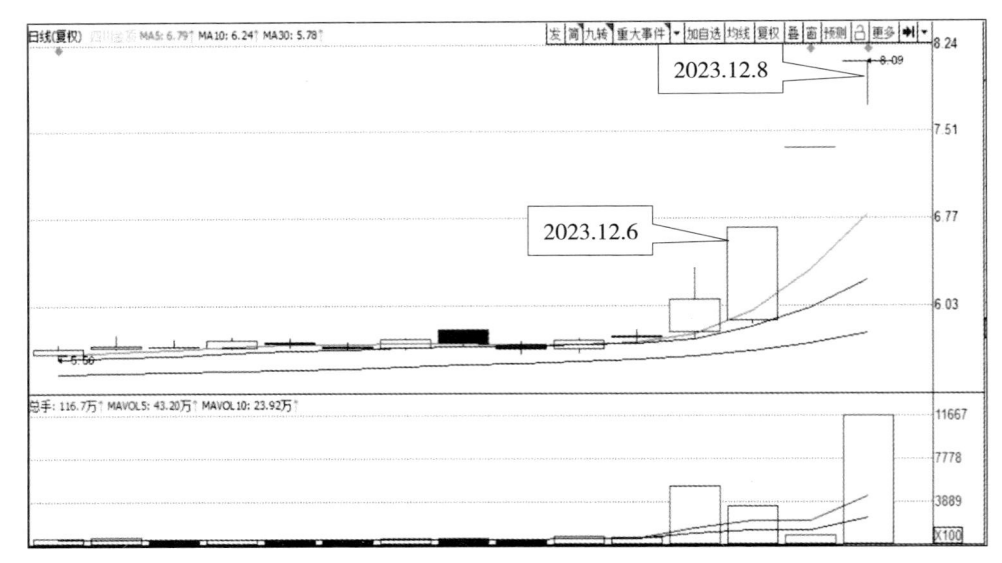

图 3-5　四川金顶（600678）日 K 线走势图

2023 年 12 月 6 日，该股股价平开后，5 分钟即完成封板操作，强势尽显；12 月 7 日，该股股价更是直接以一字封板；12 月 8 日，该股再接再厉，又一次以涨停价开盘。不过，该股的涨停板在盘中时段一度被打开，而后又实现了回封。

如图 3-6 所示，四川金顶的股价在 12 月 8 日早盘以涨停价格开盘后，临近午盘时，涨停板被砸开，大量资金出逃。不过，股价回调的幅度却十分有限，最低点仍在 5% 的涨幅以上。此后，该股经过几波振荡后，很多想要出逃的资金已全部离场，下午开盘后，该股股价迅速回封涨停板，说明仍有大量场外资金看好该股的后市。在股价即将回封涨停板时，投资者若有机会还是要积极入场的。

2023 年 12 月 8 日，四川金顶成功回封涨停板后，连续拉出一字板。投资者可在股价终结一字板时再卖出股票。

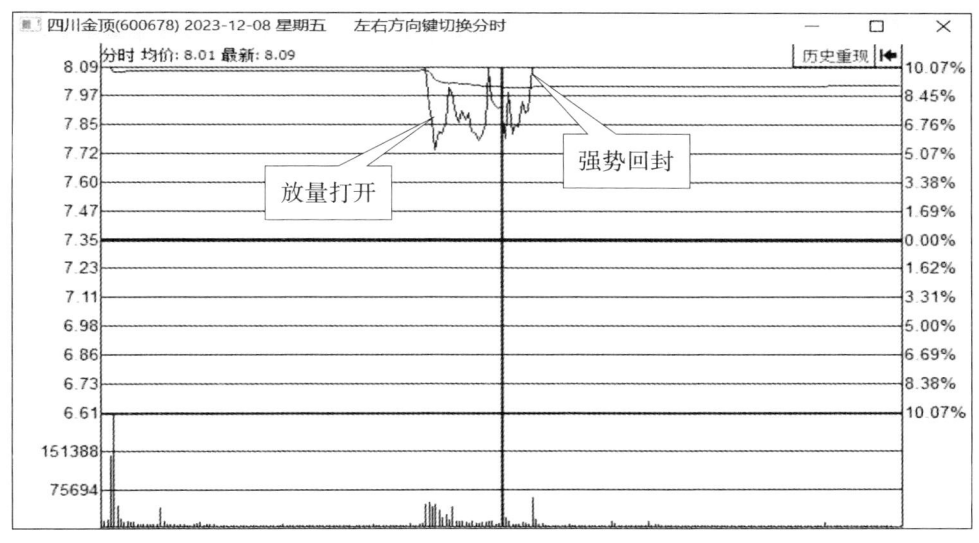

图 3-6　四川金顶（600678）分时走势图（2023.12.8）

第二节　龙头战法

市场上从来不缺少龙头股。龙头股也有很多种，比如整个大盘的龙头、行业的总龙头、细分领域的龙头。从股票交易角度来说的龙头股，指的则是一波行情的龙头。这类龙头往往是市场的热门股票，也是市场情绪的焦点。

市场上，无论是板块还是某一热点概念被热炒，涨幅最大的永远都是其中的龙头股。而且大龙头的涨幅要远远超过二龙头、三龙头以及其他同类概念股。在下跌时，大龙头又往往是最后下跌的品种，甚至在很多时候，大龙头还会有第二波行情。

一、新题材易出龙头股

以前没有炒作过的，可能制造较大想象空间的题材，更容易获得主力资金的关注。人人都有喜新厌旧的倾向，同时，旧题材已经被反复炒作多次，想象空间已经不大了，而新题材则完全不同，由于之前没有被炒作，就有了更大的炒作空间。

在 2024 年国际消费类电子产品展览会（International Consumer Electronics Show，CES）上，小鹏汇天联合创始人、副总裁王谭表示，分体式飞行汽车"陆地航母"将于第四季度开启预订，并计划于 2025 年第四季度开始量产交付。自此，以飞行汽车为代表的低空经济概念开始成为 2024 年上半年最火爆的风口，多只飞行汽车、低空经济概念股出现大幅上攻态势。

下面来看一下低空经济概念股立航科技在 2024 年上半年的股价走势情况。

如图 3-7 所示，立航科技的股价在低空经济利好的刺激下，自 2024 年 3 月 5 日收出第一个涨停板开始，连续拉出了 7 个涨停板，直至 3 月 14 日冲击涨停未果后，开始进入振荡调整模式。在股价上攻期间，多路游资入场炒作该股。

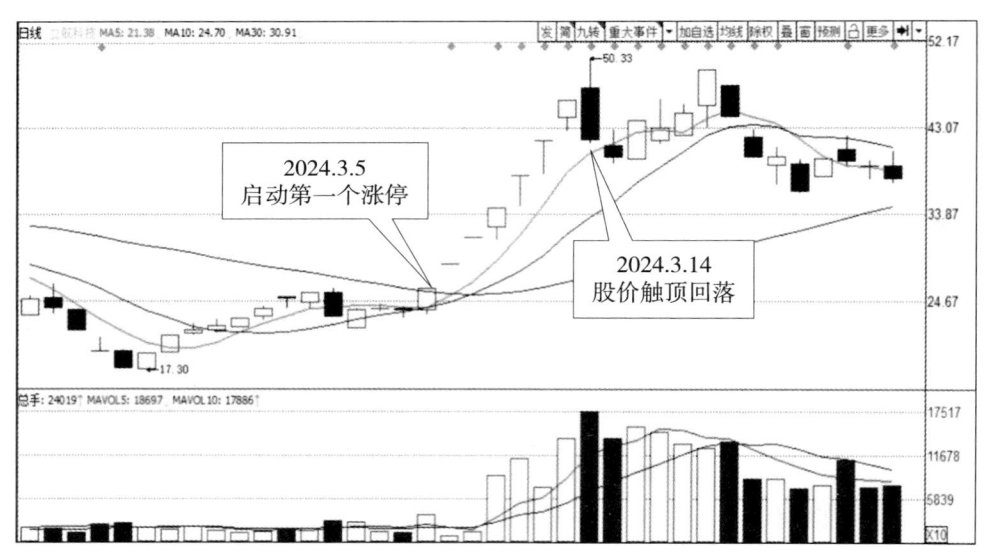

图 3-7　立航科技（603261）日 K 线走势图

再来看一下另外一只低空经济概念股中信海直的股价走势情况，如图 3-8 所示。

进入 2024 年 3 月以后，在低空经济、飞行汽车概念持续走高的带动下，中信海直的股价也一直呈现出振荡上行态势。特别是在 3 月底到 4 月期间，出现了规模较大的上涨，尤其是 3 月 27 日和 4 月 15 日的上攻，最为明显。

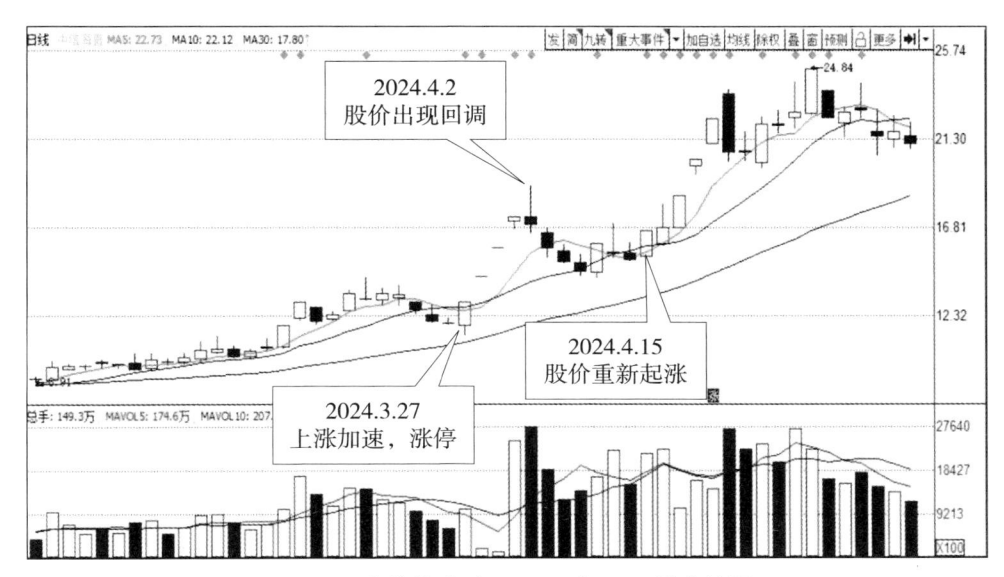

图 3-8　中信海直（000099）日 K 线走势图

在以上两只股票的上攻过程中，整个低空经济板块全线启动，万丰奥威、金盾股份、光洋科技等龙头股都出现了大幅上攻走势。

也就是说，作为超短线交易者，这类有可能产生超级大龙头股的新题材，就是最佳的操作对象。

二、大题材出大龙头

大题材拥有更大的想象空间。在 A 股市场上，最大的题材一般都来自国家政策与规划方面。毕竟国家政策方面的规划所涉及的领域、行业与企业较多，都是关系国计民生方面的重要规划，这些政策、规划所孕育的投资机会也会比其他题材更多。最为典型的国家政策方面的规划，包括国家级新区的建设、自贸区建设以及针对个别产业、行业的规划等。最近几年，与国家政策规划有关的龙头股也是层出不穷，比如 2013 年的上海自贸概念、2017 年的雄安新区概念等。

最近几年的海南自贸港也是其中一个典型代表。

海南自由贸易港是按照中央部署，在海南全岛建设自由贸易试验区和中国特色自由贸易港，是党中央着眼于国际国内发展大局，深入研究、统筹考虑、科学谋划做出的重大决策。

2020年6月1日，中共中央、国务院印发了《海南自由贸易港建设总体方案》，并发出通知，要求各地区各部门结合实际认真贯彻落实。一时间，海南自贸港概念板块出现了热炒浪潮。

海德股份属于典型的海南本地股，其所处的行业为房地产开发、酒店及制药等行业，同时还有不良资产管理等业务。海南自贸港的建设将会对该股有直接的利好效应，因而，在《海南自由贸易港建设总体方案》发布前后，海德股份的股价出现了一波暴涨行情。

如图3-9所示，海德股份的股价在2020年5月初开始了横向筑底走势，股价波动较小，这可能属于股价正在选择突破方向。到了5月下旬，股价突然下挫，给人一种即将向下突破的感觉。前面说过，当主力将要拉升股价时，往往可能先向下打压，此时投资者要密切关注股价的变化。

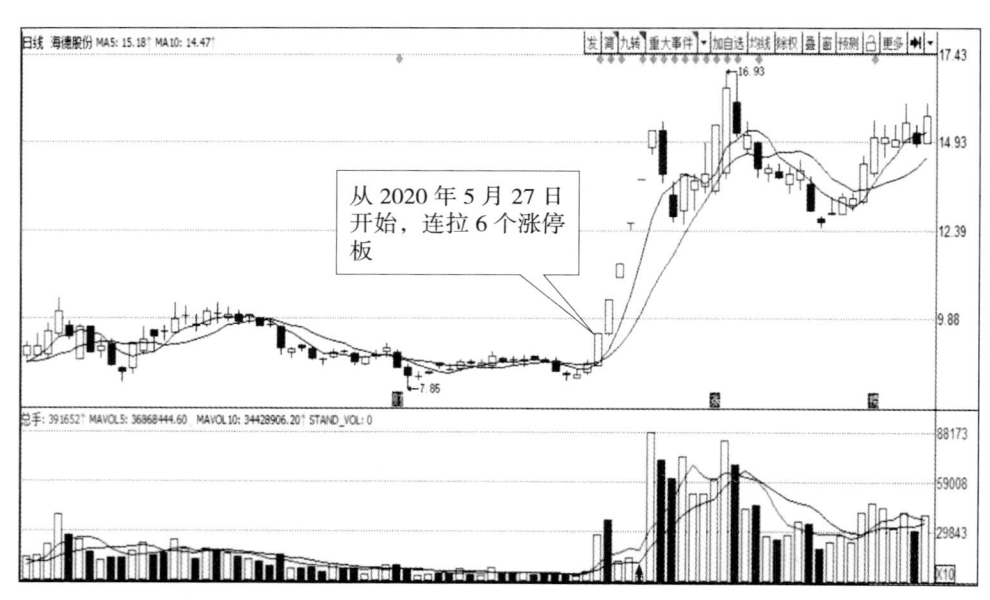

图3-9　海德股份（000567）日K线走势图

2020年5月27日，该股股价突然放量拉升至涨停板，当时市场就有传闻，海南自贸港相关规划文件将要出台。此后的几个交易日，该股股价连续拉出涨停板。到了6月1日，相关规划文件正式出台。该股股价又连续拉出两个涨停板后，宣布拉升结束，股价开始进行高位调整走势。

三、想象空间大的题材

炒股更多的是在炒一种预期。因此，一些题材朦胧、想象空间大的题材，受到的追捧就会更多。想象空间越大，市场做多的意愿会越强烈。比如，市场上经常炒作的一些重组题材个股，其实就是一个单纯的炒作想象空间的概念。个股本身的破产重组并不意味着业绩一定会变好，却给市场提供了一个可以变好的想象空间。

比如，在 2022 年大放异彩的预制菜概念，从本质上来说也并非一个全新的概念。预制菜是运用现代标准化流水作业，对菜品原料进行前期准备工作，简化制作步骤，经过卫生、科学的包装，再通过加热或蒸炒等方式，就能直接食用的便捷菜品。

据艾媒咨询调查，2021 年中国预制菜市场规模为 3459 亿元，同比增长 19.8%，到 2025 年，中国预制菜市场规模或将突破 8000 亿元。2022 年，预制菜概念股开始被市场关注，很多预制菜概念股开始被资金频频炒作。得利斯就成了预制菜概念的龙头股。

得利斯是一家以生猪屠宰、肉制品深加工、速冻调理产品加工、牛肉系列产品精细加工为主营业务的企业。得利斯牌低温肉制品，连续多年在全国市场同类产品中保持销量第一名。

近年来公司在冷却肉、低温肉等制品的基础上，拓展了牛肉系列产品、速冻米面产品、预制菜产品等相关业务，产品结构不断完善。这也使得该股成为预制菜概念股。

下面来看一下该股的股价走势情况，如图 3-10 所示。

2022 年 1 月中旬以前，得利斯受到的关注较少，股价一直在低位徘徊。

2022 年 1 月 12 日，预制菜概念受利好消息的刺激掀起了涨停潮。多只预制菜概念股强势涨停，得利斯更是直接一字封板，强势尽显。

此后的几个交易日，得利斯更是连续拉出涨停板，该股股价在几个交易日内涨幅超过 90%。由此可见，市场资金对预制菜概念的追捧程度。

预制菜概念能够被热炒，与其有一个巨大的想象空间密不可分。当时受疫情的持续影响，餐饮行业的堂食受到较大影响，越来越多的家庭选择在家中就餐，而预制菜正好就拥有了一个可以施展拳脚的舞台。

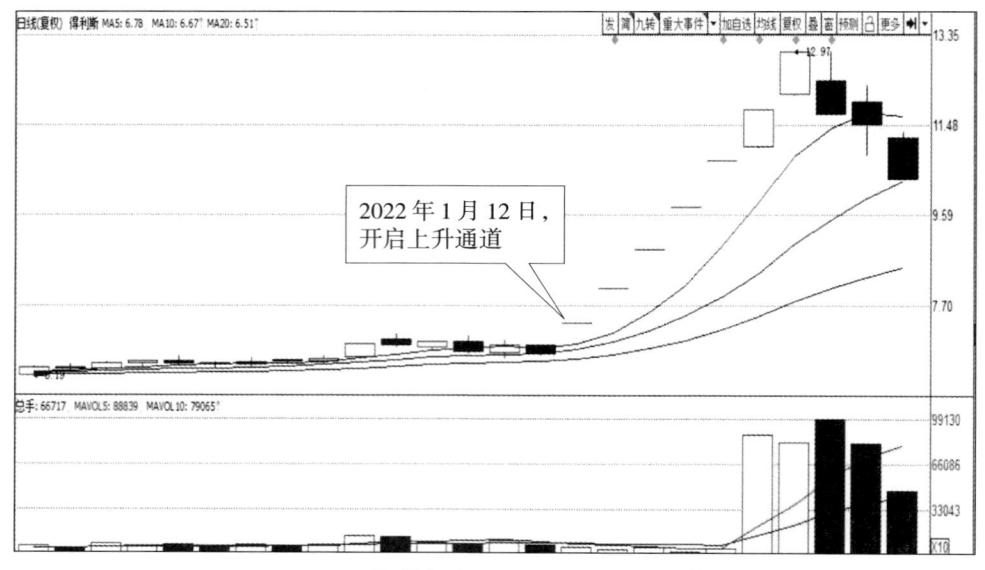

图 3-10　得利斯（002330）日 K 线走势图

四、大龙头抢入战术

大龙头产生的背后，少不了游资的推动。一波行情起来后，市场上的游资最终只会塑造一到两只的大龙头股。这只龙头股就是这一波段炒作的风向标，板块内其他个股的炒作都会看这只龙头股的眼色。很多游资在入场时，并不能确认自己持有的股票是否能够成为一波行情的大龙头，因而，当行情演绎几个交易日后，真正的大龙头现身时，很多先前没有介入的游资就会入场抢筹。

通常来说，真正持续性较好的大龙头，并非是那种开始就是天天一字板的股票，而是上升初期每天都有入场和离场机会的股票。只有这样，游资才能产生接力效应，才有成为大龙头的可能。在游资的意识中，所谓龙头股，都是股价连续三个交易日以上涨停后才能看出来的。其实，这时候又是很多投资者因畏惧高点而不敢介入的时刻。这就是普通散户与游资最大的差距。不过，这并不意味着抢入这类股票有多安全，事实上，很多游资抢入股票的仓位都不是很大。

比如，龙虎榜上的常客赵老哥，其抢入很多股票涨停板的资金额度也就两三千万元的水平，除非特别看好的股票，才会过亿元。对于散户而言，这个资金量已经很大了，但对于这些顶级游资来说，这个资金量可能连总仓位的5%都不到。说到这里，投资者应该明白游资是如何控制亏损或回撤的了吧，很多时候，这些游资并不按照个股股价回调几个点作为止损点，而是通过仓位控制来回避风险。你想想，一只股票占总仓位的比重不到5%，那么，即使再下跌，也不会对总资金产生太大的影响。而普通散户在操盘时，总是会一时冲动搞个全仓，一旦判断错误，就要全仓被套。这种情况下，还敢抢龙头吗？这就是差别。

当然，抢龙头也并不是看见有三板以上股票就可以抢，还要考虑当时概念的发酵程度。最简单的方法还是要看涨幅榜上该热点板块内涨停个股的数量、板块整体涨幅情况等。只有整个板块涨停个股数量增加并且相关联的领域不断被挖掘，才能说明这个概念还将延续，这时候才能考虑抢大龙头的操作。

比如，2021年的超级大牛股九安医疗就是这个情况。2021年下半年，很多国内医疗器械公司生产的新冠检测产品通过美国相关部门的认证与许可后，开始在美国市场销售。于是新冠检测概念成为当时的热点概念，九安医疗成为市场的热门品种。

如图3-11所示，九安医疗的股价自2021年11月11日开始启动了上升走势。11月15日、16日，该股更是连续两个交易日涨停，开始显现龙头特色。

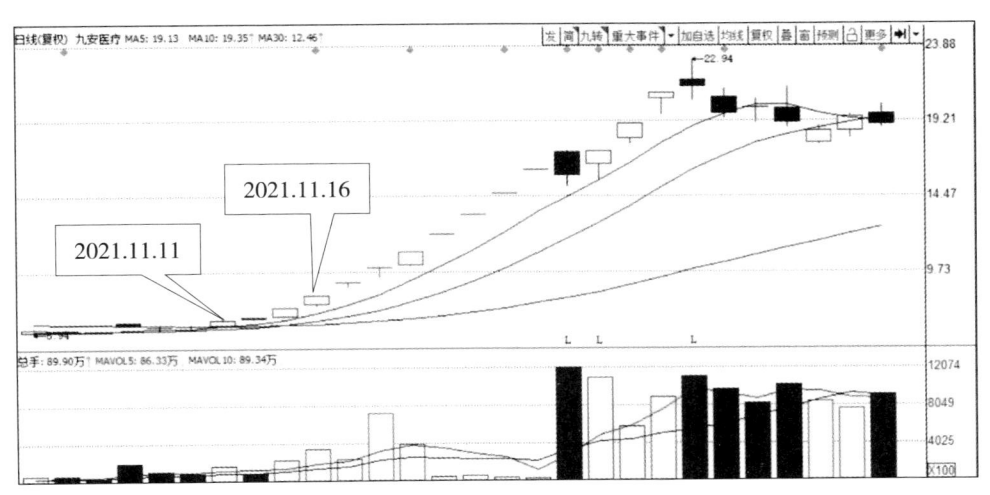

图3-11　九安医疗（002432）日K线走势图

11 月 16 日，九安医疗的龙虎榜上出现了很多顶级游资的身影，如图 3-12 所示。

九安医疗龙虎榜数据
2021-11-16

日期：2021-11-16 总成交金额：48323.25万元，总成交量：6317.40万股

排序	营业部名称	买入金额/万	占总成交比例	卖出金额/万	占总成交比例	净额/万
买入金额最大的前5名　买入总计 **9342.70** 万元，占总成交比例 **19.33%**						
1	中国中金财富证券有限公司厦门湖滨东路证券营业部	2297.23	4.75%	0.00	0.00%	2297.23
2	华泰证券股份有限公司浙江分公司	1464.03	3.03%	0.78	0.00%	1463.25
3	华鑫证券有限责任公司上海分公司	1438.34	2.98%	13.79	0.03%	1424.55
4	浙商证券股份有限公司绍兴解放北路证券营业部	1411.85	2.92%	1.55	0.00%	1410.30
5	东方财富证券股份有限公司拉萨东环路第一证券营业部	978.26	2.02%	202.72	0.42%	775.54
卖出金额最大的前5名　卖出总计 **3876.88** 万元，占总成交比例 **8.02%**						
1	粤开证券股份有限公司南通工农路证券营业部	0.00	0.00%	1013.88	2.10%	-1013.88
2	财通证券股份有限公司杭州九堡九乔街证券营业部	812.81	1.68%	867.89	1.80%	-55.07
3	广发证券股份有限公司珠海柠溪路证券营业部	0.33	0.00%	710.28	1.47%	-709.95
4	中国银河证券股份有限公司厦门嘉禾路证券营业部	683.03	1.41%	693.45	1.44%	-10.41
5	招商证券股份有限公司深圳招商证券大厦证券营业部	256.81	0.53%	372.55	0.77%	-115.74

买卖净差：**5465.82**万元

图 3-12　九安医疗（002432）龙虎榜（2021.11.16）

在 11 月 16 日的龙虎榜上，国内顶级游资赵老哥常用的营业部浙商证券绍兴解放北路、华泰证券浙江分公司的席位双双进入买入榜前五位，说明该只股票已经显露了龙头本色，赵老哥已经笃定这只股票未来还拥有较大的上升空间，并率先开启了抢龙头之路。

此后，该股股价一路狂飙。

五、龙头分化打板

游资大佬赵老哥曾这样说，一个板是看不出什么龙头股的，三个板后，股票开始分化，龙头股才会现身。

一般来说，龙头分化打板操作需要注意以下几点。

第一，在概念炒作初期，同一概念板块内应该有多只涨停股，这说明市场对该概念的认可，同时大家也对哪只股票是大龙头没有准备。

第二，热门概念启动第二日，先前的涨停板有很多没有二度封板，说明市场已经开始有所选择了，毕竟要想让龙头股走得远，资金必须集中火力才行。

第三，热门概念启动第三日，热门概念股票进一步分化，通常来看，同一概念内的股票已经不超过 3 只，甚至只有 1 只了。当然，这并不意味着这

一概念内只有 1 只股票涨停，事实上，该概念内可能还有其他股票出现涨停的情况，只是三连板的股票没有几只了。这时候龙头股基本现身了。

第四，通常来说，龙头股在第三个或第四个涨停板附近会出现大幅振荡，这是资金产生分歧的标志。很多场内资金获利流出，场外资金继续看好该股入场买入，成交量放大是其显著标志。另外，在很多游资大佬看来，没有经过放量检验的龙头，都不能成为真正的龙头，而这一放量阶段也是投资者判断龙头股的试金石。股票若能在放量振荡后继续回封涨停，就可以认定该只股票很可能就是引领股价上行的"真龙"。

比如 2023 年 11 月，新能源汽车概念以及与之相关的汽车零部件概念成为市场热炒的概念。从最近几年的市场来看，由于我国正在大力发展新能源汽车产业，且新能源汽车已经颇具国际竞争力，这也使得该概念常常成为市场反复炒作的热门概念。2023 年 11 月 10 日，新能源汽车概念以及汽车零部件概念炒作再起波澜，银宝山新、东风汽车、海马汽车、东安动力、福然德等多只同概念股票收出涨停板。

到了 11 月 13 日（11 月 11 日、12 日周末休市），能够成功实现两连板的股票就只剩下海马汽车和银宝山新了。

先来看一下银宝山新的分时走势情况，如图 3-13 所示。

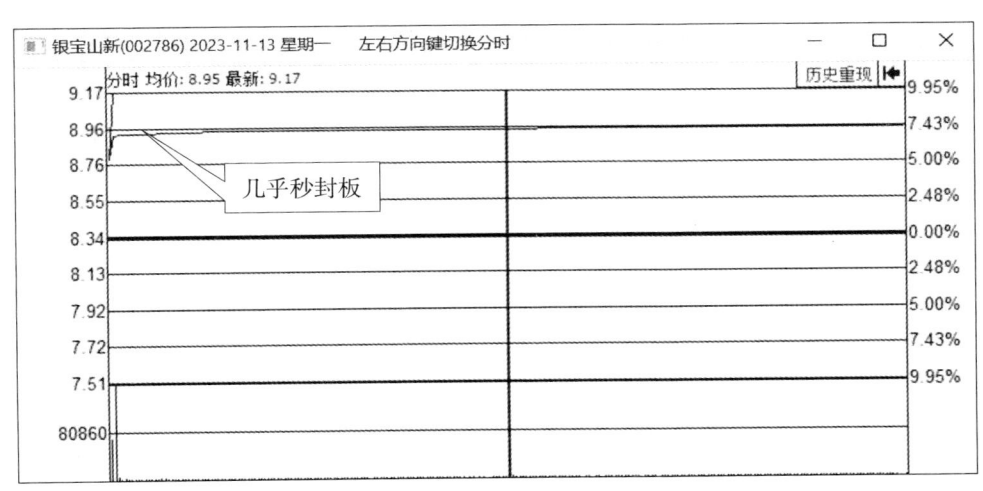

图 3-13 银宝山新（002786）分时走势图（2023.11.13）

从银宝山新 2023 年 11 月 13 日的分时图中可以看出，该股股价几乎是在开盘后秒封涨停板，从中也可以看出市场资金对其的追捧程度。

再来看一下海马汽车的分时走势情况，如图3-14所示。

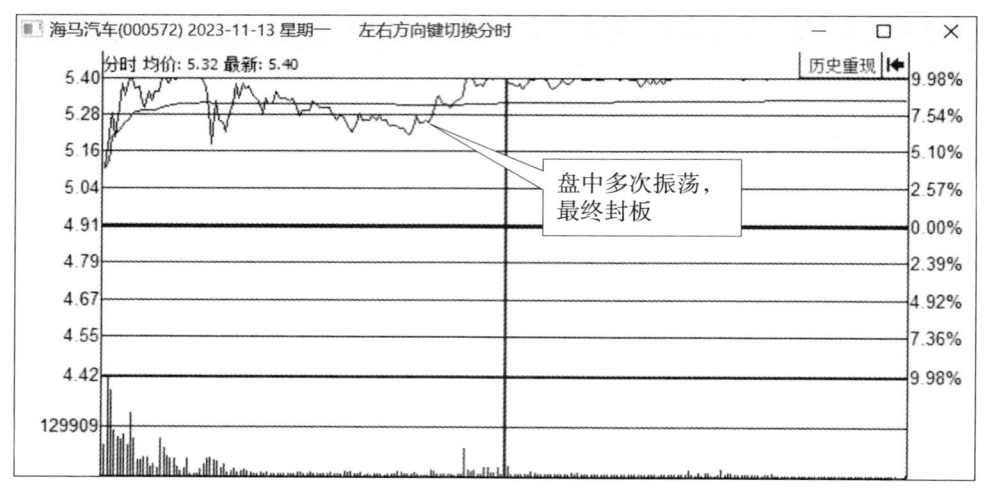

图3-14　海马汽车（000572）分时走势图（2023.11.13）

从图3-14中可以看出，海马汽车的股价在盘中多次振荡，最终还是封上了涨停板，只是封板不太牢靠，封板时间有点晚。相比较而言，肯定不如银宝山新更为干脆。

再来看一下11月14日两只股票的走势情况。

先来看一下银宝山新的走势，如图3-15所示。

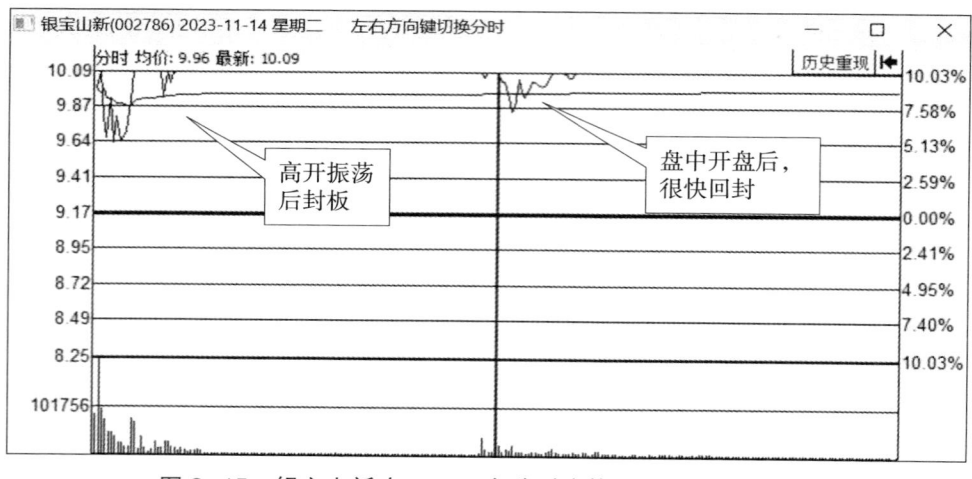

图3-15　银宝山新（002786）分时走势图（2023.11.14）

从图 3-15 中可以看出，银宝山新的股价在 11 月 14 日高开后，经过一波振荡，在半个小时左右的时间内成功封板，成交量也同步放大了很多。在午盘时段，该股的封板一度被砸开，但很快又回封了。说明此时资金分歧较为严重，很多获利盘出逃了。但该股仍能迅速回封涨停板，说明市场对该股的走势仍是十分认可的。

再来看一下海马汽车的股价走势情况，如图 3-16 所示。

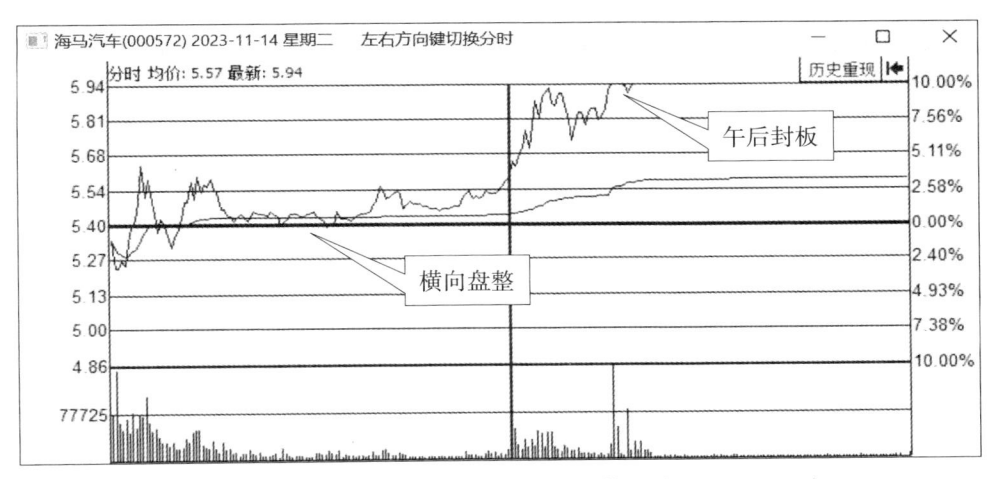

图 3-16　海马汽车（000572）分时走势图（2023.11.14）

从图 3-16 中可以看出，海马汽车在 11 月 14 日开盘后，一直呈现横向振荡态势，到了下午时段，在银宝山新重新封板的带动下才再度起涨，并最终封上涨停板。

从两只股票的走势来看，海马汽车几乎每天都处于跟随状态，都是在银宝山新封板后才涨停的。银宝山新成为龙头股的概率要远远大于海马汽车。

到了 11 月 15 日，海马汽车没能延续封板节奏，而银宝山新再度高开高走迅速封板，如图 3-17 所示。银宝山新在 11 月 15 日大幅高开后，在 1 分钟时间内就完成了封板操作。至此，此波龙头就真正现身了。想要打真正龙头板的投资者就应该在 11 月 15 日股价高开之日，第一时间迅速跟进买入该股。

该股股价此后又连续收出多个涨停板，如图 3-18 所示。

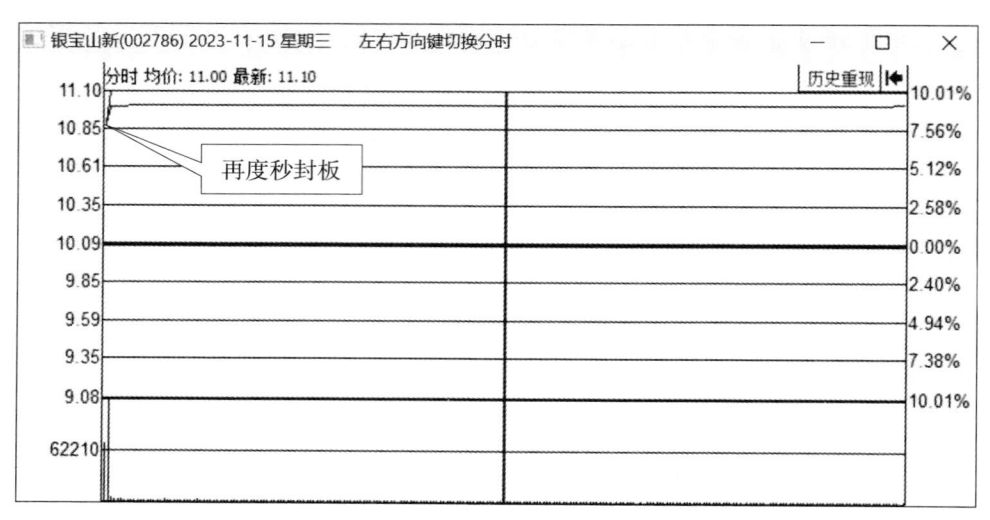

图 3-17　银宝山新（002786）分时走势图（2023.11.15）

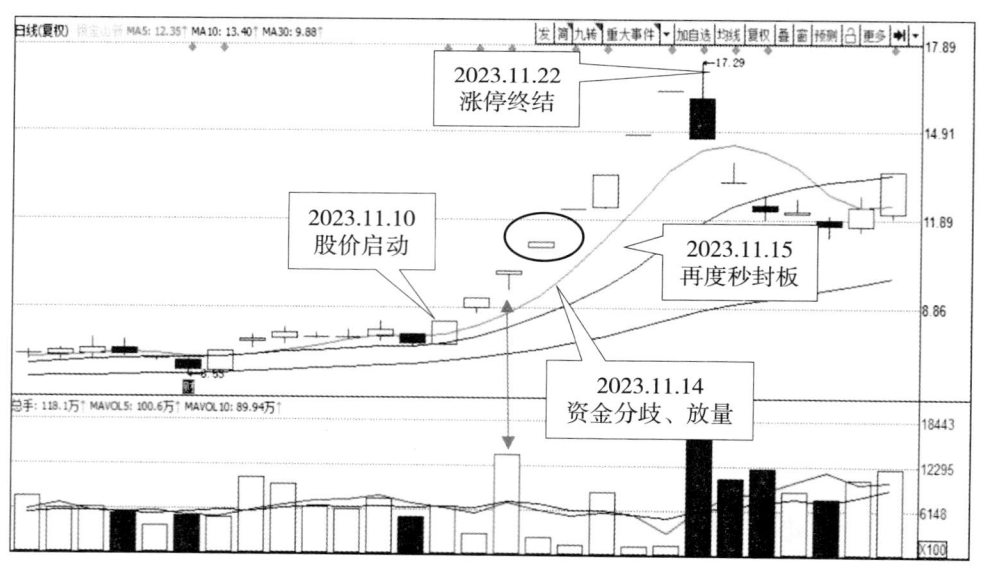

图 3-18　银宝山新（002786）日 K 线走势图

从图 3-18 中可以看出，银宝山新的股价自 2023 年 11 月 10 日启动大幅上攻，并在 11 月 14 日收出第三个涨停板。在 11 月 14 日涨停过程中，股价出现了较大幅度的振荡，成交量同步出现了明显的放大，这是资金分歧的标志，也是一只股票成为真正龙头所必须经过的一个"坎"。只有经历了成交量放大的考验，才可能成为真正的龙头。

到了 11 月 15 日，该股股价再度大幅高开，意味着龙头股的上攻已经开始提速，想要打板入场的投资者，当日就是最佳时机。

六、龙头首阴战法

龙头首阴战法是针对龙头股实施的特定操盘战法。该战法只适用于龙头股，其他股票并不适用。这里的龙头股也有必要明确一下，是指已经展开大幅上涨攻势，并能够带动板块整体上行的股票。龙头股至少要有三个以上的涨停板，这说明该股已经足够吸引市场的注意，且有大量资金介入该股了。

龙头首阴，是指龙头股连续上攻多个交易日后，第一次以阴线报收。当然，这里的阴线可以是真阴线，也可以是假阴线。

该战法的基本要求及操作要点如下。

第一，龙头股出现首阴的前一个交易日，股价就已经经历了大幅振荡，但最终以涨停报收，成交量呈放大状态。

第二，龙头股首阴当日，股价也应该出现了大幅振荡，且成交量出现放大，说明市场上的资金存在分歧。

第三，龙头股首阴当日不能以跌停或接近跌停价收盘，以带长下影线收盘的 K 线形态为宜。

第四，龙头股经历强力下杀后，有被拉升的情况，说明股价下行空间已经被锁死。

第五，龙头首阴的买入时机：

其一，首阴当日，临近收盘时段，只有确认股价不会跌停才能入场。

其二，首阴次日可考虑的时段，若竞价时段高开，则需考虑抢入；若低开，则可在股价下杀企稳位置入场。

第六，龙头首阴的卖出时机：买入股票的次日，若股价不能涨停，即卖出。

下面来看一下长白山的案例，如图 3-19 所示。

2024 年年初时段，随着东北冰雪旅游景气度的不断提升，长白山作为冰雪旅游概念的龙头股，自 2024 年 1 月 2 日开始启动。此后，该股股价更是连续走出了多个涨停板。特别是 1 月 10 日出现的涨停板，该股股价以涨停开盘，盘中被抛盘砸开，尾盘又重新回封，带动了成交量的大幅走高，这也说明资金对股价未来的走势存在分歧。1月11日，长白山出现了自上攻以来的首个阴线收盘日。

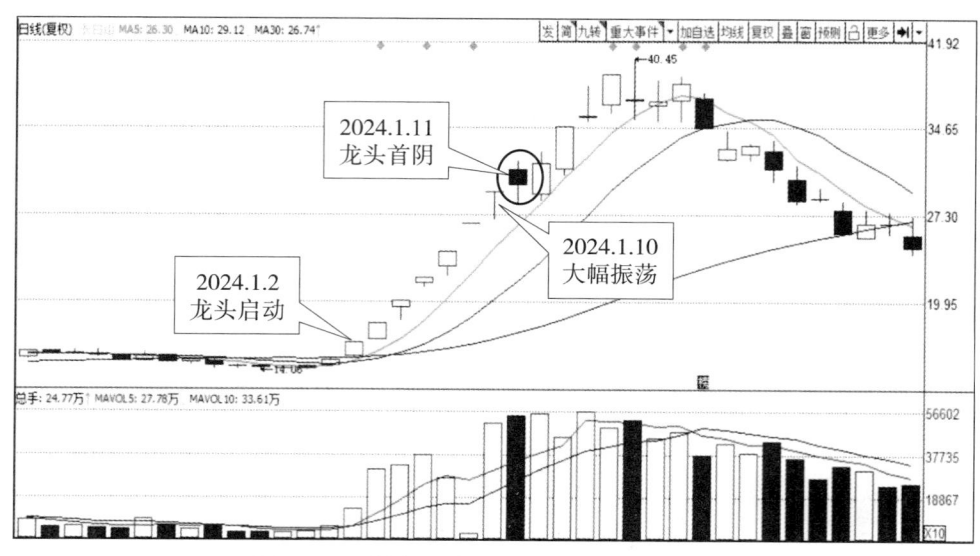

图 3-19　长白山（603099）日 K 线走势图

如图 3-20 所示，长白山的股价在 2024 年 1 月 11 日早盘高开后，振荡走低。盘中该股股价跌幅在 4 个点左右。此后，股价在低位徘徊了一段时间，在临近尾盘时段，股价开始反攻，并以上涨 2 个点报收。

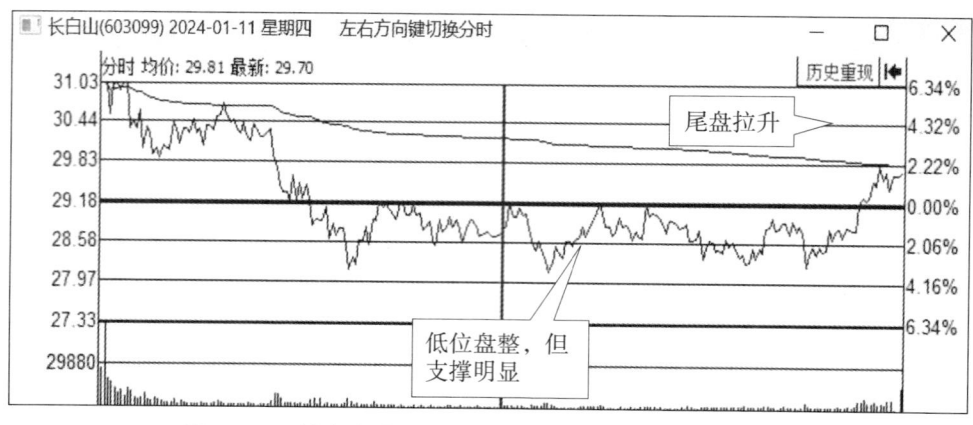

图 3-20　长白山（603099）分时走势图（2024.1.11）

投资者可在尾盘临近收盘的时段入场，也可以在 1 月 12 日股价低开时段入场。其后，该股股价又重新延续了上升态势。

第三节　高位回踩战法

强势上攻的股票，特别是热门龙头股，在经历一波急速拉升后，往往会出现小幅回调整理，之后股价又会重新回到上攻的轨道上来。因此，在股价回调到位时入场，并力求获得股价反攻带来的收益，也是很多超短线交易者的选择。

不过，并不是所有股票进入高位后出现回调都可以入场交易，此类交易的风险也是很大的。

高位回踩战法的运行条件包括如下几点。

第一，并不是所有进入高位的股票都有交易机会，只有那些市场热点股票，且市场情绪较高的股票，才有交易机会。

第二，通常来说，只有那些股价上攻过程中经历充分换手的股票，而不是一字板上攻的股票，才可以成为交易标的。一字板上攻的股票，由于上升过程中缺少成交量放大的支持，没有经历充分的换手，股价一旦无力再封上一字板，开始反向下行时，也势必缺少足够的支撑。这类股票的跌幅往往也会十分巨大。

第三，股价经过一波上攻后出现回踩时，成交量最好能够出现萎缩。股票质地不同，回踩的形态也有所区别。有些股票会出现幅度较大的回撤，如回踩均线、回踩前期高点；有些超级大牛股也可能只是在空中稍作停留，就完成了休整与回踩动作。

一、强势牛股回踩启动

强势股是超短线交易者的最爱。不过，在强势股上攻的第一时间点，并不是所有的超短线交易者都能捕捉到。因此，很多时候，对于多数超短线交易者来说，强势股回踩后再入场，也不失为一个理想的选择。

强势牛股回踩启动股票的操作要点如下。

第一，股价经过一波强势拉升，通常会有涨停板出现，说明股价短线走势较强，未来继续走高的概率才大。

第二，股价经过急速拉升后存在调整需求，调整通常在股价无力继续封住涨停板之后。

第三，股价在回调之后，成交量持续萎缩，最后能够萎缩至原来的一半以上。

第四，股价在某一位置获得了足够的支撑，出现明显的企稳反弹迹象，投资者可考虑入场少量买入。

第五，入场后，股价若跌破支撑位，则意味着买点确认失败，投资者可考虑止损卖出。

下面来看一下科陆电子的股价走势情况，如图 3-21 所示。

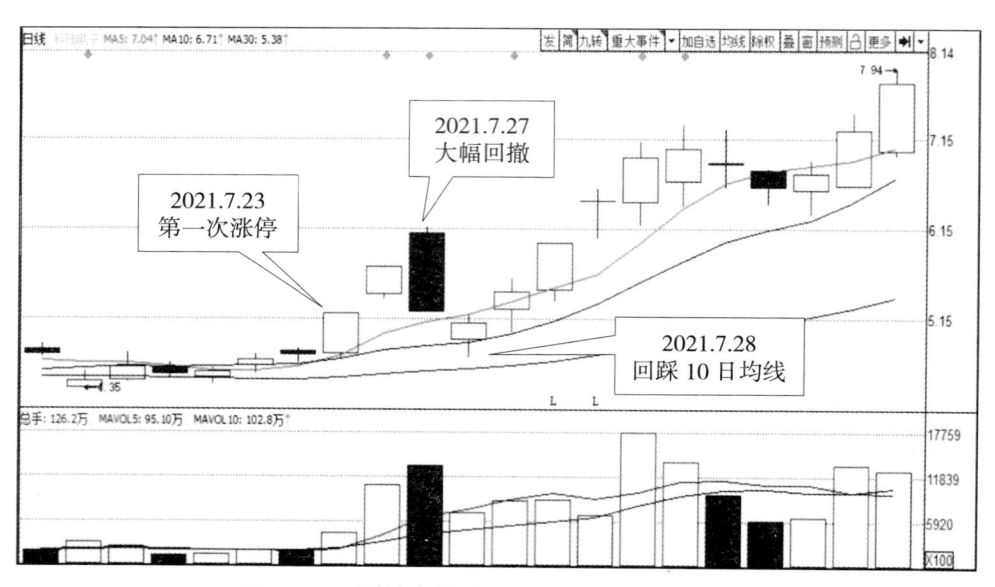

图 3-21　科陆电子（002121）日 K 线走势图

从图 3-21 中可以看出，科陆电子的股价在 2021 年 7 月下旬启动了一波大幅上攻走势。

7 月 23 日，该股股价首次出现涨停板。下一个交易日（7 月 26 日），该股股价再度涨停。

7 月 27 日，该股股价大幅高开后回落，最终大幅下挫。7 月 28 日，该股股价回撤至 10 日均线附近时，因受 10 日均线支撑而重新上攻。

对于超短线交易者来说，当日就是一个较佳的入场机会。

二、龙回头启动战术

从技术形态角度来看，龙头第二波启动，也可以看成龙头股在上升过程中的一次回调整理，即龙回头，如图 3-22 所示。

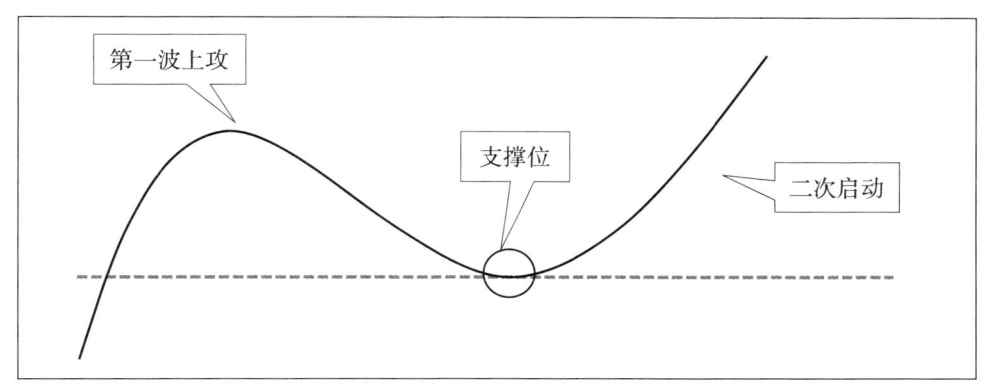

图 3-22　龙回头形态

从形态上来看，龙头股在完成第一波冲高后，出现了明显的回调走势，当股价回调至某一重要支撑区域，可能是中期均线附近、前期高点或低点附近等，成交量同步萎缩。此后股价突然出现向上反攻走势，并走出强势涨停板，意味着该股股价新一波的拉升开始了。此后，若股价能够顺利突破第一波的高点，则上升空间将会进一步增大。

龙回头战法的操作要点包括如下几点。

第一，股价经过一波冲高后的回调，应以缩量回调为主。

第二，龙头股在回撤过程中，获得支撑的位置越接近前期高点越好，说明资金护盘意愿比较强。

第三，股价回调的支撑位，多在前期振荡位置（密集成交区）、前期高点或低点、前期缺口、均线附近等。

下面来看一下中信海直的案例，如图 3-23 所示。

在低空经济热炒的过程中，中信海直的股价自 2024 年 3 月下旬出现了一波大幅上攻走势。2024 年 4 月 2 日，该股股价在连续拉出 4 个涨停板后出现冲高回落走势。此后，随着股价的回调，成交量同步萎缩。

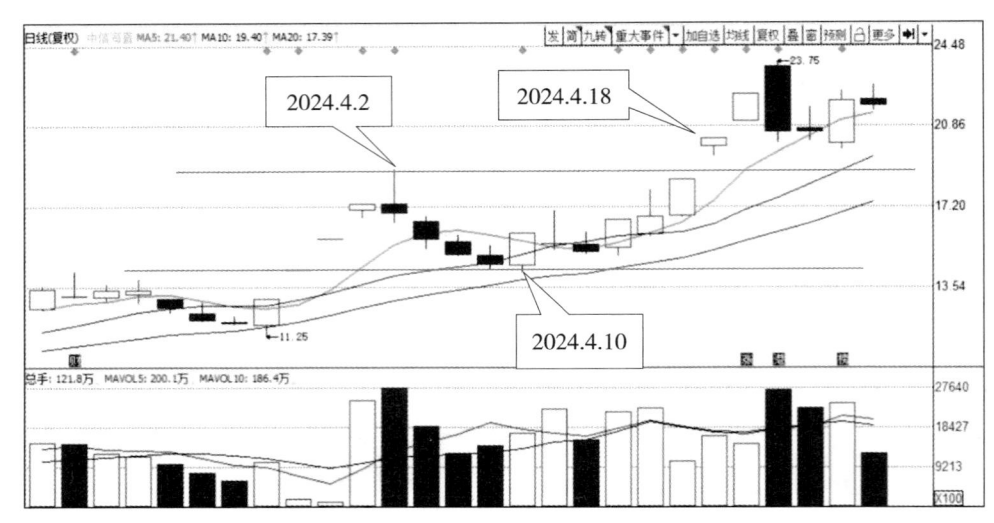

图 3-23 中信海直（000099）日 K 线走势图

2024年4月10日，该股股价回调至前期缺口位置时，受到了较强的支撑，并反向上攻，当日以涨停报收。说明该股很有可能重拾升势。

此后，该股股价经过几个交易日的调整后，再度启动上攻，并于4月18日完成了对4月2日高点的突破。

在此过程中，多路游资参与了对该股的炒作，如交易猿、华鑫宁波分、低位挖掘等知名游资都现身其中。投资者可以在4月10日该股遇支撑启动后择机入场，4月18日，该股股价突破前期高点时，则可考虑加仓。

三、牛股空中反包涨停

正常情况下，当股价连续拉出涨停板后，一旦涨停终结，股价很可能就会转入回调整理通道。而在有些情况下，一些股票连续涨停后继续冲高，在高位出现一个到两个交易日的振荡，即形成高位小阳线或小阴线，此后的一个交易日，股价再度发力反包小阴线或小阳线，形成涨停板。这是股价继续走强的一个明确信号，如图 3-24 所示。

股价涨停后出现大幅回落，有时跌幅甚至会超过 10%，这就给很多投资者的心理造成极大的震撼。反之，若牛股连续涨停后，股价只在高位振荡，并没有下跌，则意味着市场资金仍有相当大的一部分继续看好股价的上行。

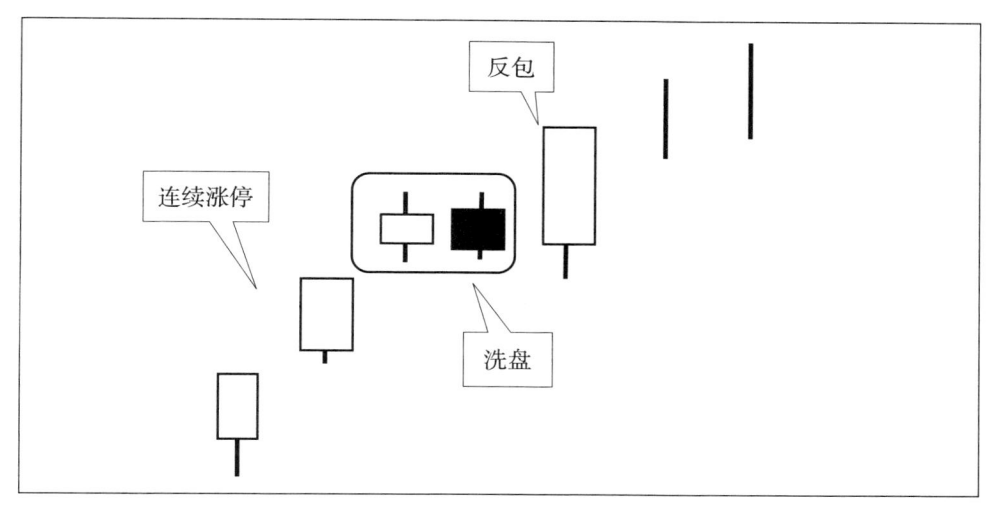

图 3-24 牛股空中反包形态

待股价 K 线完成对振荡区域的反包，则意味着新一波行情的来临。

牛股空中反包涨停形态与反包上影线形态比较相似，都属于涨停后调整再涨停的形态，其形态特征如下。

第一，股价在空中停顿之前，至少出现了两个以上的涨停板，说明股价处于强势上攻周期，做多力量比较强大。同时，股价的连续涨停，也意味着市场上有很多获利盘需要消化，需要兑现。

第二，中间洗盘的长上下影线的阴线与阳线实体一般不大，数量一般为一根到两根，实体越小越好。

第三，股价经过高位振荡后，某一个交易日突然出现上攻走势（可能低开上冲，也可能直接高开），并直接封住涨停板，说明股价已经重新确立上升趋势。

第四，股价反包涨停当日，实质上有两个明确的买入点：其一，股价突破振荡区域的最高点；其二，股价临近涨停板开始冲击涨停位时。

下面来看一下万丰奥威的案例，如图 3-25 所示。

2024 年 3 月初，低空经济、飞行汽车概念掀起了一波炒作浪潮，万丰奥威成为这波炒作行情中的龙头股之一。2024 年 3 月 11 日、12 日，该股股价连续两天涨停。此后的 3 月 13 日，股价跳空高开高位振荡，形成了一根小阳线；3 月 14 日，该股股价平开低走，并以阴线收盘，成交量相比前一交易日有所萎缩，但仍处于高位。

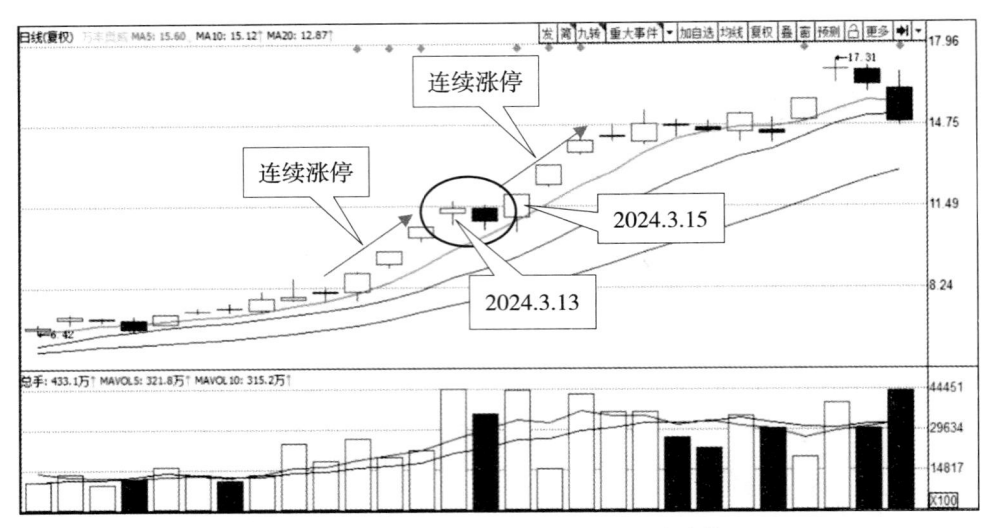

图 3-25　万丰奥威（002085）日K线走势图

3月15日，该股股价小幅高开后，经过一波振荡，下午出现了振荡拉升态势，完成了对前期高点的突破，并成功封上了涨停板，如图3-26所示。

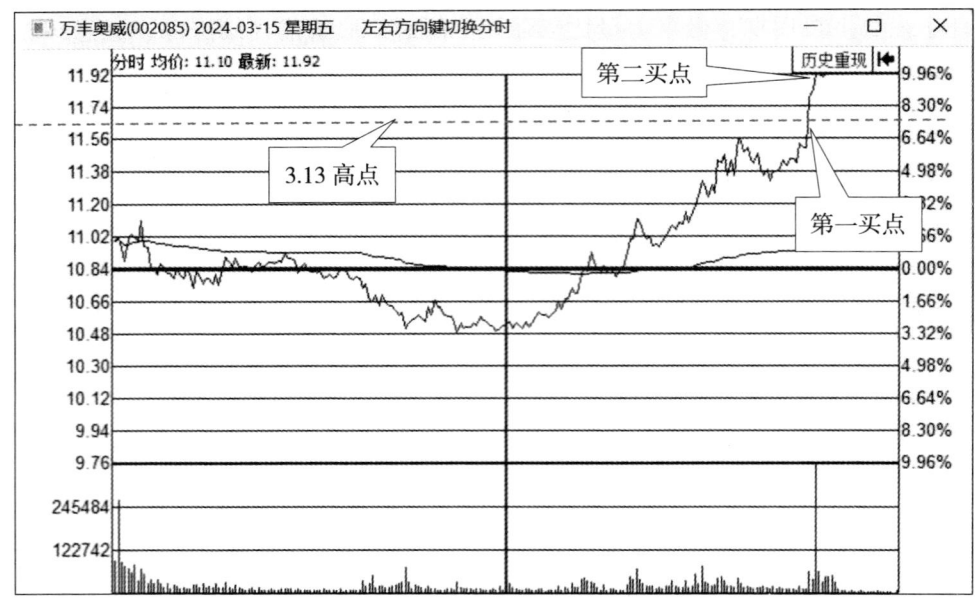

图 3-26　万丰奥威（002085）分时走势图（2024.3.15）

从图 3-26 中可以看出，万丰奥威的股价在 3 月 15 日小幅高开后出现了振荡下跌态势，给人一种股价还将延续下跌态势的感觉。午盘开盘之后，该股股价开始振荡反攻，并在 2:30 左右完成了对 3 月 13 日高点的突破。新高的出现，本身就是资金愿意做多的一种表现，投资者可考虑少量入场建仓。此后，该股股价经过一波拉升触及涨停板位置，此时就是该股的第二个买点。

此后，该股股价重新延续了之前强势上攻的态势。

第四章
短线交易模式

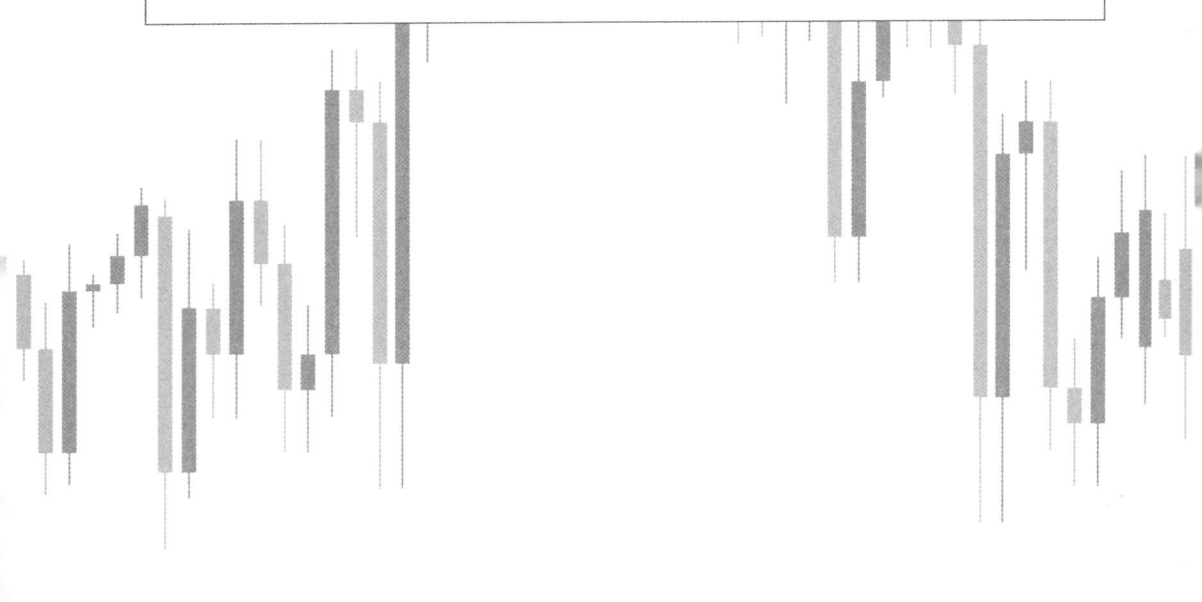

对于多数投资者来说，应用最多的非短线交易模式莫属。同时，很多技术分析方面的交易方法、理论，基本上也都是建立在短线交易模式基础之上的。后面所讲的一些波段交易、振荡交易模式，其实也可以看成短线交易模式的一种延伸或发展。

在所有短线交易模式中，以突破、回调、横盘起涨、超跌买入最具代表性。很多技术指标的交易技术方法也都是围绕这四类战法展开的，比如，很多短线交易者就特别喜欢用灵敏度较高的KDJ指标来佐证短线交易信号。

第一节 突破买入战法

相对而言，突破买入是短线交易模式中最常用的一种战法，也是成功率相对较高的一种战法。突破买入，即将股价完成对某一标志性点位的有效突破作为买入股票的基础入场条件，同时增加其他辅助判断信号。

突破买入战法的操作要点如下。

第一，突破点位的选择。通常来看，突破的位置越重要，前期阻力越大，那么突破后股价继续上攻的概率也就越大。

第二，突破成功与否的判断。股价对某一点位完成突破后，若能持续3个交易日或达到3%以上的幅度，就可以认定为有效突破。当然，这一判断标准并不是绝对的，还需要投资者结合具体情况具体分析。

第三，无论何种突破买入战法，成交量都是佐证突破是否成功的一个指标，即股价实现有效突破时，成交量必然会呈现放大状态。

一、放量突破前期高点

股价自底部开始小幅上升走势后，前期振荡回落过程中所形成的高点仍可能对股价构成一定的阻力作用。毕竟这些前期高点的位置往往都聚集了较多的套牢盘，股价想要突破该区域，就必须有消化掉足够多套牢盘的准备。

某一交易日，当股价完成了对前期高点的突破，就意味着股价正式进入了加速上升行情，如图 4-1 所示。

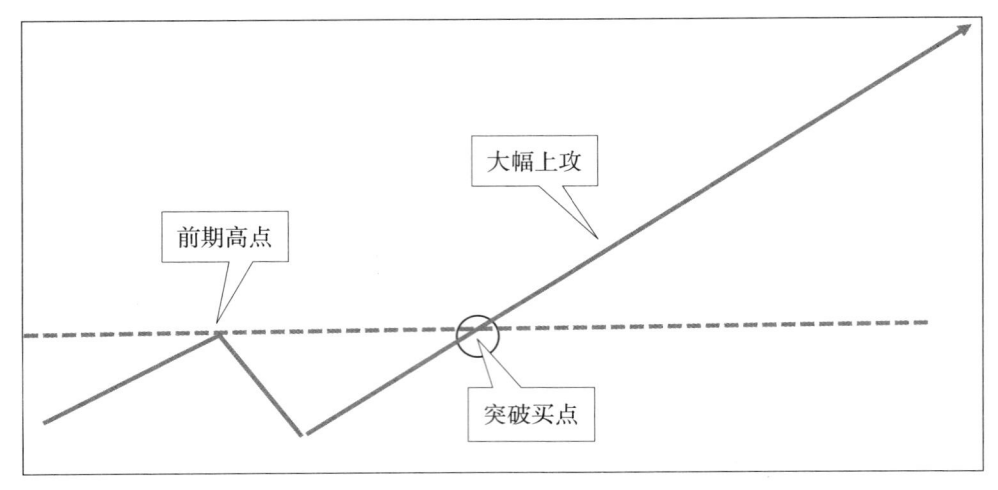

图 4-1 放量突破前期高点

放量突破前期高点的操作要点如下。

第一，股价自底部反弹后出现小幅上升走势，股价 K 线一直呈小幅振荡上扬态势，成交量也同步温和放大。

第二，随着股价上升的持续，距离前期高点的位置越来越近，股价 K 线出现上影线的情况越来越多，也就是说，市场已经感受到来自前期高点位置的压力。很多聪明资金开始选择撤退或部分减仓，并密切关注股价的走势。

第三，股价临近前期高点位置时，波动幅度明显变小，成交量常常会出现明显的萎缩情况，这是典型的启动前兆。

第四，某一交易日股价突然放量上攻并成功突破前期高点，这是典型的突破买点来临信号，投资者可考虑入场建仓。

下面来看一下超越科技的案例，如图 4-2 所示。

超越科技的股价自 2024 年 2 月 26 日创下一个阶段高点后，出现振荡调整走势。其后，该股股价几度来到 2 月 26 日高点附近，特别是 3 月 7 日，该股股价曾一度突破 2 月 26 日的高点，但很快又重新跌了回来。这说明前期高点对股价的阻力较大。

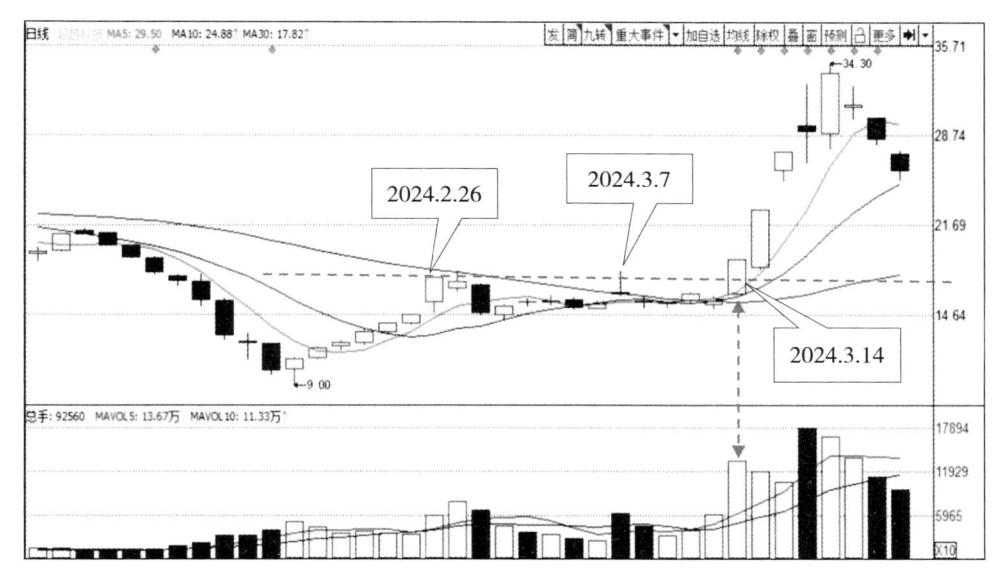

图 4-2　超越科技（301049）日 K 线走势图

此后，该股一路小幅振荡上扬，K 线多是以小阳线和小阴线报收，说明多方并未取得决定性的优势。

3 月 14 日，该股股价大幅向上突破 2 月 26 日的高点，并以涨停报收。与此同时，该股的成交量也出现了明显的放大，这也是主力强势的一种体现。

此后的交易日，该股股价持续走高，并连续拉出涨停板，重新开始了上攻之路，投资者可积极入场买入该股。

二、放量突破阻力线

股价自底部开始小幅上升走势后，呈现出明显的振荡上升态势。与此同时，股价的上升始终被一根趋势线压制。

某一交易日，当股价完成了对该阻力线的突破，就意味着正式进入了加速上升行情，如图 4-3 所示。

放量突破阻力线的操作要点如下。

第一，股价在小幅上升过程中，也会陆陆续续地出现几个明显的高点，将其中两个较为明显的高点连线，就构成了股价上升的阻力线。

第二，该阻力线对股价事实上造成较大的阻力，每当股价上升至该线位置时，都会因为该线的阻力作用而重新回落。

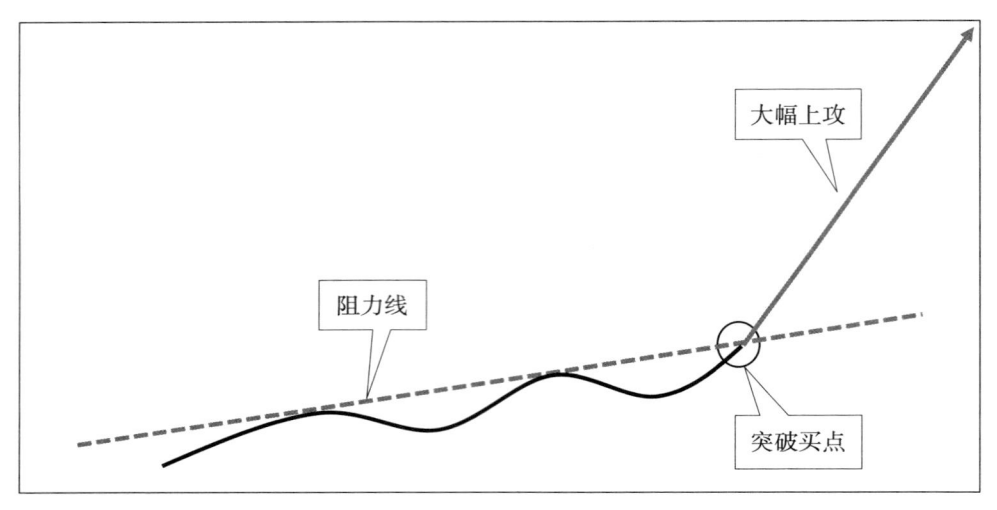

图 4-3　突破阻力线买入

第三，因该线对股价造成了一定的阻力，就使得很多投资者将其看成较佳的出货位置，也就是说，当股价上升至该线附近时，投资者就可能主动选择卖出手中的股票，这就在一定程度上强化了该线的作用。

第四，股价经过一波振荡后，突然放量向上突破了该阻力线，意味着股价将会进入一个新的上升通道。

第五，事实上，股价处于该阻力线下方时，也是呈现上升走势，只是上升的幅度相对较小。而一旦完成了对该线的突破，就意味着股价上升的幅度和速度都将加快。

下面来看一下金石亚药的案例，如图 4-4 所示。金石亚药的股价经过一波下跌后，自 2022 年 10 月 11 日开始呈现企稳迹象。

此后，该股股价开始了一波小幅振荡上升走势。投资者可将股价振荡上升中所形成的明显高点绘制成一根趋势线，此后股价一直运行于趋势线下方。投资者可密切关注股价其后的走势情况。

2022 年 11 月 9 日，该股放量突破上方的压力线，成交量相比前一交易日放大了数倍，这标志着该趋势线的阻力作用已经开始转化为支撑作用。

此后，该股股价经历了两个交易日的调整后，立即转入了快速上攻模式。11 月 9 日股价突破上方压力线的时刻，就是该股的最佳买点。

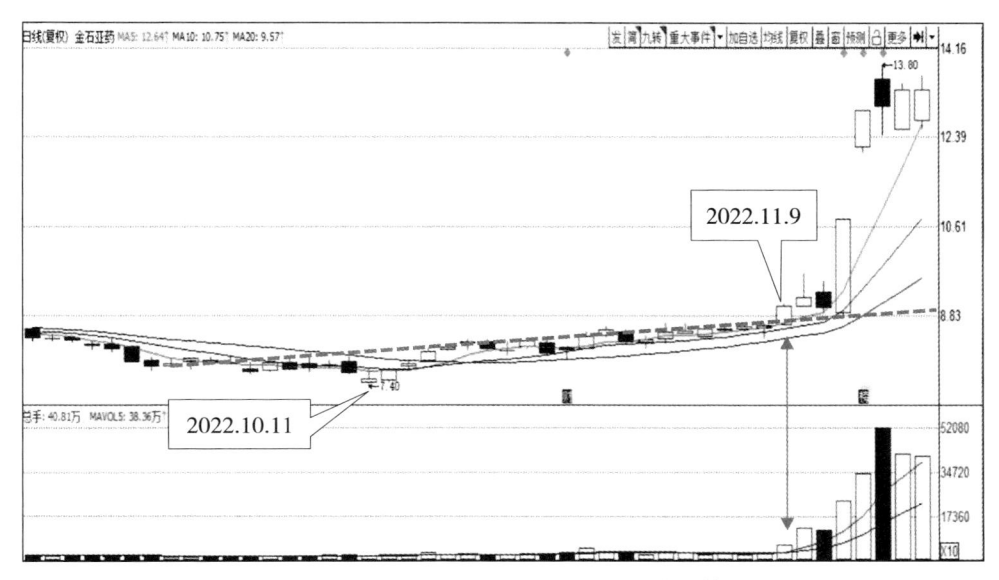

图 4-4　金石亚药（300434）日 K 线走势图

三、放量突破 5 日均线

5 日均线是强势股的生命线，对强势股有助涨、助跌的作用。股价一旦向上突破 5 日均线，投资者即可考虑买入该股。当然，在实战过程中，投资者也可以将 5 日均线替换为 10 日均线、20 日均线等，只要自己使用比较习惯即可。

该起涨点的操作要点如下。

第一，股价向上突破 5 日均线，是指股价已经站到 5 日均线以上的位置，如果股价只是偶尔突破均线后又回到均线下方，则不能认定为有效突破。

第二，股价向上突破 5 日均线以后，5 日均线就具有了支撑作用，而当股价突破 5 日均线时，如果成交量也能随之放大，则可增大突破的有效性。

第三，当股价高于 5 日均线太多时，一般指高于均线 7%～15%，股价就会出现一波短暂的回调，为了避免损失，投资者最好选择卖出股票。

第四，5 日均线如果能够与 10 日均线综合应用，会使均线发出更加准确的买入信号。也就是说，当股价突破 5 日均线时，5 日均线也能同步向上穿越 10 日均线，则可增强买入信号的准确性。

下面来看一下健民集团的案例，如图 4-5 所示。

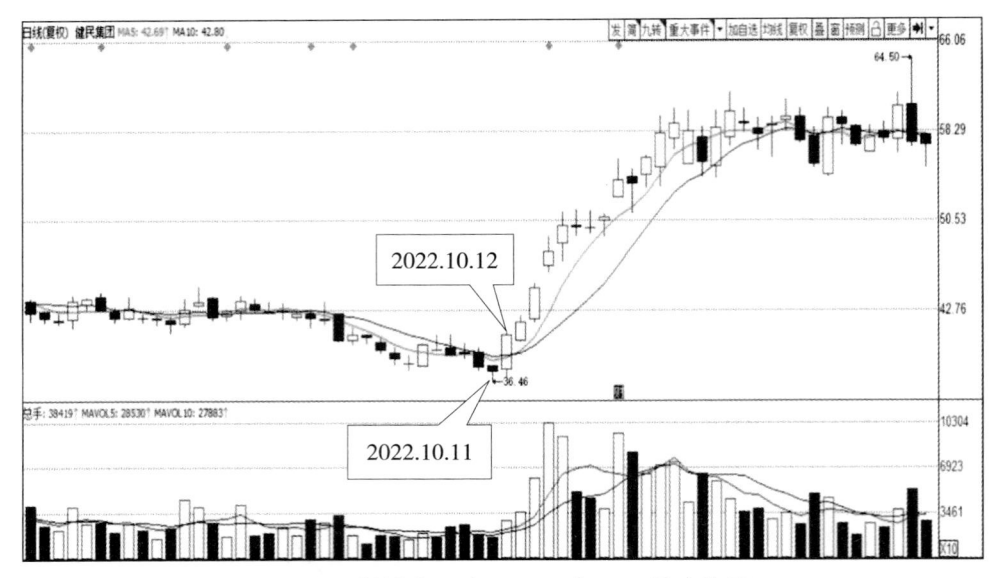

图 4-5 健民集团（600976）日 K 线走势图

健民集团的股价经历了 2022 年 6 月中旬的下跌之后，在 9 月底出现了振荡筑底态势。

2022 年 10 月 11 日，健民集团的股价创下一段时间下跌以来的最低点。次日，即 10 月 12 日，该股股价放量大涨，并成功突破了 5 日均线的压制，站到 5 日均线的上方。此后，5 日均线也成功上穿 10 日均线，这说明该股短期内将走出一波上涨行情，投资者宜跟进买入该股。

股价突破 5 日均线后，一直沿着 5 日均线向上运行，这说明 5 日均线对股价具有很强的支撑作用。只要股价没有跌破 5 日均线，投资者就可以一直持有该股。

四、放量突破下降趋势线

股价经过一波振荡走低后，明显受制于某条下降趋势线，股价每次反弹至趋势线附近时，都会因趋势线的阻力而重新下跌。某一交易日，股价 K 线放量向上突破该趋势线，则意味着股价将进入新的上升周期。自此开始，股价正式进入快速上升区间。

这类放量突破点的形成具有如下几个典型特征。

第一，股价自高位出现振荡下跌走势，且该下行走势已经持续了较长时间，说明该股的下跌动能已经得到了充分的释放。

第二，该股股价振荡下行过程中，也曾出现了几次规模较大的反弹，将这些反弹的高点连接，就获得了一根下降趋势线。

第三，当股价每次反弹至下降趋势线附近时，均会因该趋势线的阻力作用而重新下行，这也反映了该趋势线对股价具有较强的阻力作用。

第四，某一交易日股价突然出现放量上攻并成功突破前期高点，这是典型的起涨点来临信号，投资者可考虑入场建仓。

下面来看一下徐工机械的案例，如图4-6所示。

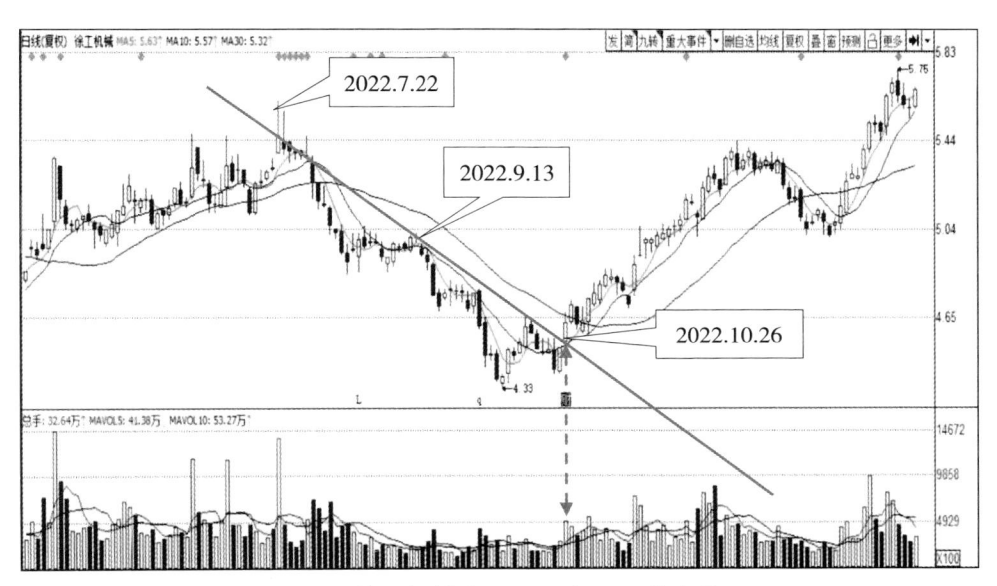

图4-6 徐工机械（000425）日K线走势图

从图4-6中可以看出，徐工机械的股价自2022年4月下旬出现了振荡上升态势。进入2022年7月下旬后，该股自顶部启动振荡下跌走势。此后，该股股价下跌的幅度突然开始增大，且股价K线也出现了数次反弹走势。将7月22日和9月13日股价反弹的高点相连，就获得了一根下降趋势线。

到2022年10月，该股股价K线曾数次试图突破下降趋势线，均未成功。一方面说明下降趋势线对股价的阻力作用之强；另一方面也可以看出多方已经开始试图重新夺取股价走势的主导权。

2022年10月26日，该股股价放量上攻并突破了长期压制股价上行的趋势线。这说明该股股价将开启一轮新的上升周期，毕竟该股被下降趋势线压制的时间太久了。

股价完成对下降趋势线的有效突破时，也可以看作该股的上升来临时刻，投资者可积极入场建仓该股。

五、特殊的突破前高：多方尖兵

多方尖兵出现在上涨行情中，其形态表现为：股价在上升时遭遇空方的打压，因而收出一根带有较长上影线的大阳线或中阳线；之后几个交易日，股价有所回落，但不久之后，多方重新聚集力量发动反攻，又拉出一根大阳线或中阳线，使股价涨到了上影线的最高点之上，如图4-7所示。

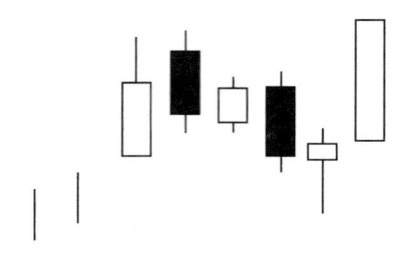

图 4-7 多方尖兵

多方尖兵形态中的K线数量一般为4～15根。第一根阳线的上影线部分，是多方在试探上挡的抛盘压力，因而被人们视为"深入空方腹地的尖兵"，多方尖兵的称呼便由此而来。随后的股价回落，正是对上挡抛压的一种释放措施，当上方压力减轻，多方便发动了更为凌厉的进攻，从而形成了最后那根阳线。

多方尖兵形态常常是多方发动全面进攻前的试盘活动，表示多方在摸清了空方的底细之后，对于进一步拉升股价信心满满。

多方尖兵形态的操作要点如下。

第一，多方尖兵是一种行情将继续向好的中继形态。对于投资者而言，看到此形态后果断买入，往往能够把握股价后期上涨带来的投资收益。

第二，只有最后一根阳线的实体穿越了第一根阳线上影线的最高点，才能被视为多方尖兵。

第三，如果收出最后一根阳线的同时，伴随着成交量的放大，看涨信号更为强烈。

第四，参照多方尖兵形态买入股票的投资者，最好将止损点定为第一根阳线的收盘价。

下面来看一下永兴材料的案例，如图4-8所示。

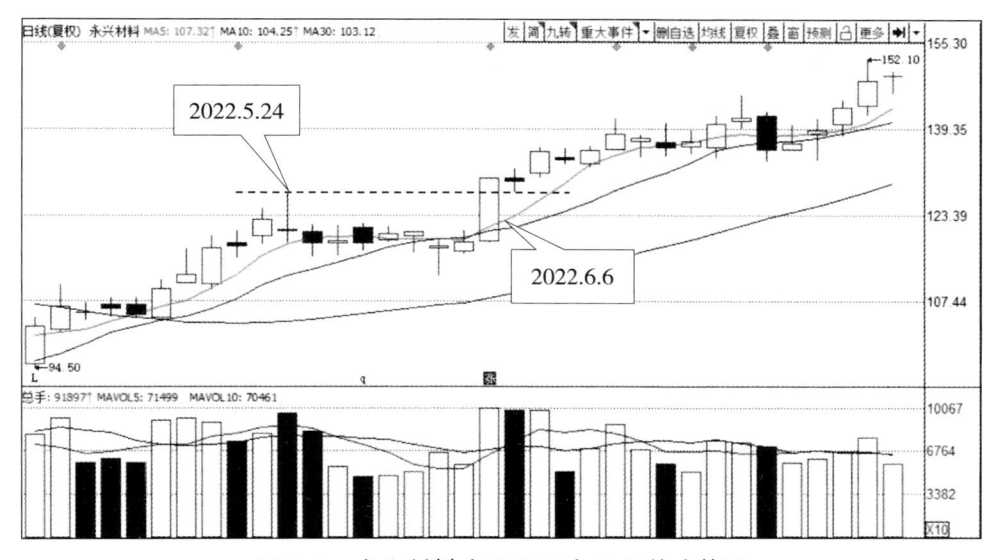

图4-8　永兴材料（002756）日K线走势图

从图4-8中可以看出，永兴材料从2022年4月底进入了上升通道。2022年5月24日—6月6日，该股走势出现了多方尖兵形态。

2022年5月24日，永兴材料收出一根带有长上影线的十字线。此后的几个交易日，该股股价均以小阴线、小阳线报收，说明多空争斗十分激烈。

2022年6月6日，该股高开高走收出一根涨停大阳线，此根阳线一举突破之前阳线的长上影线位，预示股价上涨行情正式启动，投资者宜于股价站稳阳线上影线线位时买入该股。

这几个交易日所形成的K线组合，就是多方尖兵形态。保守的投资者可在该形态出现后的次日逢低买入股票，并将止损点定为第一根阳线的收盘价。该股之后开始横盘整理，股价没有下跌，投资者可放心持股。

第二节 回调买入战法

通常来说，股价的上涨是一个持续的过程。在一个完整的上升过程中，股价会经历几波幅度不等的调整，调整结束之后，股价还将延续之前的上升走势。因此，很多投资者都将股价在上升阶段的回调整理看成较佳的入场或加仓良机。

回调买入战法的操作需要注意以下几点。

第一，股价回调过程有长有短，有时判断起来比较困难。

第二，股价是回调还是反转，也是真假难辨。若按照回调的标准来买入股票，而股价却是在反转，则很可能会被套其中。

第三，回调结束信号的判断，也是该战法的一个难点，亦是重点。回调结束点选准了，不仅可以降低交易风险，还可以提升资金利用效率。

一、回抽上行买入法

回抽上行是指股价经过一段时间上涨后，出现回抽，遇支撑重新上涨的运行态势。一般来说，股价K线遇到某些重要支撑位（比如中长期均线、前期高点位等），更容易获得上涨所需的支撑。准确把握股价遇支撑后重新启动的上涨点位，就相当于获得了一次绝佳的短线买入机会。

其具体操作要点如下。

第一，个股经过一段时间的上涨后出现回调迹象，且股价在回调过程中成交量出现萎缩态势。

第二，股价回调过程中遇到支撑后重新启动上涨，且与成交量温和放大相配合，这种量价形态有助于股价的进一步走高。

第三，股价回调遇支撑的点位，最好为较强力的支撑位，如中长期均线、前期高点或者某一密集成交区等。

第四，股价遇支撑重新上升时，若KDJ指标或MACD指标同步出现买入信号（如二度金叉等），可增强买入信号的有效性。

下面来看一下中电电机的案例，如图 4-9 所示。

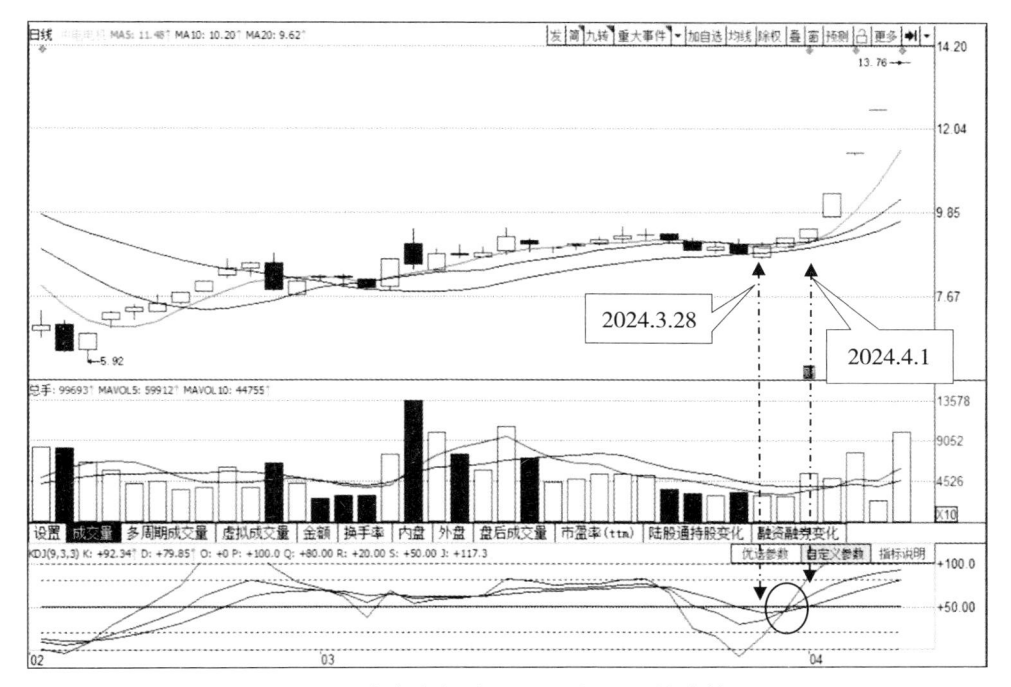

图 4-9　中电电机（603988）日 K 线走势图

从图 4-9 中可以看出，中电电机的股价经过一波上涨后，于 2024 年 3 月下旬出现回调走势。2024 年 3 月 28 日，该股股价在回调至 20 日均线位置时，因受 20 日均线支撑而重新上升。观察此时的 KDJ 指标可知，KDJ 指标在 50 线下方即将形成黄金交叉形态，未来存在反弹的可能。不过此时股价 K 线仍运行于 5 日均线下方，投资者还是要谨慎，可考虑少量建仓参与。

4 月 1 日，中电电机的股价小幅上扬，并突破了 5 日均线，此时 KDJ 指标刚刚形成黄金交叉形态。诸多信号都属于典型的股价看涨信号，投资者可积极入场做多或加仓。

二、回调不破 10 日线

股价上涨一段时间后出现回调，并向 10 日均线处靠拢，最终因受 10 日均线支撑而重新上涨时，投资者可以加仓买入。

该起涨点的操作要点如下。

第一，股价经过一段时间的上涨之后，由于短期获利盘太大，就会出现获利回吐的情况，从而促使股价下跌。但只要股价不跌破10日均线且10日均线仍继续上行，就说明此次回调是正常的短线强势调整，上升行情尚未结束。此时是逢低买入的一次良机。

第二，在上升趋势中，股价回调至10日均线附近时成交量应明显萎缩，而再度上涨时成交量应放大，这样后市上升的空间才会更大。

第三，股价回调至10日均线附近买入，其后又很快跌破了10日线。此时还是应坚持止损原则，待到调整结束，股价重回10日均线之上时再买入。

第四，股价在回调过程中，偶尔跌破10日均线后，很快又回到10日均线上方，仍可看作10日均线的支撑有效，并不妨碍此形态的研判。

下面来看一下凯瑞德的案例，如图4-10所示。

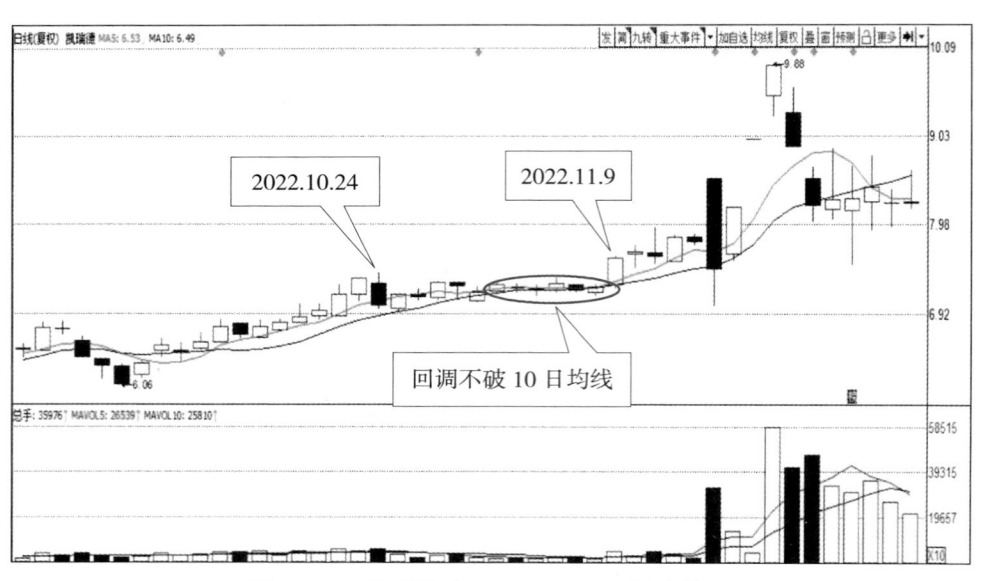

图4-10 凯瑞德（002072）日K线走势图

2022年9月底，凯瑞德的股价自下而上突破了5日均线和10日均线，此后一路沿着10日均线上涨。经过一段时间的上涨之后，自10月24日开始，该股股价出现了回调整理，股价向10日均线靠拢，并在10日均线附近盘整了一段时间，但并未跌破10日均线。这就意味着回调不破10日均线形态正式成立。

11月9日，该股股价受10日均线支撑大幅上攻，说明10日均线对股价有很强的支撑能力，投资者可以追涨买入该股。

三、缺口支撑买入技法

股价上攻过程中若产生了缺口，那么该缺口就会对股价产生一定的支撑作用。若股价回调至缺口位置，则会因缺口的支撑而再度上攻。

其具体操作要点如下。

第一，股价在上涨过程中出现缺口，说明市场上的投资者普遍看好后市，并愿意以较高的价格买入股票，而缺口的上沿就是投资者比较认可的一个买入价格，于是在此位置就会有相当多的投资者设下买盘等待股价的回调。当股价经过一段时间的上涨后，重新下跌到缺口上沿位置时，先前预设的买单就会成交，从而促使股价发动新一轮的上涨。

第二，一般情况下，缺口越大，支撑能力就越强，股价下跌到缺口位置时，遇阻上涨的可能性也就越大。

第三，股价在创下阶段高点后出现回调时，成交量应该呈现出萎缩的态势，表明主力并没有出货。这就为该股未来的上涨提供了必要条件。

第四，当股价遇缺口支撑而上涨时，如果KDJ指标能同步发出买入信号，将增加股价上涨的可能性。

下面来看一下金溢科技的案例，如图4-11所示。

2024年6月中旬，金溢科技的股价出现了回落遇缺口支撑而重新上涨的情况，预示股价将有一波上涨行情。

金溢科技的股价从2024年6月初经过整理后开始大幅度拉升。6月5日，该股以T字线涨停报收，使K线图上出现了一个巨大的缺口。其后，该股股价经过一波上升后开始回调。

2024年6月11日，该股股价在缺口区域获得支撑，此后重新上攻，并于6月13日重新站稳5日均线。观察此时的KDJ指标可知，该指标刚刚完成黄金交叉，属于一个典型的买入信号。投资者可在6月13日执行买入操作。

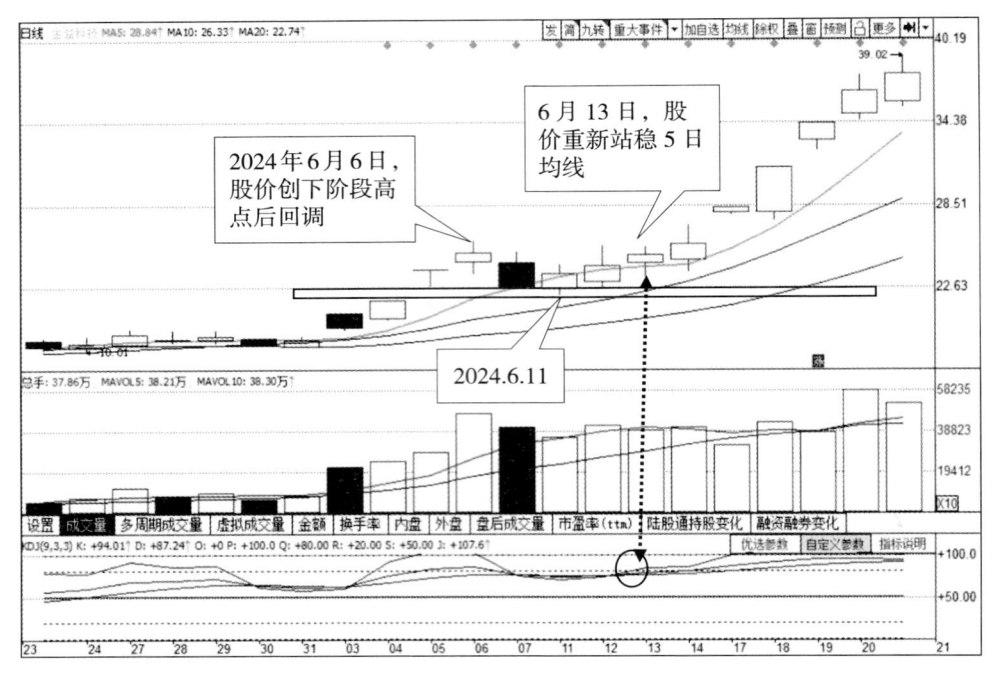

图 4-11　金溢科技（002869）日 K 线走势图

四、遇前高支撑起涨点

前期高点位置通常会聚集大量的套牢盘。当股价完成对前期高点的突破后，这些套牢盘就会全部被消化掉。此后，若股价出现一波回调走势，就给人一种股价走势变坏的感觉。当股价回调至前期高点附近时，因受前期高点支撑而重新上攻。自此开始，股价正式进入快速上升区间。

这类起涨点的形成具有如下几个典型特征。

第一，股价在前期创出阶段高点后回调，自底部反弹后出现持续的小幅上升走势，这是行情转暖的一个标志。

第二，股价经过一波持续的上升后已经突破了前期高点位置，正当很多投资者认为股价将会发动上攻趋势时，股价却反向出现回调走势。

第三，股价回调至前期高点位置时，因受前期高点的支撑而重新上攻，此时就是股价正式开启强势上攻的临界点。

第四，通常来说，前期高点位置往往会聚集较多的获利盘，若股价能够完成对该位置的突破，则意味着这些套牢盘已经被消化，而且该位置会被很多人看成一个较佳的入场位置。因此，当股价再次回落至该位置时，很多场外资金就会入场买入股票，从而将股价向上推高。该股股价则借此发动一波上升走势。

下面来看一下赛力斯的案例，如图4-12所示。

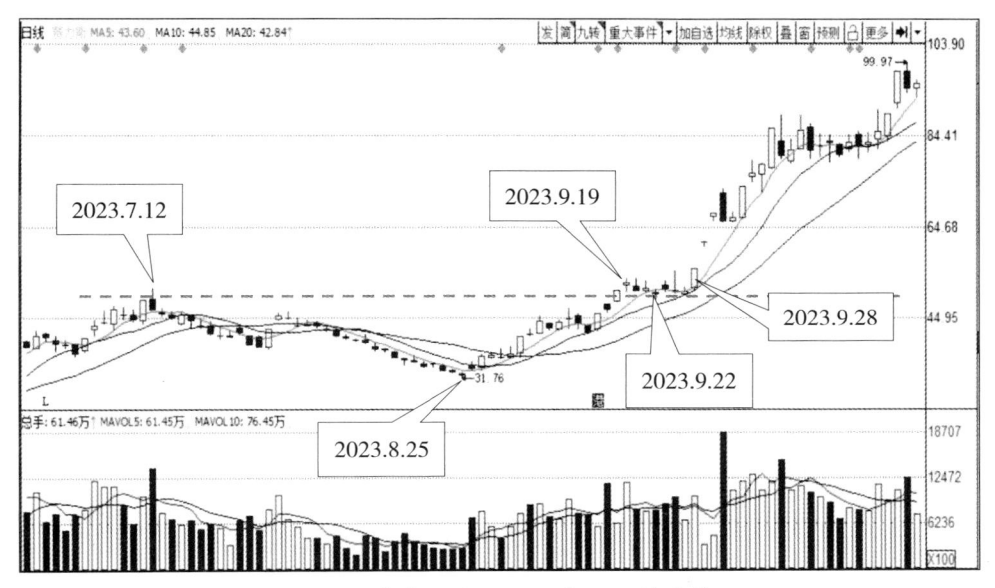

图4-12　赛力斯（601127）日K线走势图

从图4-12中可以看出，赛力斯的股价在2023年7月12日创下一个阶段高点后快速下跌。8月25日，该股股价出现止跌企稳迹象。

此后，该股股价开始了一波小幅振荡上升走势。当股价重新来到7月12日高点附近时，明显感受到了该点的阻力，K线频繁拉出带长上影线的K线。

2023年9月19日，该股放量突破了7月12日的高点位置。正当投资者认为股价会大幅上升时，股价却反向出现了调整走势。

9月22日，该股股价两次回调至7月12日高点位置附近时，因受该点的支撑而重新上攻。

此后，该股股价经过几个交易日的盘整后，立即转入大幅上攻走势，这标志着该股正式开启了上升趋势。

五、特殊的回调形态：黄金坑

黄金坑又称为"散户坑"，这个坑是庄家在拉升股价前借助大盘向坏或其他利空因素进行的一次洗盘行动造成的。庄家制造黄金坑的目的，是让投资者感到股价开始破位下跌，从而卖出手中的股票。当投资者卖出手中的股票之后，庄家再反手做多，快速推动股价上涨，这时投资者想补回股票就必须追高买入，这就会在一定程度上帮助庄家抬拉股价，庄家则趁机卖出股票。

黄金坑经常在股价临近大幅上攻前出现，很多散户也正是在此阶段抛弃了拿在手中的筹码。

该形态的操作要点如下。

第一，股价走出黄金坑前，大盘处于横盘或上涨环境中。

第二，股价上冲黄金坑下跌起始位时，大盘延续上涨行情，如果能够大幅上涨更好。

第三，股价经过较长时间的横盘整理，成交量出现萎缩态势，各条均线出现黏合状态。

第四，某日股价启动下跌走势，且经过连续数日杀跌之后出现筑底迹象。

第五，筑底完成后，股价开始缓慢上涨，成交量同步放大。

第六，股价来到下跌起始线位置时，往往会出现放量突破走势，说明股价走势趋强。

第七，股价自底部上涨时，MACD指标如果能走出拐头向上或黄金交叉形态，则可增大股价未来上涨的可能性。

第八，当股价放量突破下跌起始线，并且肯定收于起始线之上时，投资者可考虑买入该股。

下面来看一下星光农机的案例，如图4-13所示。

星光农机的股价在2023年12月初期间走出了黄金坑形态，说明该股未来走势趋强。

2023年12月8日，星光农机的股价经过一段时间的振荡盘整之后出现了下跌走势。股价经过几个交易日的下跌之后，反转向上。

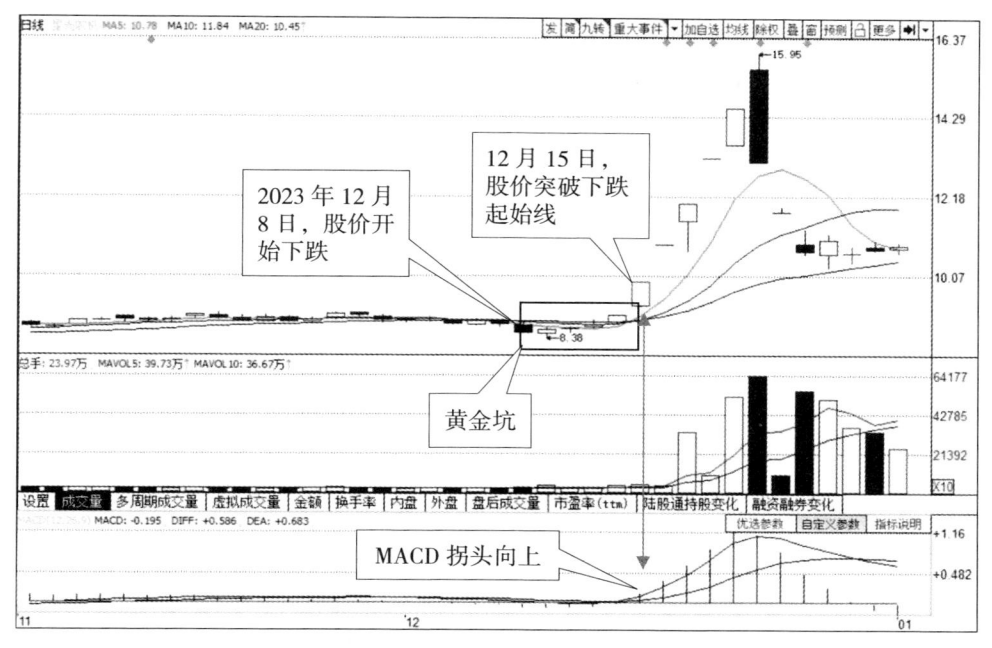

图 4-13 星光农机（603789）日 K 线走势图

12 月 14 日，该股股价来到下跌起始线附近，但遇到了一定的阻力。12 月 15 日，该股股价大幅放量向上突破了下跌起始线位置，标志着黄金坑形态的最终形成，投资者可于当日买入该股。

投资者观察该股的成交量可知，股价下跌过程中成交量出现了萎缩态势，而股价持续上攻时，成交量出现了持续放大态势，说明有资金持续流入该股。

投资者观察 MACD 指标可知，当股价发动上攻时，MACD 指标在 0 轴附近形成了黄金交叉形态，这也是典型的买入信号。

第三节 横盘起涨战法

股价出现长时间的盘整后，必然面临方向的重新选择，要么大幅上攻，要么大幅下跌。横盘起涨战法，就是试图捕捉到长期横盘后股价的起涨信号，然后及时入场追涨。

横盘起涨战法的操作要点包括如下几点。

第一,股价盘整时间很难预测,投资者需要等到股价事实上完成方向选择后再入场。

第二,主力非常狡猾,在选定突破方向后,常常会做一些方向相反的突破。比如,明明要拉升股价,却先向下打压股价;要大量抛出股票,却先做出拉升的动作等。投资者在操盘过程中需要仔细识别。

第三,股价在横向盘整过程中,可能会走出各类盘整形态,如矩形、平行振荡区间等。

一、突破矩形整理区域

经过一波上升或下跌,股价进入振荡区域后,每次上升到一定的高度,空方都会将其打压下去;每次回调到一定的低点,多方又会将其向上拉升。不过,多空双方都没有足够的实力掌控整个股价走势。某一交易日,股价突然出现大幅上攻态势,并借以展开上升行情,这就意味着该股股价快速上攻时机的来临。如图4-14所示。

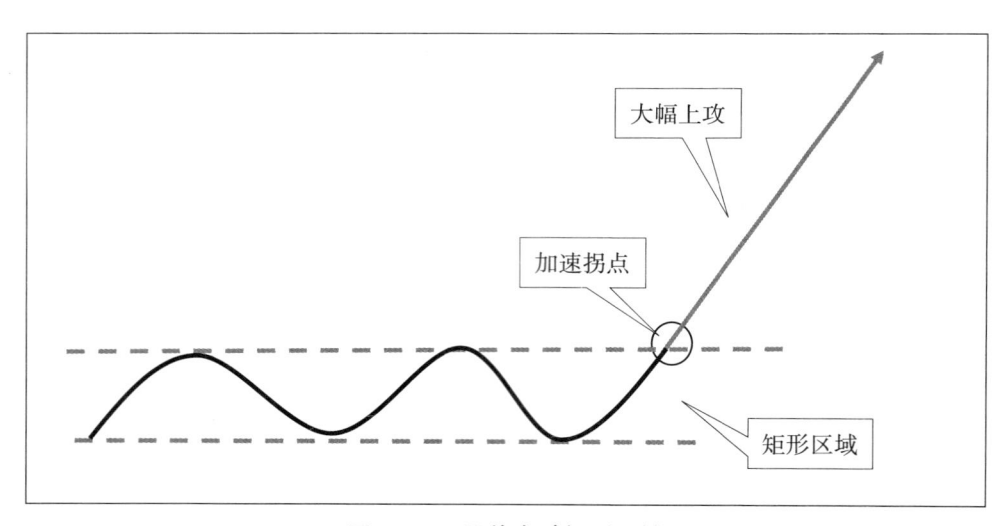

图4-14 股价突破矩形区域

该技法的操作要点如下。

第一,通常来说,股价的振荡行情可能会持续几周,甚至几个月的时间,说明多空双方形成了势均力敌的局面,谁也不敢轻举妄动。

第二，随着股价振荡的持续，股价每次上升至上边线位置就会出现回调走势；每次回调至下边线位置又会出现反弹，这就使得很多投资者开始进行高抛低吸操作，也就在无形之中强化了矩形上边线和下边线的作用。

第三，某一交易日，股价突然放量上攻，且完成了对矩形上边线的突破，这属于典型的股价启动信号。与此同时，各条均线也可能会转为多头发散排列，说明股价将要进入快速上攻区间。

第四，有时候，股价完成向上突破后，还会有一个回调的动作，但只要回调没有重新跌破矩形的上边线，仍可认定突破是有效的。

第五，股价上攻时，成交量是一个重要的辅助性指标。只有成交量放大在一倍以上，才能保证突破的有效性。当然，若股价当日早早涨停，成交量出现萎缩也是可以接受的，毕竟交易时间较短。

下面来看一下华光新材的案例，如图4-15所示。

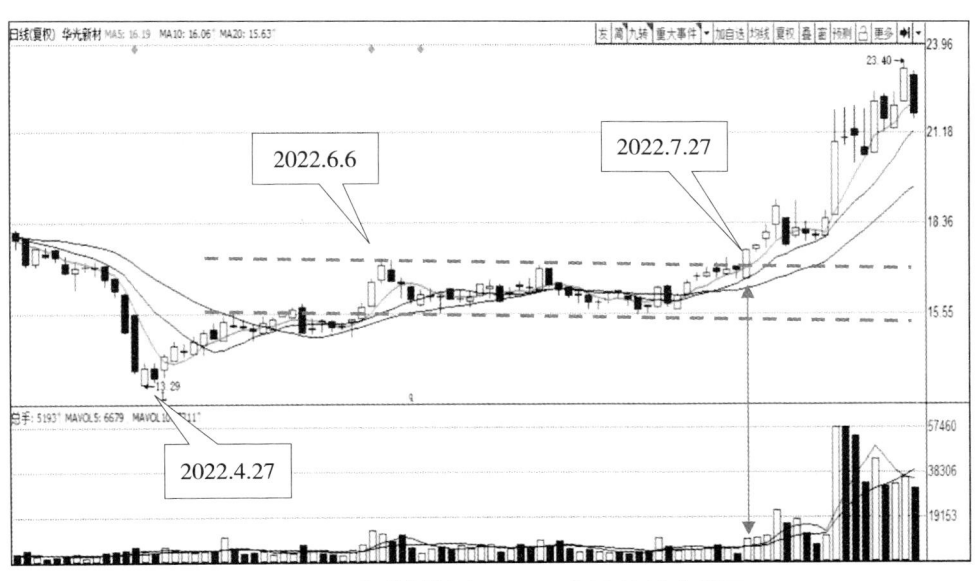

图4-15　华光新材（688379）日K线走势图

从图4-15中可以看出，华光新材的股价自2022年4月27日触底反弹后，股价开始了一波缓慢的上升走势。

到2022年6月6日，该股股价触及短线高点后转入横向盘整行情，这一天的最高价也成为短期内的一个高点。之后该股开始回落并在前期的密集成交区域受到支撑反弹，从而形成一个低点。然后股价便一直在高点和低点之间的水平通道中运行，形成矩形整理走势。

2022年7月27日，该股放量上攻突破了矩形的上边线，成交量相比前一个交易日放大了数倍，说明股价开始进入快速上攻区间，投资者可积极入场买入股票。

二、突破均线黏合区域

股价经过一波上升或下跌后，多空双方的实力进入均衡状态。股价沿着近乎于直线的形态横向振荡运行，各条均线也开始呈现明显的黏合形态。某一交易日，股价突然出现上攻，并完成了对盘整区域的突破，意味着股价将迎来新一波上攻。如图4-16所示。

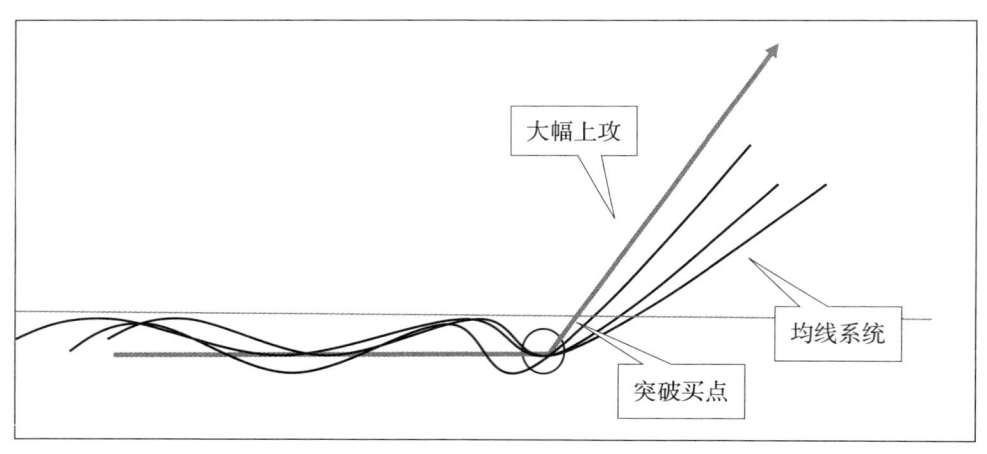

图4-16 股价突破均线黏合区域

股价突破均线黏合区域的操作要点如下。

第一，股价的横向盘整可能会持续几周，甚至几个月的时间，说明多空双方形成了势均力敌的局面，谁也不敢轻举妄动。

第二，随着股价盘整的持续，各条均线开始黏合在一起。通常来说，这属于典型的股价选择突破方向时的均线形态，投资者可密切关注股价的运行情况。

第三，某一交易日，股价突然放量上攻，这属于典型的股价启动信号。此时，各条均线由黏合状态转为多方发散排列，说明股价将要进入快速上攻区间。

第四，有时候，股价在向上突破前还会先做一个假动作，也就是将要向上突破时先来个向下跌破的动作。当投资者纷纷卖出股票时，再反手向上拉升股价。股价向上突破的时刻，就是该股的暴利拐点。

第五，股价上攻时，成交量是一个重要的辅助性指标。只有成交量放大在一倍以上，才能保证突破的有效性。当然，若股价当日早早涨停，成交量出现萎缩也是可以接受的，毕竟交易时间较短。

下面来看一下锦龙股份的案例，如图4-17所示。

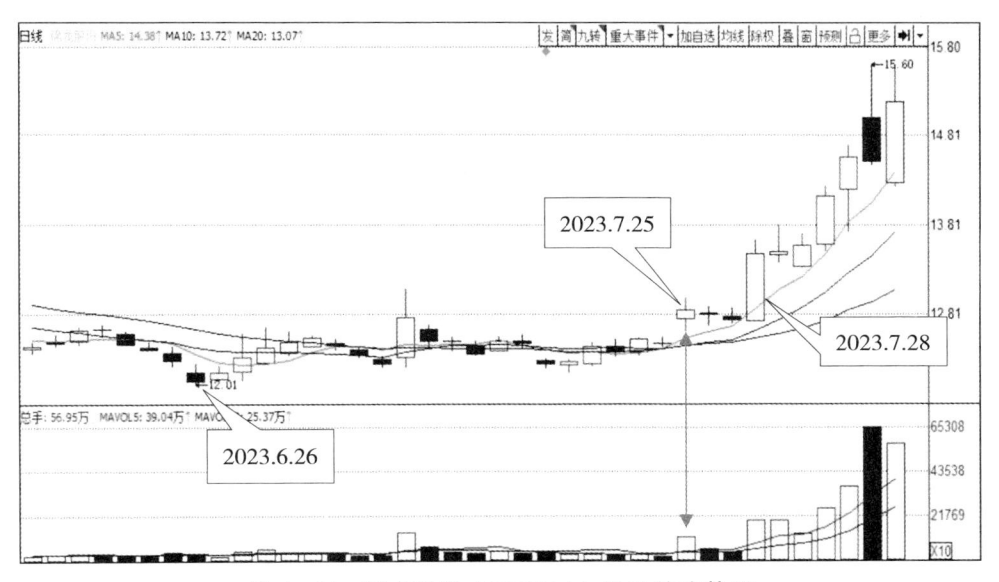

图4-17 锦龙股份（000712）日K线走势图

从图4-17中可以看出，锦龙股份的股价在2023年6月26日触及阶段低点后，进入了横向盘整走势。

在将近一个月的时间里，该股股价的走势几乎呈现直线形态，与此同时，各条均线开始黏合在一起，这说明股价正在选择突破方向，投资者可密切关注股价的走势情况。

2023年7月25日，该股放量上攻，成交量相比前一个交易日放大了数倍，而且该K线也一举突破了多根均线，各条均线开始呈现多头发散排列，说明股价开始进入快速上攻区间。不过，当日股价的涨幅并不算很大，投资者仍可继续观望。此后，该股股价休整了两个交易日，7月28日，股价大幅放量拉升，这也是对7月25日股价启动信号的一次强化和确认，保守型投资者可在当日买入股票。

三、突破平行振荡区域

股价在某一特定区域内振荡，其实也可以看成是某种特殊的横盘，只是横盘的范围稍稍有些大而已。

股价自某一位置（可能是低点，也可能是上升途中）开始呈现某种有规律的波动，即股价上升至某一高点后就会回调；调整至某一低点后又会反弹，如此往复。将高点和低点分别连接，就构成了一组向右上方倾斜的平行通道。某一交易日，股价发力向上突破平行通道的上边线，则意味着股价将开启一波快速上升行情。如图4-18所示。

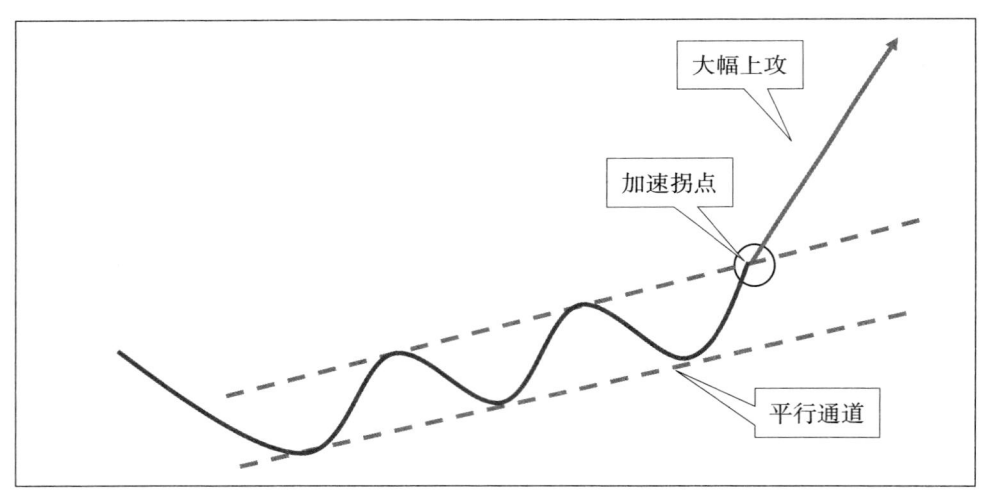

图4-18 股价突破平行通道

该技法的操作要点如下。

第一，通常来说，股价在平行通道内的振荡行情可能会持续几周，甚至几个月的时间，这本身也是多空双方实力对比动态均衡的一种体现，不过多方实力明显更占优势。

第二，随着股价振荡的持续，股价每次上升至上边线位置就会出现回调走势，每次回调至下边线位置又会出现反弹，这就使得很多投资者开始进行高抛低吸操作，也在无形之中强化了平行通道上边线和下边线的作用。

第三，某一交易日，股价突然放量上攻，且完成了对平行通道上边线的突破，这属于典型的股价启动信号。与此同时，各条均线也可能会转为多头发散排列，说明股价将要进入快速上攻区间。

第四，有时候，股价完成向上突破后，还会有一个回调的动作，但只要回调没有重新跌破平行通道的上边线，仍可认定突破是有效的。

下面来看一下蓝盾光电的案例，如图4-19所示。

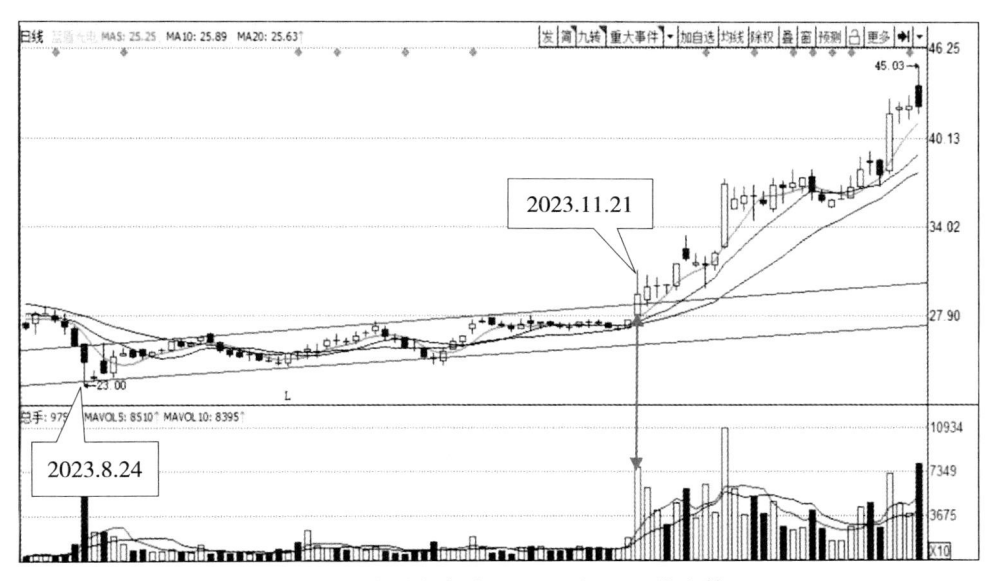

图4-19　蓝盾光电（300862）日K线走势图

从图4-19中可以看出，自2023年8月24日蓝盾光电的股价触及阶段低点开始，该股开始了一波振荡上升走势。该股股价在振荡上升过程中，形成了很多的高点和低点，将高点和低点分别连线，就构成了一组平行通道线。股价在六周多的时间内，一直在该平行通道内振荡。

2023年11月21日，处于振荡回调走势中的蓝盾光电收出一根带上影线的大阳线。该阳线向上突破了之前平行通道的上边线，且成交量相比前一交易日放量数倍之多，说明此时的突破很有可能属于真突破。

此后，该股股价连续大幅上攻，投资者可考虑追涨买入该股。

第四节　超跌反弹战法

物极必反。股价若出现大幅的、非理性的下跌，那么，在未来的某一时间段，就存在反弹的需要。股价超跌，总是会给人一种可以获得廉价筹码的感觉，也正因如此，很多散户喜欢抢反弹。当然，抢反弹的难度也是很高的，有一些经验丰富的投资者将抢反弹形容为"刀口舔血"，由此可见，该类操作的风险之高。

超跌反弹的操作要点包括如下几点。

第一，超跌反弹的入场点选择。市场在下跌过程中会形成很多看似低点的"假低点"，这些"假低点"从更长远的角度来看，多属于股价下跌途中的"半山腰"。因此，投资者抢反弹必须慎之又慎。

第二，入场仓位的选择。既然谁都无法准确判断超跌反弹的转折点，就需要提前将判断错误的可能性考虑好。也就是说，在仓位安排上，要尽量控仓、轻仓参与。

第三，止损位的设定。为了防止抄底抄到"半山腰"，需要预先设置止损位。一旦股价没有按照预先设定的方向运行，则需及时止损，保住更多的本金。

一、深度下跌再反攻

股价经过长时间的下跌后，呈现了明显的空方实力不足迹象。此时，股价又再度加大了下跌的幅度，则可能意味着此时的下跌为空方的最后一击，未来该股股价存在反弹向上的可能。如图4-20所示。

这类抢反弹技巧的操作要点如下。

第一，股价经历了一波漫长的下跌，投资者对这只股票的兴趣已经大减，整个市场的交易非常清淡。

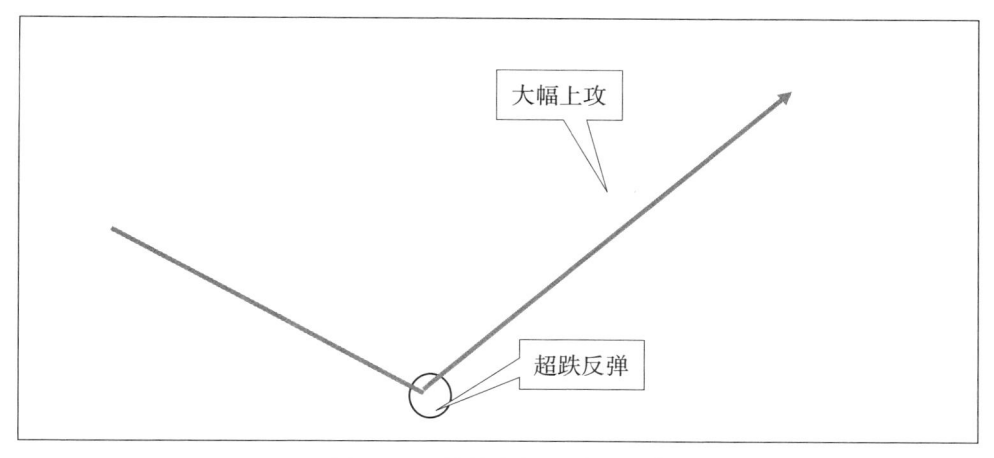

图 4-20　股价大幅下跌后反攻

第二，随着股价下跌的持续，该股的成交量已经萎缩至较低的位置了。市场普遍认为股价已经下跌到位时，该股再度加大打压力度，将市场仅存的一点信心消耗殆尽。

第三，经过一波放量下跌后，股价再度下跌时，成交量又出现萎缩，这是典型的筑底信号出现。

第四，随着股价的下跌，股价 K 线距离均线位置较远，说明该股股价的乖离率已经很大了，存在反弹的需求。

第五，某一交易日，该股股价突然放量上攻，股价 K 线一举突破多根均线，这是股价全面转暖的一个信号。

第六，股价上攻时，成交量是一个重要的辅助性指标，只有成交量放大在一倍以上，才能保证突破的有效性。当然，若股价当日早早涨停，成交量出现萎缩也是可以接受的，毕竟交易时间较短。

下面来看一下冠捷科技的案例，如图 4-21 所示。

冠捷科技的股价自 2022 年 8 月下旬开始进入振荡下跌走势。随着股价的振荡走低，成交量同步出现萎缩态势。

到 2022 年 9 月下旬，该股股价的下跌态势有所缓和，给人一种股价即将反弹的感觉。不过，9 月 26 日该股股价却反向出现跳空下跌态势，当日股价暴跌，成交量同步放大若干倍，这意味着股价还将延续下跌态势。

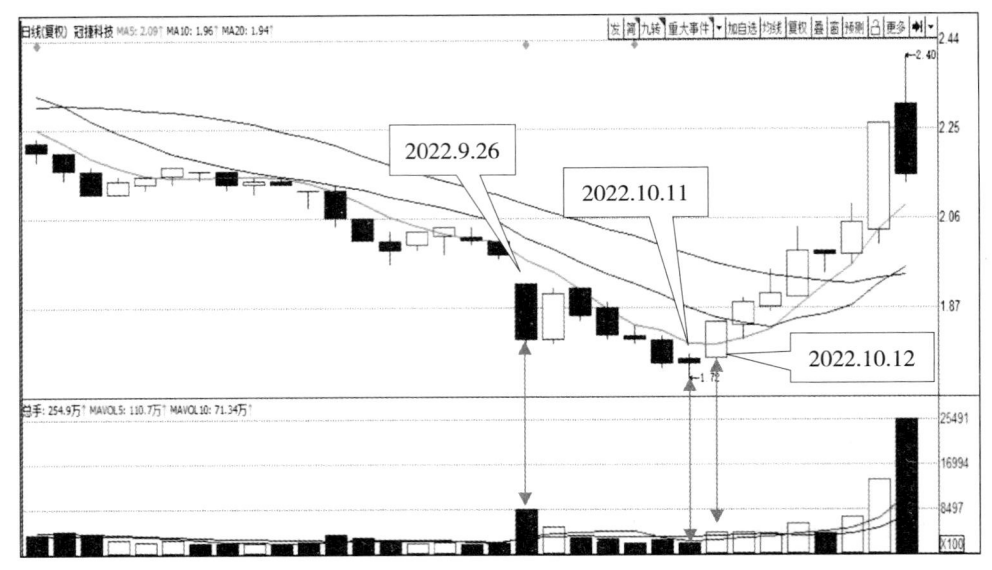

图 4-21 冠捷科技（000727）日 K 线走势图

10 月 11 日，该股股价延续了下跌态势，股价 K 线以小阴线报收，成交量萎缩严重。这本身就是空方实力不济的一个明确信号。

10 月 12 日，该股股价放量上攻，并突破了 5 日均线，说明股价的拐点已经来临，投资者可积极入场追涨该股。

此后，该股股价彻底结束了下跌态势，开启了一波上升走势。

二、金针探海

金针探海形态是指股价在下跌过程中形成一根带有长下影线的小实体 K 线，这根 K 线的实体可以是阳线，也可以是阴线。

金针探海形态也可以看成深度下跌再反攻的一种特殊形态。该形态的特殊性主要表现在股价发生转势的那一个交易日的 K 线之上。

股价经过一段时间的下跌之后，空方势能得到充分的释放，某一交易日收出金针探海形态，意味着股价很有可能出现上升拐点，未来股价继续上涨的概率非常大。如图 4-22 所示。

金针探海形态中，长长的下影线是该形态的典型特征。长下影线的形成，说明空方在股价下行的末期发动了最后一攻，而多方此后发动反击，并赢回了大多数阵地，属于典型的行情逆转形态。

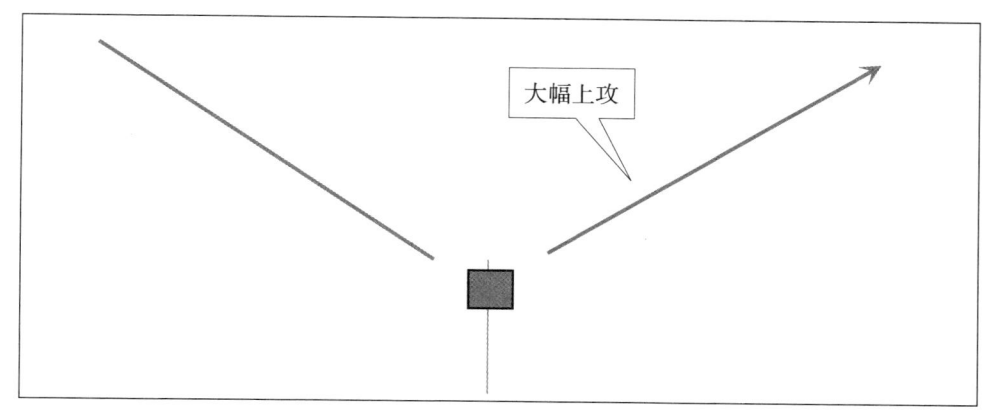

图 4-22 金针探海

该形态的操作要点如下。

第一，股价在短期内接连走出了明显的下跌态势，说明下跌动能得到了充分的释放。

第二，股价 K 线在出现金针探海当日，下影线越长，说明多方反攻的力度越大，未来股价反弹的幅度也越大。

第三，金针探海形态的最低点若在某一重要支撑位附近，那么股价未来企稳反弹的概率更大。

第四，股价走出金针探海形态后的次日，如果股价发动上攻，就是买入该股的一个较好时机。

第五，金针探海中，下影线的最低点就是投资者入场的止损位，一旦股价跌破该位置，说明该形态失效，投资者可清仓卖出。

下面来看一下永新光学的案例，如图 4-23 所示。

自 2022 年 3 月中旬开始，永新光学的股价下跌开始明显加速。进入 4 月中旬以后，下跌速度进一步加快。从另一方面来看，此时股价就存在加速赶底的意味了。

2022 年 4 月 27 日，永新光学的股价大幅跳空低开低走，一度创出 59.20 元的低点，此后多方发力反击，收复了一定的失地，在 K 线图上留下了一根带长下影线的阳线。

至此，金针探海形态正式成立，投资者可在次日开始入场买入该股。此后，该股股价开始进入强势上升通道。

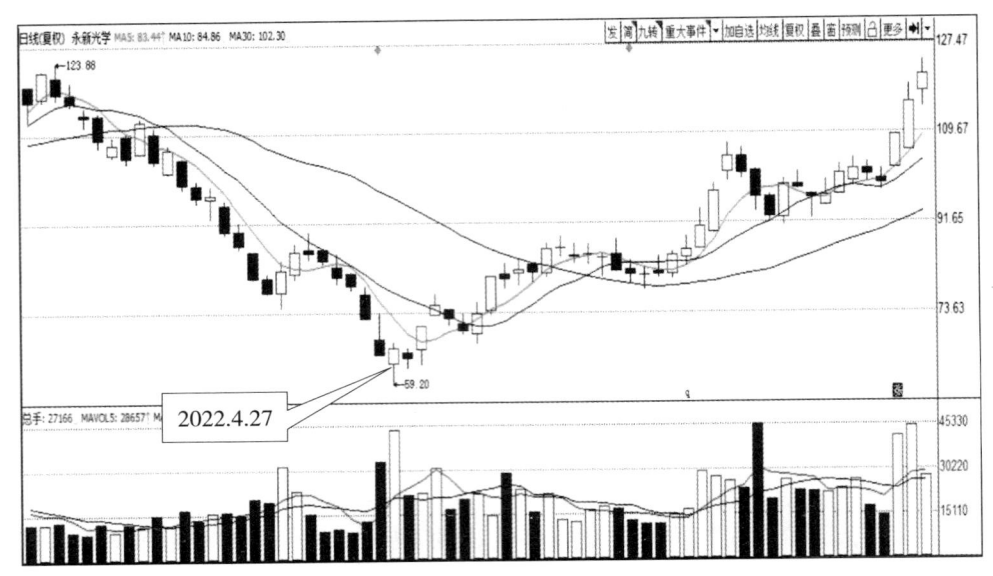

图 4-23　永新光学（603297）日 K 线走势图

金针探海形态也是超跌反弹开启的强烈信号，投资者可充分把握该信号带来的机会。

三、暴跌距离均线远

物极必反。通常来说，股价跌破均线属于典型的卖出信号。不过，当股价出现较大幅度下跌，且距离均线较远之后，就会产生调整的需求，发动一波上涨攻势，这就是一个较好的买点。

该技巧的操作要点如下。

第一，当一只股票的股价短期内下跌幅度较大，且已经远离均线（以 30 日均线为例），则未来股价止跌反弹的可能性非常大，投资者可以选择买入该股。

第二，利用 BIAS 指标可以发现，股价开始暴跌远离均线时，也是 BIAS 指标数值达到极大的时候。

第三，投资者按照股价暴跌远离均线形态买入股票后，需要注意，一旦股价反弹到均线位置，有反转向下的可能。

第四，当股价下跌幅度较大且远离 30 日均线后，如果成交量出现严重萎缩，说明市场上已经没有多少投资者愿意以当前的价格卖出股票了，也就说明股价上涨的时间快到了，投资者应果断买入股票。

第五，股价暴跌远离均线时，股价与均线的距离越远，股价上涨的幅度也就越大。

下面来看一下万丰奥威的案例，如图4-24所示。

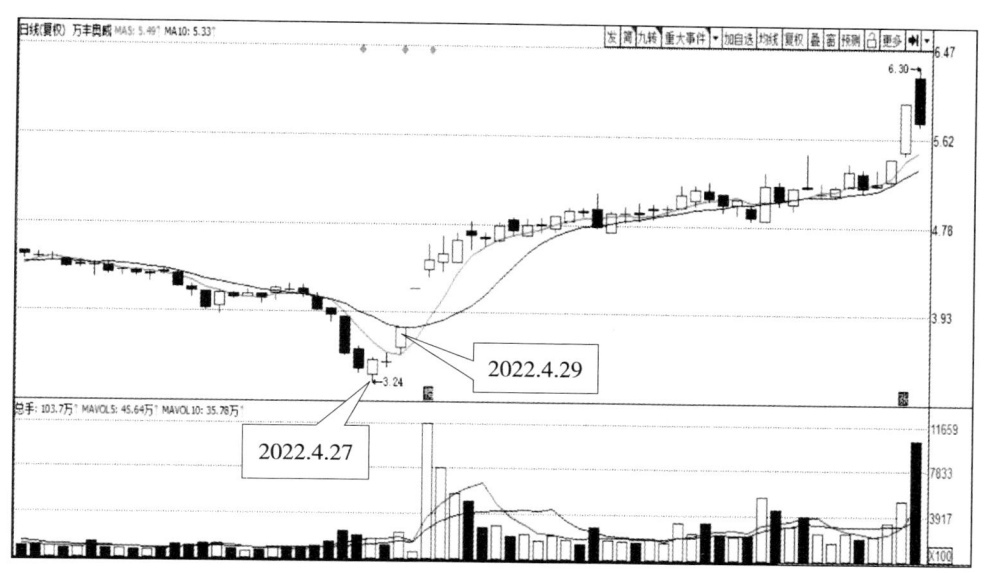

图4-24 万丰奥威（002085）日K线走势图

从图4-24中可以看出，2022年4月—5月，万丰奥威的日K线图上出现了股价暴跌远离均线形态，预示股价很可能会出现反弹。

万丰奥威的股价从2021年12月中旬开始一路下跌，且下跌速度越来越快。股价在下跌过程中曾出现几次反弹，均因受制于均线的压力而重新步入下跌通道，说明均线对股价有很强的阻力作用。

2022年4月下旬，该股股价突然出现大幅暴跌走势。此时股价距离30日均线比较远，有强烈的反弹需求。

此后，该股股价经过一个交易日的盘整之后，自4月29日开始强势反弹。投资者可考虑追涨买入该股。

四、地量遇地价

地量，即最低成交量，分为绝对地量和相对地量。绝对地量是指自股票发行上市以来的最低成交量；相对地量则是指一段时间内股票的最低成交量。

地价，即最低成交价，与地量的概念相似，也分为绝对地价和相对地价。一般情况下所说的地量与地价，指的多为相对地量与相对地价。

地量往往出现在下跌走势中。当地量遇地价时，往往意味着一个阶段性或全局性底部的来临，投资者可以选择买入股票。

在熊市末端，经常会出现地量，但是出现地量并不意味着一定进入了熊市的末端，有时地量只是意味着阶段性低点的来临。

该技巧的操作要点如下。

第一，当成交量不再萎缩，也就是地量出现时，投资者需要观察股价的变化，如果股价也不再下跌，则可跟进买入股票。

第二，当成交量与股价双双达到最低点时，投资者可以综合其他技术指标进行判断，一旦相关技术指标发出买入信号，即可买入股票。

第三，当牛市中出现地量的情况，往往都是上涨回调中的缩量情形，这种时候往往是投资者加仓的最好时机。

第四，地量与地价有时不在同一交易日出现，中间可能会间隔一到两个交易日，但不影响该形态的成立。

下面来看一下盛视科技的案例，如图4-25所示。

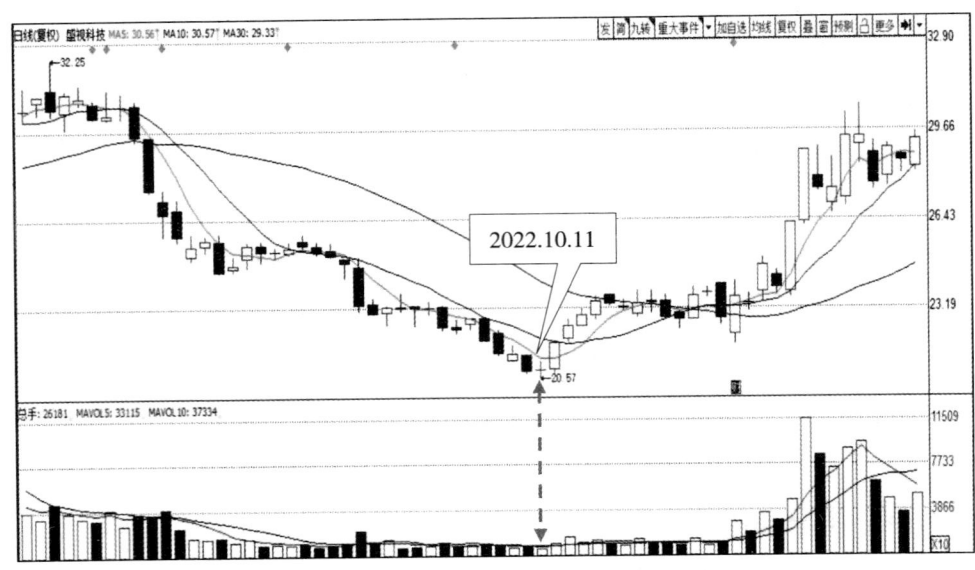

图4-25 盛视科技（002990）日K线走势图

从图 4-25 中可以看出，2022 年 10 月初，盛视科技走出了地量见地价的形态，预示股价很有可能触底反弹。

从 2022 年 8 月中旬开始，盛视科技的股价出现了加速下跌的态势，股价直线下跌，成交量也同步出现萎缩态势。

2022 年 10 月 11 日，盛视科技的股价下跌到阶段最低点的 20.57 元，成交量也创下了一段时间以来的最低点。之后，股价与成交量同步出现了回升，这说明 10 月 11 日的股价与成交量都是阶段最低值，即地量遇见了地价，预示股价未来有可能会反转向上，投资者应在 10 月 12 日股价上涨时买入该股。

第五章
波段交易模式

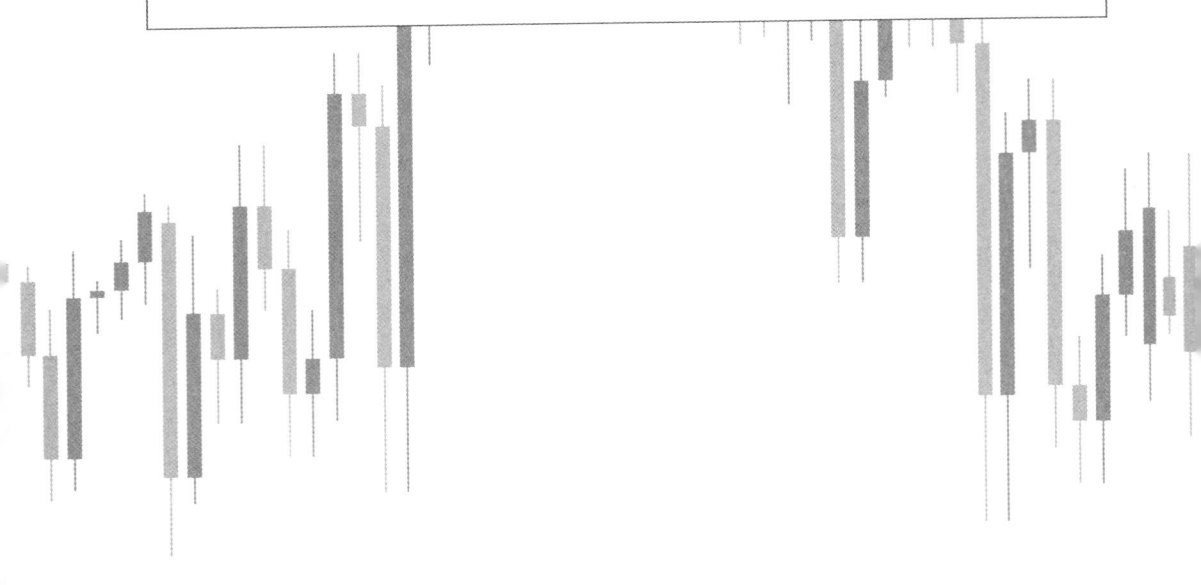

波段交易模式也可以根据持仓时间或者波段规模的大小从属于短线交易或中长线交易，总之，这是一种以捕获股价某一上升区段为目标的交易模式。没有只升不降的市场，也没有只降不升的市场，有的只是不断地振荡上升与下跌。从理论上来说，只选上升趋势进行交易，无疑是最为明智的选择。不过，选准上升趋势也不是一件容易的事，况且A股市场的特点，就是横向振荡的时间远远长于单边上涨的时间。因此，波段交易就成了很多投资者心中的"明智之选"。

波段交易模式的操作要点包括如下几点。

第一，波段起点与终点的选择。这是波段交易的难点和重点，很多技术分析工具和方法都是围绕这一核心点展开的。比较经典的技术指标，如MACD指标、布林线指标、筹码分布技术等，在判断波段起点与终点方面都有不错的表现。

第二，波段规模大小的界定。大的波段可以持续几个月到几年不等，小的波段可能只持续一两个小时，关键还是要看投资者对交易时限或持仓时间的预设。也就是说，喜欢短线或超短线交易的投资者，尽可能地捕捉小波段即可，而中长线投资者则需要尽可能地捕捉较大的波段。

第一节　波段底部与顶部识别

波段交易的核心在于识别波段的底部与顶部。在底部起涨阶段和顶部滞涨阶段，股价K线、成交量或其他技术指标总是会呈现出一些与众不同的特征，投资者可以凭借这些特征来识别顶部与底部。

一、底部形态的构建

从股价K线走势来看，底部的形成本身就是一个过程，投资者操作手法不同，对底部的要求也不尽相同。有些波段交易者喜欢第一时间抢入低价股票,那么,其所寻求的底部就是股价由下行趋势转为上升趋势的"最真实的底部",也是涵盖最低点的底部。还有一些保守型投资者,其交易目标是捕捉主升浪波段,并非股价从下跌趋势转为上升趋势的底部。因此,这些投资者所要找的底部就是"相对的底部",只是此波段上升的低点。

无论何种波段的底部,一般在盘面上都会呈现如下几个典型特征。

第一,K线方向。股价会呈现某种经典的整理形态,如一些经典的底部形态、横向整理形态等,股价K线的波动也会逐渐减少,这都是股价重新选择突破方向的信号。

第二,在技术指标方面,特别是一些振荡指标,如MACD指标在股价形成底部上升后,往往会同步自低点拐头向上(有时会突破0轴),甚至形成黄金交叉形态。筹码分布图上,股价在筑底过程中,筹码也会迅速向低位密集,当筹码在低位形成较大密集峰后,股价很可能会迎来反攻走势。

下面来看一下通达电气的案例,如图5-1所示。

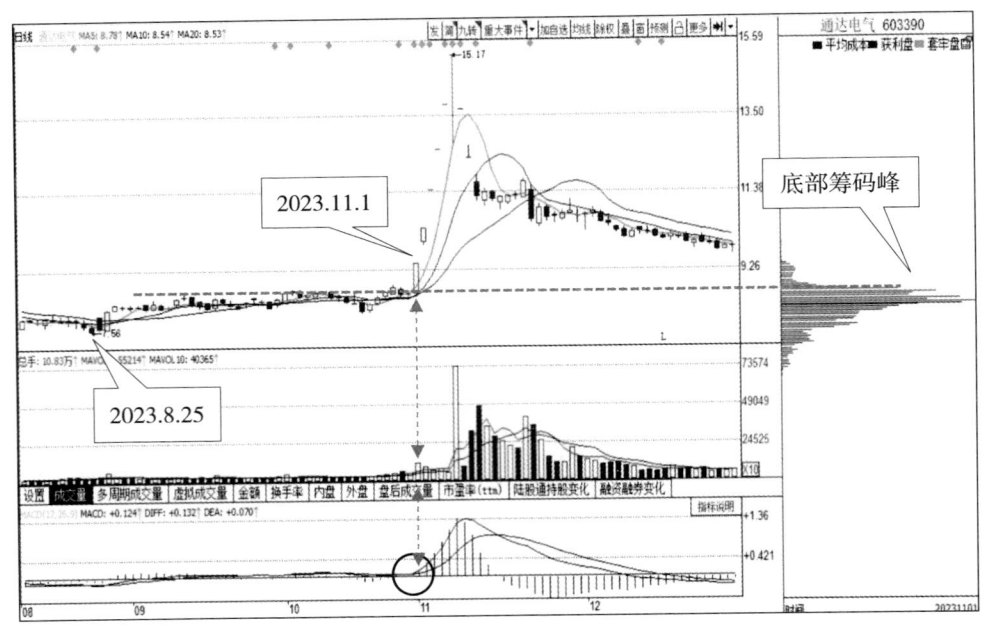

图5-1 通达电气(603390)日K线走势图

从图5-1中可以看出,通达电气的股价在2023年7月中旬出现了一波下跌浪潮。2023年8月25日,该股股价触底反弹。此后股价出现横向盘整走势，MACD 指标在 0 轴附近出现了横向盘整，筹码分布也开始在底部区域密集。与此同时，成交量也同步出现萎缩态势。

2023 年 11 月 1 日，该股股价再度触及低点后启动反攻走势。当日成交量相比前几个交易日出现大幅放量态势，MACD 指标在 0 轴上方附近形成了黄金交叉，股价脚踩底部筹码峰大幅上升，并以涨停报收。

至此，通达电气的股价已经彻底走出了底部区域，波段上攻行情已经开启。此时，投资者可考虑入场建仓该股。

二、波段顶部的特征

股价的上涨是由资金推动的，而这些资金多是由主力提供的。主力资金不像散户资金那样可以随时撤出，毕竟资金量较大，其资金撤出肯定需要一个过程，这时候，K 线图上就容易出现一些典型的顶部形态。

1. 带影线的 K 线

带影线，尤其是带上影线的 K 线，表明多方力量有所减弱。当股价上涨至顶部区域时，主力资金就会出现明显的衰退迹象，这时在 K 线图上就会出现很多带长上影线和下影线的 K 线，反映了多空双方争夺十分激烈的态势。

如图 5-2 所示，星湖科技的股价自 2024 年 4 月下旬启动大幅上涨行情。

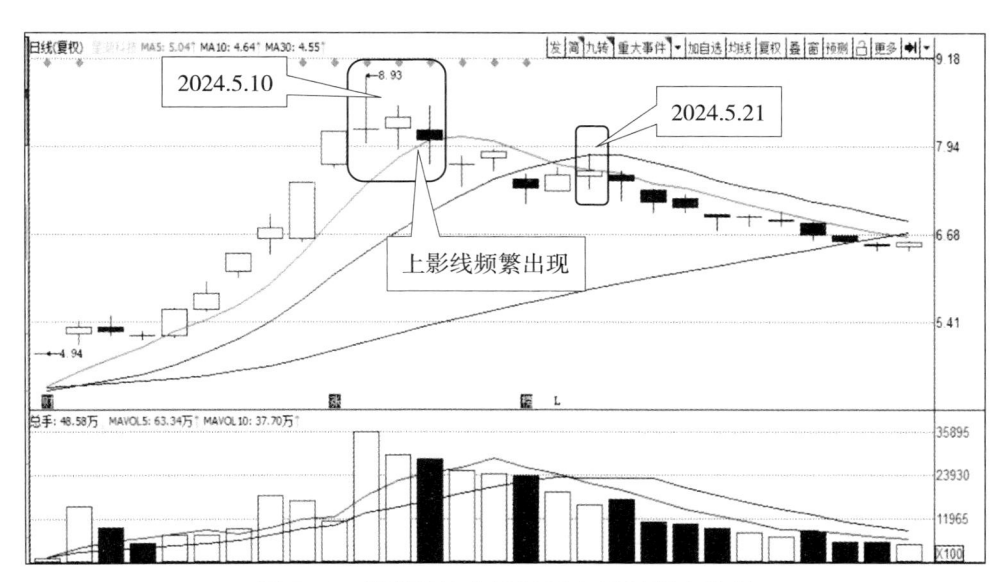

图 5-2　星湖科技（600866）日 K 线走势图

该股股价在上升过程中，K线出现长上影线的次数很少，光头阳线很多，说明多方力量足够强大。到了5月10日之后，多方力量有所不足，K线多次出现长上影线的情况，说明该股有筑顶迹象。5月21日，该股股价以带长上影线的K线报收，股价重新向上突破30日均线失败，多方最后一次努力以失败报收。次日，该股股价以小阴线报收，这就宣布了股价筑顶已经结束，未来将开启下跌走势。

2. 特殊的顶部形态组合

主力要想在顶部区域顺利地将筹码转移到散户手中，就需要不停地制造股价即将上攻的假象。正因为如此，在顶部区域会出现多个顶的情况，如M顶形态、头肩顶形态、三重顶形态等。这些顶部形态在形成前都会给人一种向上突破的假象，但很快因为资金不足而上攻搁浅（主力已经不愿意再投放大笔资金了）。

如图5-3所示，雷赛智能的股价自2023年11月初一路上攻。该股股价在上升过程中，沿10日均线振荡上攻。到11月28日之后，多方力量有所不足，K线连续几次创出高点后出现回落态势，最终形成了三重顶形态，说明多方无意发动上攻行情，该股顶部已经到来。

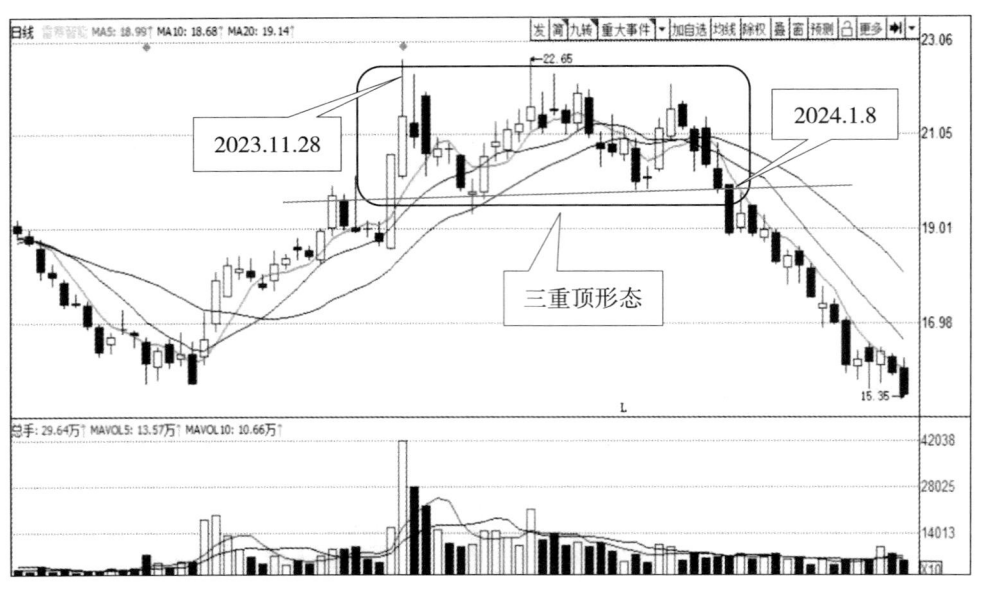

图5-3 雷赛智能（002979）日K线走势图

2024年1月8日,股价K线跌破三重底颈线位,此时又接连跌破多条均线,说明该股已经开始启动下跌行情。

第二节　底部形态反转战法

波段底部的识别，是整个波段交易成败的关键。而在实战交易过程中，很多投资者总结了多种底部形态，这些底部形态出现后，股价启动上升的概率将大大提升，这些启动点也可以作为波段交易的入场点。

一、K线突破低位盘整区域

将K线突破底部盘整区域这一信号，与均线、MACD指标、成交量和筹码分布形态相结合，就会比较容易发现股价的启动点。

1. 形态特征

K线在前一波下跌行情结束之后并未立即反弹向上，而是走出了一波横向盘整走势，其后，股价向上突破盘整区域，意味着股价即将启动反弹行情，属于典型的买入信号，如图5-4所示。

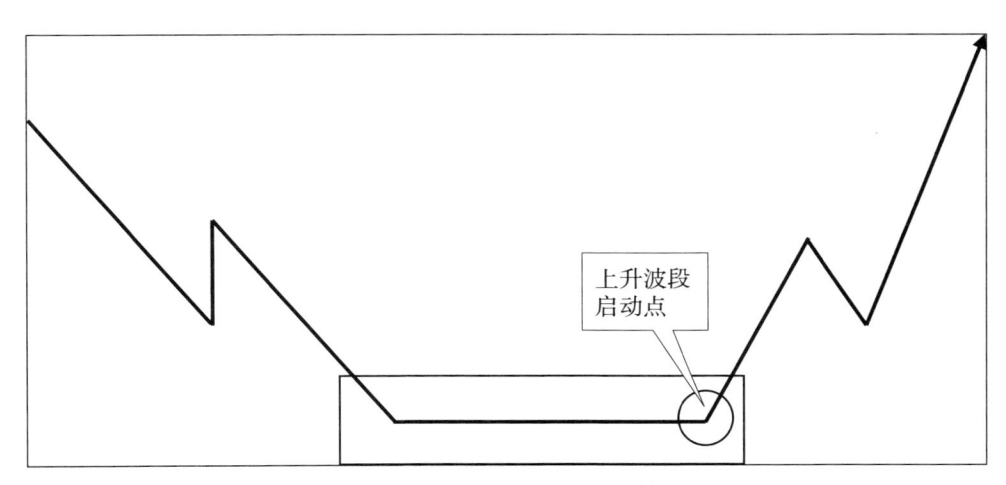

图5-4　K线突破低位横盘调整形态

2. 操作策略

第一，K线底部横向盘整发出的是行情由坏转好的反转信号，如果股价在上涨过程中能够伴随成交量的放大，则行情发生反转的可能性更大。

第二，当股价上涨到下跌前某一反弹高点时，上涨就会遇到一定的阻力，这时第一浪有顺势结束的可能。股价如果能够突破这一阻力位，则上涨很有可能会继续。投资者此时就可以大胆买入股票了。

第三，股价向上突破盘整区域时，K线也会同步突破多条均线，而各条均线会由黏合状态转为多头发散排列，这也是典型的买入信号。

第四，股价横向盘整过程中，成交量会呈现萎缩状态，而股价突破盘整区域时，成交量会出现逐级放大的态势。

第五，股价在横盘过程中，MACD指标会在形成底部金叉后逐渐上移；当股价突破盘整区域时，MACD指标会拐头向上，MACD柱线也会随之逐渐拉长。当然，投资者也可以根据个人偏好将MACD指标换成布林线或RSI等指标。

第六，经过一段时间的盘整，前期套牢的投资者会选择割肉离场，主力也会悄悄地吸筹建仓，底部筹码峰会逐渐拉长。某日股价大幅上攻，且股价位于筹码峰顶部位置，而股价上方已经没有较大的筹码峰，这时股价上攻的阻力会小很多。

第七，投资者按K线突破底部横盘调整形态买入股票后，可以将止损位设置在底部横盘区域的最低价，一旦股价跌破这一位置，投资者就要迅速卖出股票止损。

下面来看一下威奥股份的案例，如图5-5所示。

威奥股份的股价自2022年9月初启动了一波下跌走势。2022年9月19日，该股一根阴线将股价打到一个极低的位置，此后股价出现底部横向盘整走势。该股股价在底部盘整过程中，成交量逐渐萎缩，而MACD指标却率先在底部完成了低位黄金交叉，并逐渐向上移动；从筹码分布来看，底部筹码峰逐渐增大，这都是主力在蓄积力量的表现，投资者宜密切观察该股其后的走势。

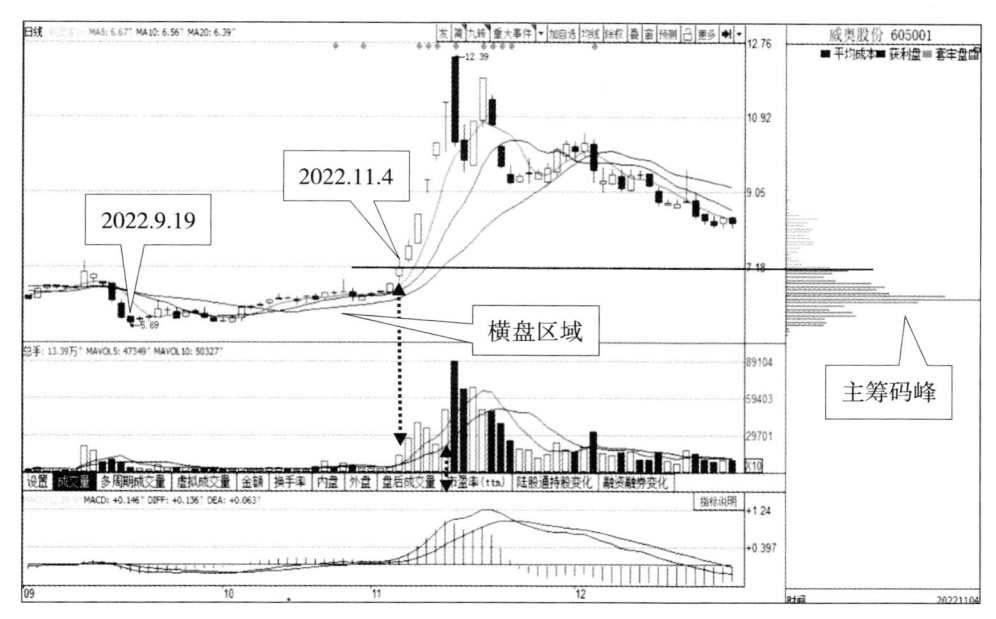

图 5-5　威奥股份（605001）日 K 线走势图

2022 年 11 月 4 日，该股 K 线放量上攻，并一举突破多条均线，此后各条均线呈多头发散排列；MACD 指标拐头向上，且 MACD 柱线逐渐拉长；股价已经位于主筹码峰的上方，尽管股价上方还有部分筹码，但数量已经不多，股价未来上攻所遇的阻力较小。

基于以上分析可知，该股很可能会启动第一浪上攻走势，投资者可考虑追涨买入。

二、K 线 V 形底

K 线 V 形底属于典型的底部信号，将这一信号与均线、MACD 指标、成交量和筹码分布形态相结合，就会比较容易发现股价大的启动点。

1. 形态特征

V 形底，又称尖底，出现在一段下跌行情的末尾。在一段下跌行情的尾端，股价突然快速下跌，在下跌到一定幅度时，股价掉头向上，开始上涨。上涨与下跌之间完全没有经过盘整，行情反转速度非常快，常常在几个交易日内完成。

V 形底的买点在开始下跌的位置，一旦股价突破这一位置，投资者就可以选择买入，如图 5-6 所示。

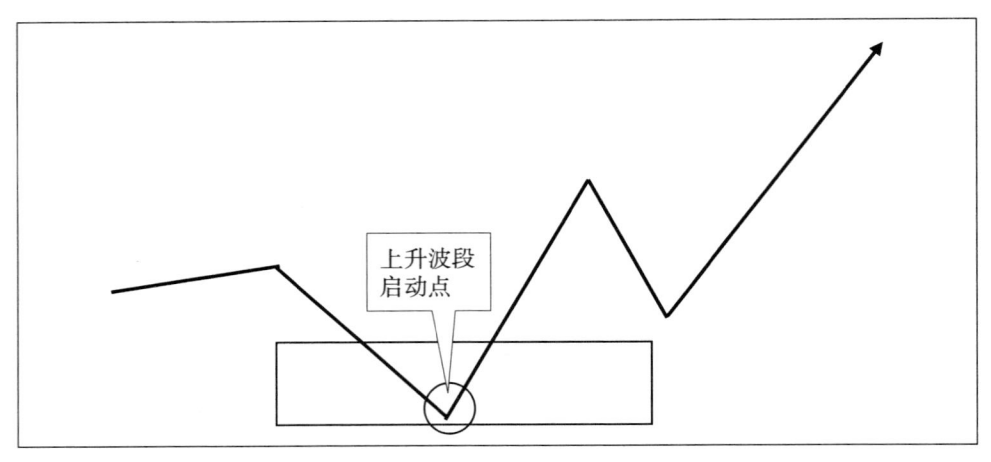

图 5-6 K 线 V 形底形态

2. 操作建议

V 形底的出现往往源于突发性的利好消息，因而对其的判断也较为困难。但不可否认的是，它是一个较为强烈的底部信号，所以投资者需要高度关注，有效把握。

第一，当股价已经下跌了一段时间后，出现 V 形底形态，则反转信号的可靠性较高，投资者可以在底部放量反弹时积极买进，但要控制好仓位。

第二，当股价上涨到 V 形底开始快速下跌的价位时，可能会遭受一定的阻力，从而出现横盘整理平台，形成 V 形底的扩展形态，如图 5-7 所示。这是因为部分投资者对股价的上涨仍缺乏信心。不过一旦突破这一阻力位，股价仍有很大的上涨空间，所以投资者可以在向上突破平台后大胆买入。但需要说明的是，这一整理平台有时可能不会出现。

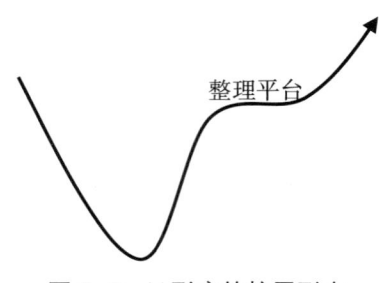

图 5-7 V 形底的扩展形态

第三，在 V 形底形成过程中，股价上涨的同时会伴随着成交量的明显放大。成交量越大，看涨信号就越强烈，之后上涨的空间就越大。

第四，在 V 形底形成过程中，MACD 指标会在 0 轴以下区域形成底部金叉后逐渐上移；当股价突破下跌起始位时，MACD 指标会拐头向上（也有形成二度金叉的可能），MACD 柱线也会随之逐渐拉长。当然，投资者也可以根据个人偏好将 MACD 指标换成布林线或 RSI 等指标。

第五，股价触底反向上攻后，前期套牢的投资者会选择卖出止损离场，主力也会同步拉升建仓，因而，成交量会随着股价的上攻而放大，主筹码峰也会随之上移或形成多个筹码峰形态。未来第二浪调整可能持续时间会较长，这是股价缺少必要的调整导致的。

第六，投资者按 K 线 V 形底形态买入股票后，可以将止损位设置在 V 形底区域的最低价，一旦股价跌破这一位置，就要迅速卖出股票止损。

下面来看一下思维列控的案例，如图 5-8 所示。

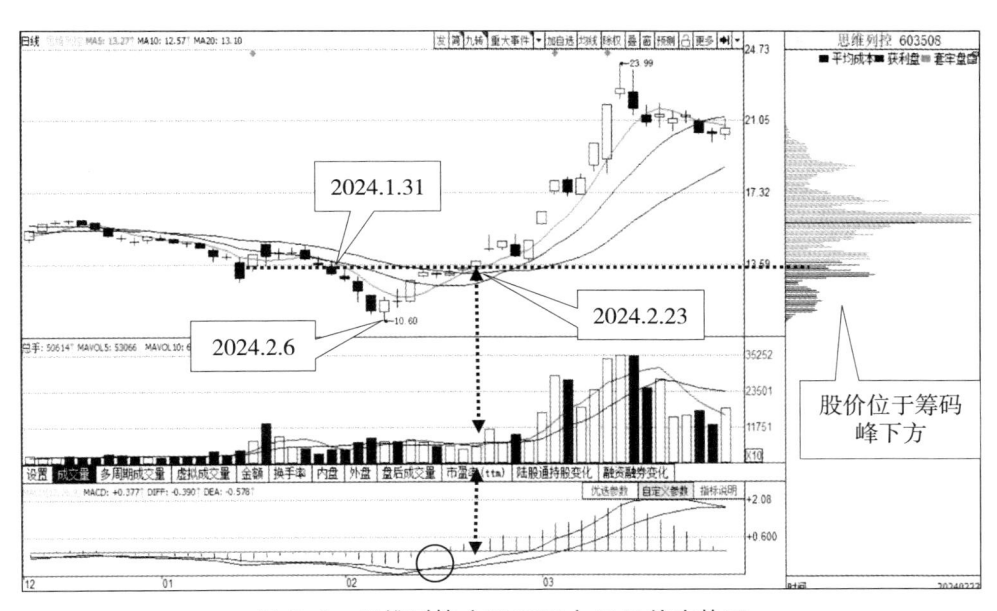

图 5-8　思维列控（603508）日 K 线走势图

从图 5-8 中可以看出，思维列控的股价在 2024 年 1 月底到 3 月之间出现 V 形底形态，预示股价将反转向上。

2024 年 1 月 31 日，思维列控的股价开始快速下跌，之后的几个交易日也延续了这种下跌走势，一路向下。

2024年2月6日，该股股价触底反弹，并一路上行，到2024年2月23日，股价向上突破5日均线，且MACD指标在之前已经出现金叉，成交量略有放大。不过观察此时该股的筹码分布图可知，此时大部分筹码都在股价上方，也就是说，很多被套牢者并未出货。未来随着股价的上移，必然会有相当多的投资者选择卖出止损。股价上攻面临的压力较大，投资者可在少量建仓后密切关注该股其后的走势。

三、K线W形底

K线W形底属于典型的底部信号，将这一信号与均线、MACD指标、成交量和筹码分布形态相结合，就会比较容易发现股价的启动点。

1. 形态特征

W形底，又称双重底，出现在一段下跌行情的末尾。该形态有两个明显的价格低谷，且两个低谷的最低点大致处于同一价位上，形状就像是一个英文字母W，如图5-9所示。

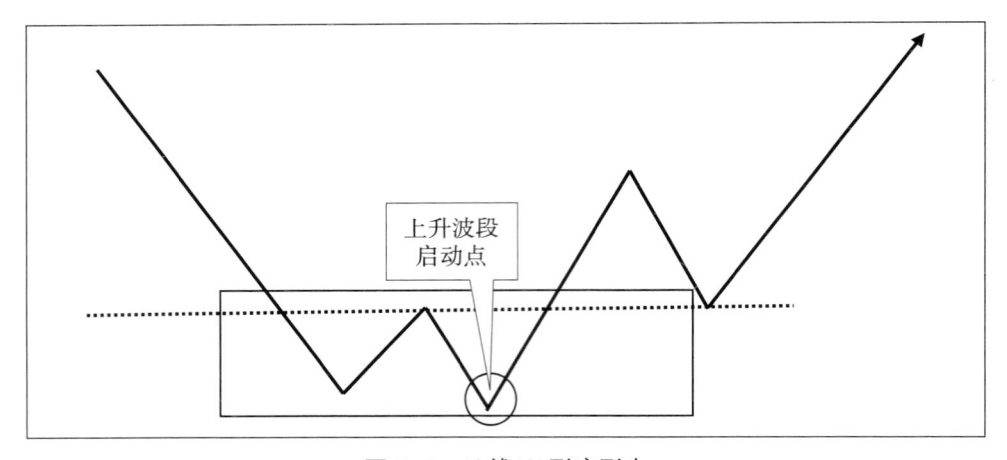

图5-9　K线W形底形态

W形底的形成经历了这样的过程：股价下跌到一定的价位水平后，由于股价太低，持股的投资者不愿割肉，而一些持币的投资者受到低价吸引尝试买入，因而股价出现技术性反弹，形成了第一个低谷。但涨到一定幅度之后，短期获利的投资者获利回吐，前期不愿割肉的投资者也趁机卖出，之后股价再次下跌，因而反弹并没有持续多长时间。再次下跌的股价回落到上次低点附近时获得支撑，重新开始上涨，吸引了越来越多的投资者跟进买入，股价冲破了前一次反弹的高点，形成了第二个低谷。

通过第一个反弹高点画一条水平直线，就得到了 W 形底的颈线。股价突破该颈线才能视为 W 形底形态正式构筑完成。

2. 操作建议

W 形底是一种转势形态，它的出现预示着跌势将告一段落，行情将走入上升通道。

第一，W 形底形态是较为可靠的看涨信号，投资者看到此形态后应考虑买入股票。

第二，W 形底形态尚未形成，一些经验丰富的投资者便从中找到了买入良机。当股价第二次探底，且所探得的低点高于前一个低谷的低点时，称为二次探底不破底价。激进的投资者可以把握时机，适量买入，并把前一个低谷的低点设为止损点。

第三，W 形底第一个明确的买入时机出现在股价突破颈线位置时，这表明 W 形底基本形成，投资者可积极买入，同时将止损位设在颈线位置。

第四，股价在突破颈线的同时，应该伴随着成交量的放大；如果成交量太小，则突破的效果会大打折扣，后市极有可能出现横盘振荡的走势。

第五，W 形底两个低点的相隔周期越长，说明在底部的换手越充分，未来股价上升的阻力就会越小。

第六，在 W 形底形成的过程中，如果第二个低谷的成交量小于第一个低谷的成交量，第二个低点高于第一个低点，则看涨信号更为强烈。

第七，在 W 形底形成的过程中，MACD 指标可能会随着 K 线构筑双底而走出二度黄金交叉的形态，若第二个金叉的位置高于第一个金叉，则股价未来上升的可能性更大。

下面来看一下宁沪高速的案例，如图 5-10 所示。

宁沪高速的股价在 2022 年 9 月到 11 月之间出现 W 形底形态，预示股价将反转向上。

2022 年 9 月下旬，宁沪高速的股价开始快速下跌，之后的几个交易日也

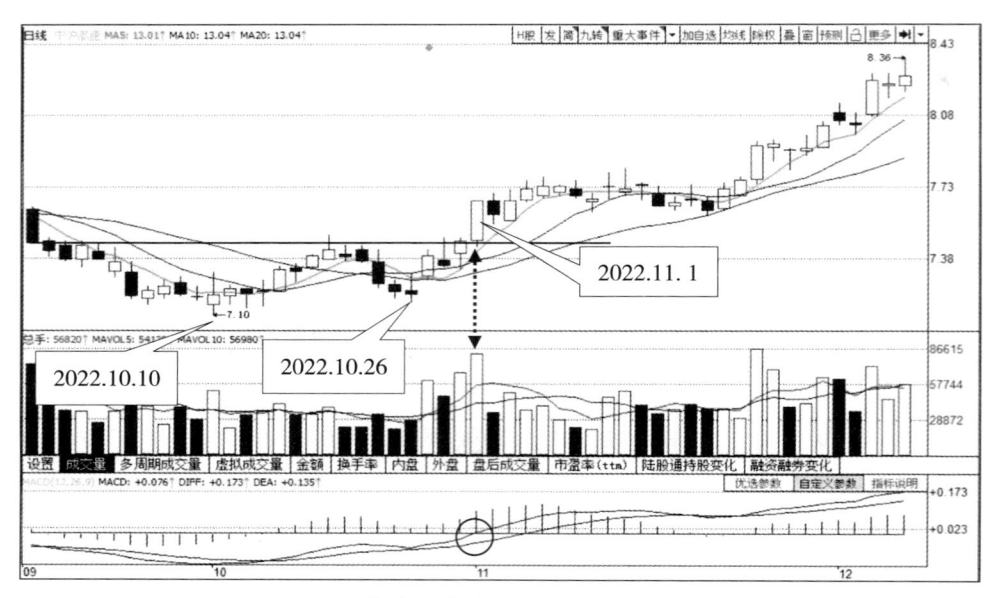

图 5-10　宁沪高速（600377）日 K 线走势图

延续了这种走势，一路向下。

2022 年 10 月 10 日，该股股价触底反弹，并一路上行。不过，该股反弹一段时间后重新下跌，并在 10 月 26 日形成了第二个底部形态。

2022 年 11 月 1 日，股价向上突破 W 底的颈线位，且 MACD 指标在此时拐头向上突破 0 轴，成交量有所放大。

投资者可将此时的股价看成一波上升行情的起点，选择入场建仓该股。

四、K 线头肩底

K 线头肩底属于典型的底部信号，将这一信号与均线、MACD 指标、成交量和筹码分布形态相结合，就会比较容易发现股价启动的上升波段。

1. 形态特征

头肩底出现在下跌行情中，由三个低谷组成，左右两个低谷相对较浅，基本处在同一水平位置上，中间一个低谷的低点明显低于左右两个低谷的低点，其形态就像一个倒立的人的头部和两肩，如图 5-11 所示。

头肩底形态是这样形成的：股价下跌到一定深度后开始反弹，当达到一定高度后出现回调，形成了"左肩"；接着再度下跌创出新低后回升，构筑了"头部"，也就是波段的起点；之后又上涨到前一次反弹的高度附近再

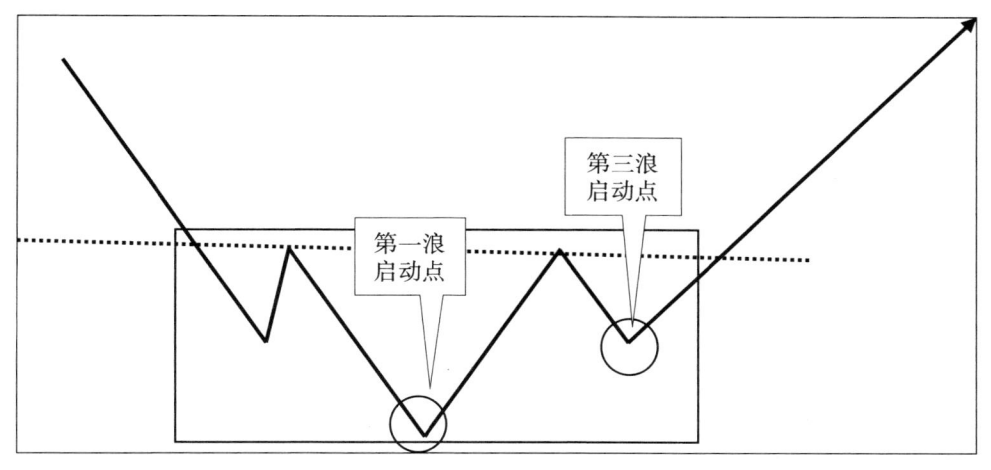

图 5-11 K 线头肩底形态

次回调，这次回调的低点高于头部的低点，形成了"右肩"，也就是另一个波段的起点。在两次反弹过程中，股价基本在同一价位受阻回落，这个价位上的直线就是颈线。

2. 操作建议

头肩底形态是一种较为强烈的反转形态，表示空方力量被不断消耗，多方重新焕发生机。

第一，头肩底形态是较为可靠的牛市信号，此形态出现之后常常会出现一波较为可观的上涨行情。因此，投资者看到头肩底形态后，应果断买入股票，持股待涨。

第二，当股价冲破了阻力线（颈线）位置，表示头肩底形态构筑完成，这是头肩底形态的第一个买入信号。此时，投资者可以果断买入。在突破颈线时，必须要有成交量激增的配合，否则可能是一个错误的突破。但是如果在突破后成交量逐渐增加，形态也可确认。

第三，股价完成向上突破后，原来的阻力位就变成了支撑位。所以，参照头肩底形态买入股票的投资者，应该将止损位设在头肩底的颈线位置上。

第四，成交量是表示头肩底形态信号强弱的一个重要指标。如果在形成"左肩"和"头部"的过程中成交量极度萎缩，在冲破颈线形成"右肩"的过程中成交量却显著放大，说明看涨信号的可靠性更高。

第五，一般来说，头肩底形态需要较长的时间来完成。而形成头肩底所用的时间越长，说明底部的换手越充分，未来股价上升的阻力就会越小，股价涨幅也就越大。

第六，在头肩底形成过程中，MACD 指标可能会随着 K 线筑底而走出几次黄金交叉形态，若股价 K 线完成"右肩"形态所对应的 MACD 指标出现金叉，且金叉的位置高于 K 线"头部"所对应的 MACD 金叉，则股价未来上升的可能性更大。

下面来看一下奥普特的案例，如图 5-12 所示。

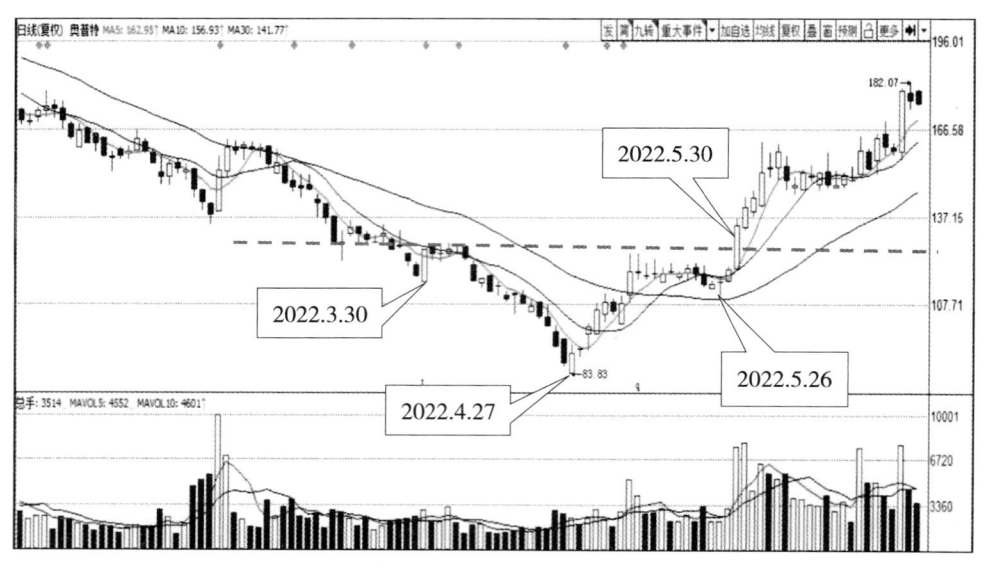

图 5-12　奥普特（688686）日 K 线走势图

从图 5-12 中可以看出，2022 年 3 月到 2022 年 6 月，奥普特的股价走势图上出现了头肩底形态。

2021 年 9 月中旬，奥普特的走势进入下跌行情中。进入 2022 年 3 月中旬，该股连续形成三个波谷，其中 2022 年 4 月 27 日，该股收出了带下影线的小阴线，并创出该段时间的最低价，所以是"头部"，而两边的低谷就构成了左右两肩。

2022 年 5 月 30 日，该股放量突破了头肩底的颈线，至此，头肩底形态正式构筑完成，这是一个明显的买入点，投资者可果断买入。

该股攻势较急,所以在突破颈线后并未出现回调,也就是说,该股并未给投资者加仓的机会。

五、K线塔形底

塔形底也是股价运行至底部区域后经常出现的一种经典形态。在实战操作过程中,需要注意与成交量分析相结合。

1. 形态特征

股价经过一段时间的下跌之后,突然出现一根大幅下挫的阴线,而后又连续收出几根横向盘整的小阴线或小阳线,此后一根大阳线带领股价走出底部,形成了近似塔形的底部形态,未来股价继续上涨的概率非常大,如图5-13所示。

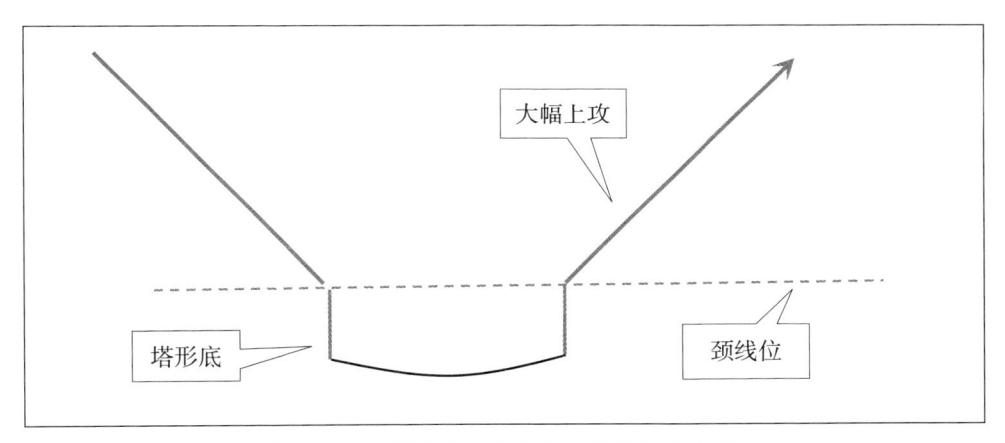

图5-13 塔形底形态确立,股价加速上行

塔形底通常出现在股价的底部区域,也就是一波下跌行情结束时。其形态表现为:先是收出一根大阴线将股价打压至较低的水平,接着出现一连串的小实体K线,可以为阴线或阳线,最后一根大阳线将股价拉升至大阴线出现前的位置。

塔形底形态反映了空方在将股价打压至较低水平后,无力继续打压股价,而多方暂时也无力向上拉升股价,多空双方保持了一定的力量均衡。其后,多方经过一段时间的蓄势后,发力向上拉升股价,说明其已经准备好要将股价带到更高的高度。

2. 操作建议

这类股价启动点的形成具有如下几个典型特征。

第一，股价经过一段时间的下跌后，走出了塔形底形态，往往属于典型的筑底成功信号，未来上攻的概率很大。

第二，股价经过一段时间的上涨后，出现塔形底形态，往往属于股价上升趋势中的调整形态，也具有较强的看涨意味。

第三，塔形底形态中，最后一根大阳线的出现，一般需要成交量的放大相配合，但需警惕成交量放大过猛，若创出天量，则存在主力借机出逃的可能，此时投资者不宜入场。

下面来看一下兔宝宝的案例，如图5-14所示。

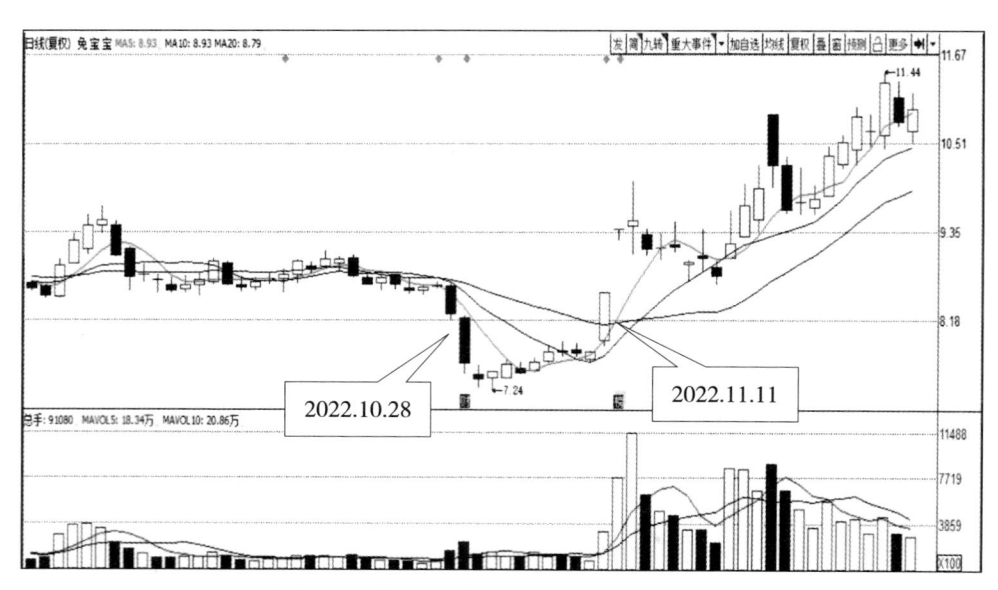

图5-14 兔宝宝（002043）日K线走势图

从图5-14中可以看出，兔宝宝的股价自2022年7月开始经历了一波漫长的下跌，股价下跌幅度非常之大。

2022年10月28日，该股股价再度出现大幅下跌态势，并以大阴线报收，此后股价出现了横向振荡走势。股价K线多以小阴线、小阳线报收，说明空方无力继续向下打压股价。

2022年11月11日，该股股价突然放量上攻，并以涨停报收。至此，塔形底形态正式成立，投资者见到这种形态出现后，可积极入场做多。

此后，该股股价出现了一波振荡上升走势，这也标志着股价暴利拐点的来临，投资者可积极入场做多该股。

第三节　主升浪战法

按照波浪理论的定义，主升浪一定是整个上升环节中涨幅最大的一浪。相比于其他浪，第三浪的涨幅最大，而且风险最小。也正因如此，很多投资者都热衷于捕捉主升浪（第三浪）。不过，在实战中，主升浪的表现形式却不尽相同。有些主升浪是以直线上攻形式出现的，有些主升浪则是采用振荡上升方式体现的。总之，寻找主升浪，也是波段交易模式中最常用、最核心的一种交易模式。

一、经典三浪启动

按照波浪理论的要求，一个完整的波浪循环通常由八浪构成，而直接驱动股价上升或下跌的走势由五浪构成。在这五浪中，尤以前三浪最为重要。

经典三浪启动，是识别起来最容易的主升浪模式，也是最为经典的一种主升浪形态，如图5-15所示。

图5-15为经典三浪结构的主升浪。该模式的主升浪具有波浪理论所定义的最为经典的特点，包括以下几点。

第一，各浪之间具有明显的界线，投资者很容易识别各浪的起点和终点。

第二，第二浪回撤的幅度非常大，甚至超过了第一浪涨幅的80%，杀跌态势极为凶猛。

第三，主升浪启动时带有明确的启动信号，一些经典的K线起涨形态都会在该阶段出现。

下面来看一下迈信林的案例，如图5-16所示。迈信林的股价在2022年4月底以前经历了一波漫长的下跌。

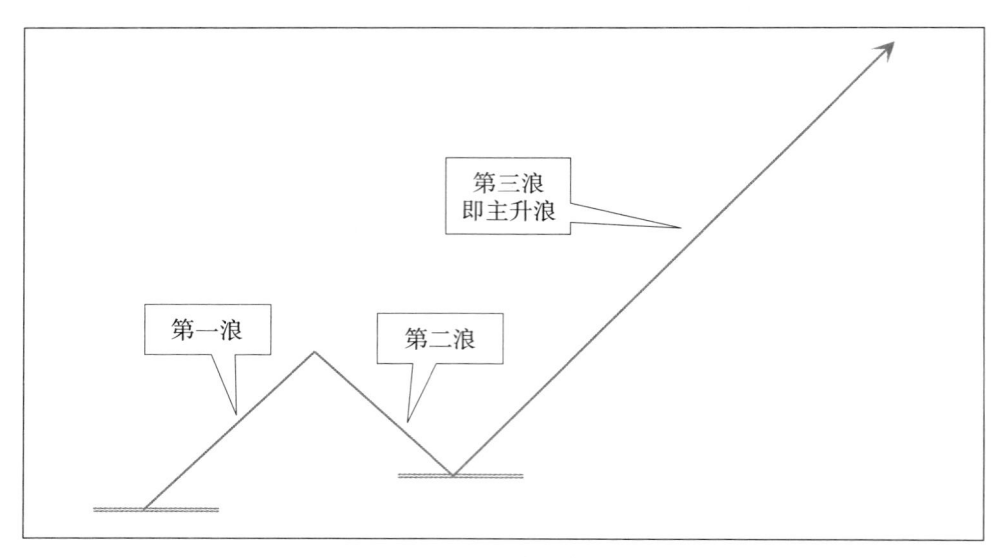

图 5-15　经典三浪结构

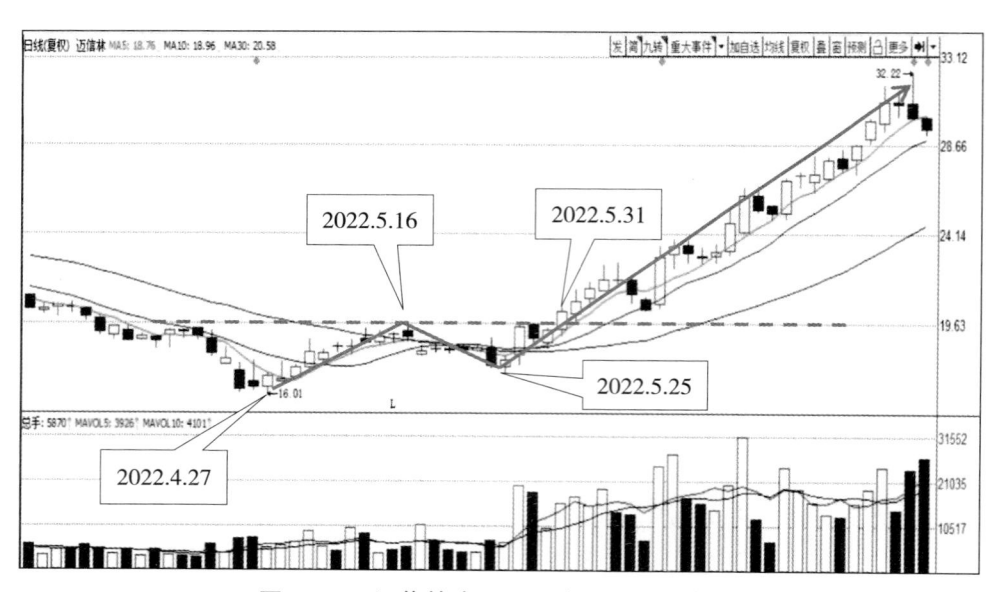

图 5-16　迈信林（688685）日 K 线走势图

2022 年 4 月 27 日，该股股价触底反弹向上，5 月 16 日，股价在反弹到阶段高点后反向下跌。对于投资者来说，此时还无法判断股价是启动了第一浪还是延续之前的下跌态势。此时最佳的选择就是继续观望。

2022 年 5 月 25 日，该股股价再度止跌反弹向上，并于 5 月 31 日成功突破 5 月 16 日的反弹高点。此时，投资者就要考虑该股可能已经进入了第三浪主升浪阶段了。

鉴于 5 月 25 日的低点明显高于 4 月 27 日所形成的低点，而 5 月 31 日又突破了 5 月 16 日的反弹高点，至此，第三浪启动信号出现。投资者可积极入场建仓。

此后，该股股价出现了较大幅度的上升。

二、主升浪底部识别

第三浪也就是通常所说的主升浪，是整个波段中涨幅最大、升势最强的一浪。正因如此，从事波段交易的投资者都将寻找主升浪作为主要目标。

由于第二浪回调持续的时间短促，力度很大，使得很多投资者出于对股价走势的恐惧而不敢介入其中。这时主力突然大幅拉升股票，使得股价在短期内大幅上涨，构成了一波壮观的主升浪。

下面来看一下金溢科技的案例，如图 5-17 所示。

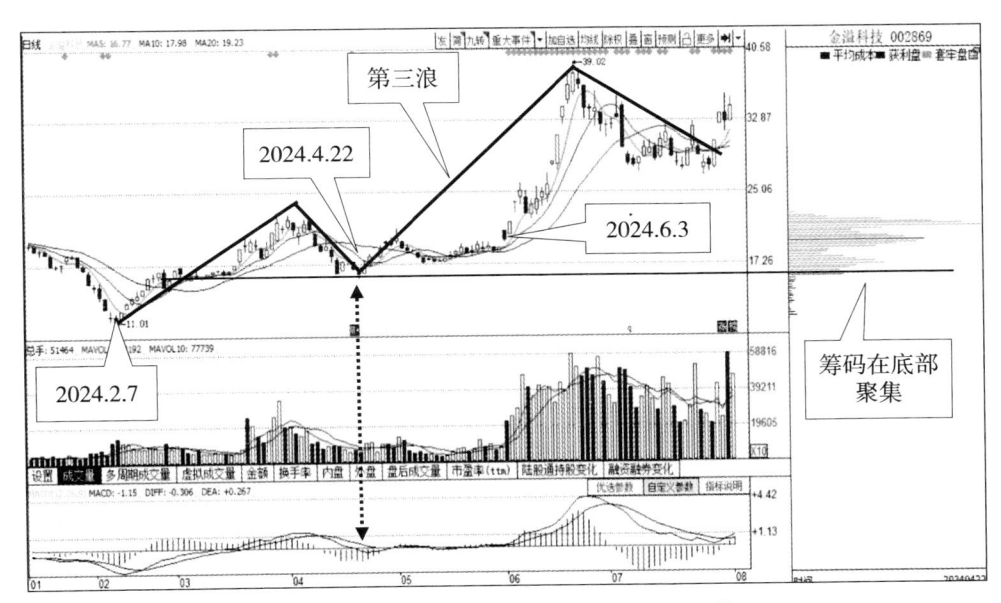

图 5-17 金溢科技（002869）日 K 线走势图

图 5-17 为金溢科技在 2024 年 2 月到 6 月的日 K 线走势图。从图中可以看出，该股股价在经历了 2 月到 3 月的一波反弹后出现回调行情；2024 年

4月22日，该股开启了一波振荡上升走势。自6月3日开始，该股正式进入快速上攻期，这一波走势就是通常所说的主升浪。

观察该股第三浪启动点，可以发现这样几个特征。

第一，第三浪启动时，即在该股由回调走势转为上攻的过程中，从K线形态上来看，该股的日K线可能会出现自下而上突破均线的形态。也就是说，第二浪结束之后，K线走势必然会跌破中短期均线，但一般不会跌破长期均线；此后，当第三浪启动后，股价K线会重新向上突破均线。若股价K线在某条重要均线处受到支撑，则可增强股价上攻的可能性。

第二，第三浪启动后，随着股价的上升，成交量会呈现放大态势，但不会出现巨量情况。由于主力在拉升过程中会不断有散户兑现利润而选择卖出手中的股票，因而，随着股价的升高，成交量也会逐级放大。

第三，第三浪启动时，MACD指标可能会出现黄金交叉形态，且这一金叉的位置应该在0轴上方附近，相比于第一浪时所形成的黄金交叉，这一次的交叉点更高，同时MACD指标二度金叉也是股价即将大幅上攻的信号。

第四，观察图5-17的筹码分布图可以发现，2024年6月3日，金溢科技的股价在向上突破上攻时，已经站到了主要筹码峰的上方，说明该股上攻过程中不会有太多的筹码流出，因而股价上升压力较小。

基于以上分析可知，相比于第一浪的判断，第三浪的研判更加容易，而且一旦抓住主升浪，获利会相当可观。因此，作为波段交易者，最好能够将精力集中于捕捉主升浪方面。投资者在第三浪启动上攻时介入（若第三浪启动初期判断比较困难，也可以在6月3日股价进入快速上攻期再买入），是一个比较不错的选择。

三、主升浪战法——回踩支撑位

股价经过第一浪的上升后，已经到达短期高点的位置。此时市场上有一定的短期获利盘需要兑现，主力为了后面的拉升，也会刻意向下打压股价。当股价回调至某一重要支撑位时，因获得该位置的支撑，而出现企稳反弹的迹象，此时主力则趁机发力向上拉升股价。此后，股价正式进入主升浪行情，如图5-18所示。

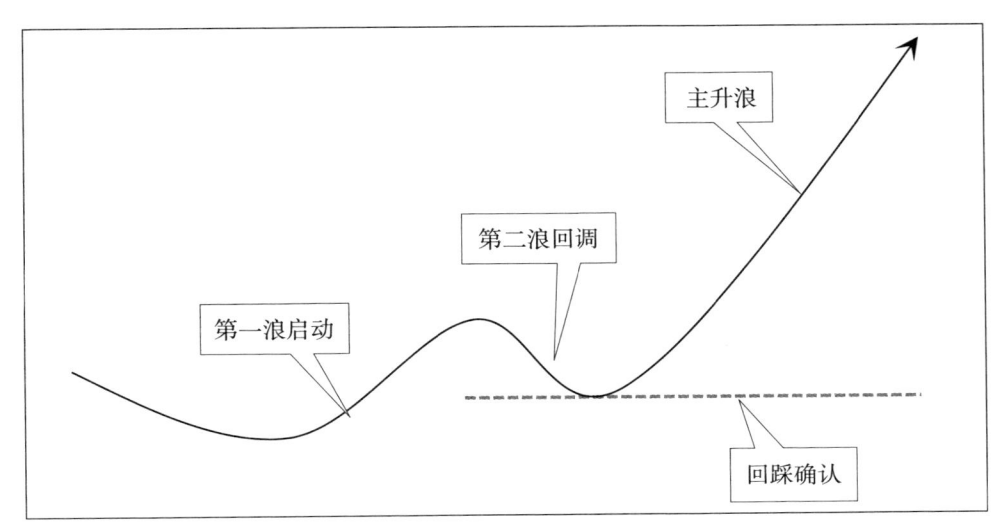

图 5-18 回踩支撑位

股价回踩支撑位而反向上攻，有时并不一定意味着股价会立即进入主升浪，有些时候只是短暂反弹一下就又重新回到下跌通道。因此，在识别回踩支撑位启动主升浪时，需要考虑以下几个因素。

第一，外部环境。

良好的外部环境是主升浪启动的基础。除了个别妖股的启动，大部分股票的启动还是会考虑外部环境的。其实，很多个股主升浪的启动，都是借助利好而开启的。

第二，支撑强度。

越是强支撑位，股价获得支撑后，启动上升的概率越高，发动主升浪的可能性也越大。通常来说，这类支撑位包括中长期均线位置、前期低点或高点位置、前期某一重要的放量价位（如放量涨停、放量跌停）、重要的整数关口等。

第三，技术方面因素。

主升浪启动时刻的技术信号存在诸多相似的方面。比如，在二浪回撤时，成交量也可能会同步萎缩，而当股价重新上扬时，成交量再度放大，MACD 指标也可能会在 0 轴附近形成二度金叉等。

下面来看一下丽江股份的案例，如图 5-19 所示。

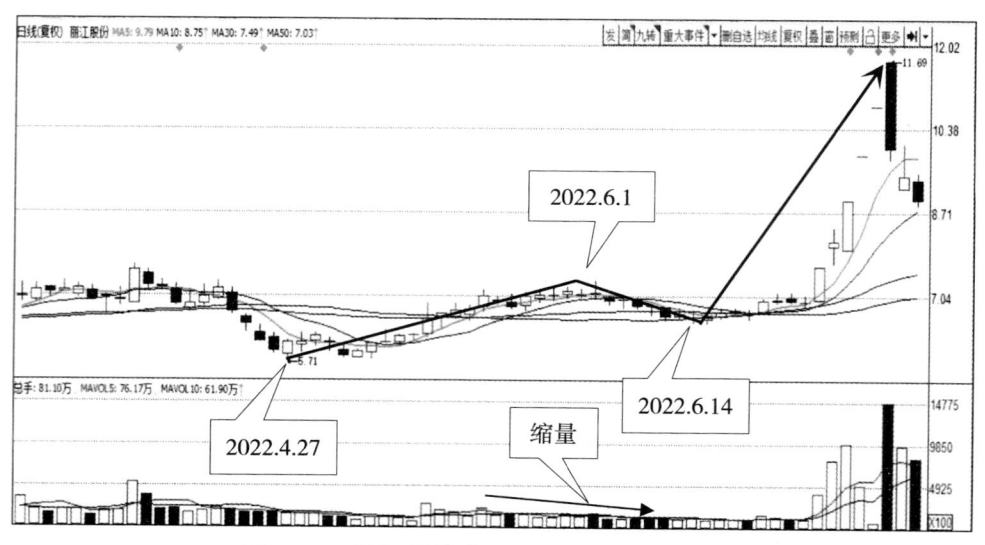

图 5-19　丽江股份（002033）回踩中期均线

从图 5-19 中可以看出，丽江股份的股价自 2022 年 4 月底触底反弹后，启动了第一浪上升行情。到了 6 月 1 日，该股股价触及短线高点后回落。

6 月 14 日，该股股价 K 线在回调至 50 日均线位置时，因受其支撑而拐头向上。此后，经过几个交易日的盘整后，正式进入上攻区间。

该股主升浪行情正式启动。

四、主升浪战法——跳空启动

股价经过一段时间的振荡上升与回调后，多方突然发力，以跳空形式带动股价脱离之前的振荡区域，并借此开启主升浪行情，如图 5-20 所示。

股价经过一波振荡回调后突然跳空启动，在有些情况下，只是主力的诱多行为，并非要进入主升浪行情，因此，投资者在实战中还需要从多方面因素综合考量。

在识别股价跳空启动主升浪时，需要考虑以下几个因素。

第一，外部环境。

良好的外部环境是主升浪启动的基础。能够出现跳空启动的股票，必然会有外部因素的影响，包括大盘的利好、宏观经济环境的利好，以及个股或概念的利好等。相对而言，某一板块或概念出现利好，更容易走出主升浪行情。

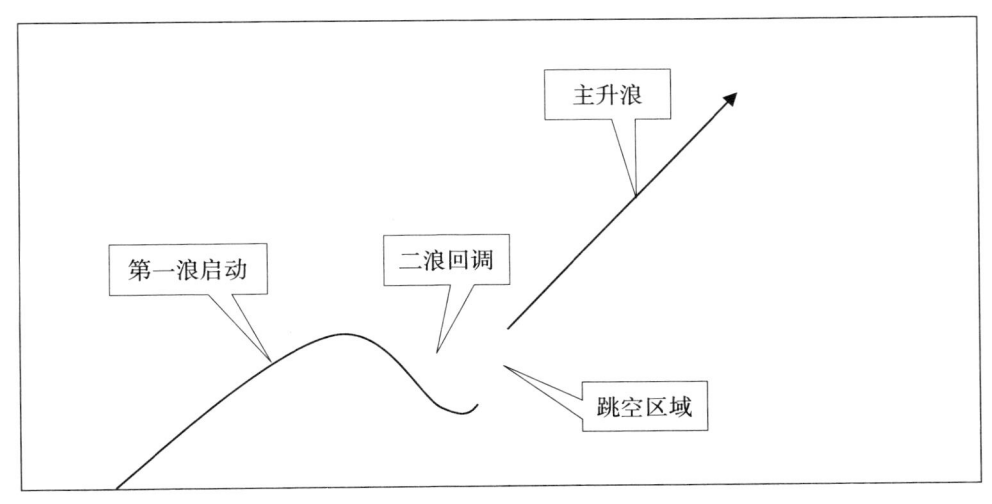

图 5-20 跳空主升浪

第二,跳空力度。

相对而言,跳空的力度越大,股价上升的概率越高。跳空涨停后的股票进入主升浪的概率要更高一些。

第三,突破的阻力位。

股价跳空上扬时,若能完成对某些重要阻力位的突破,则未来进入主升浪的概率更高。

第四,技术方面因素。

股价出现跳空上扬时,很多技术指标可能会迅速向超买区域靠拢,甚至在短期内发出超买信号,比如 KDJ 指标就会很容易进入超买区域。而后随着股价的强势上升,KDJ 指标甚至会出现高位钝化的情况;MACD 指标也会同步迅速进入高位区域。总之,技术指标系统在短期内势必会发出强势信号。

第五,常见的跳空形态包括鱼跃龙门形态、蛤蟆跳空形态、涨停过顶形态、无量涨停形态等。

下面来看一下鞍钢股份的案例,如图 5-21 所示。

鞍钢股份的股价自 2020 年 9 月底开始振荡反攻。到 2020 年 11 月 27 日,该股股价创出阶段高点后转向了振荡调整。与此同时,该股的各条均线同步下行,并开始呈现空头排列,这是一个典型的看空信号。

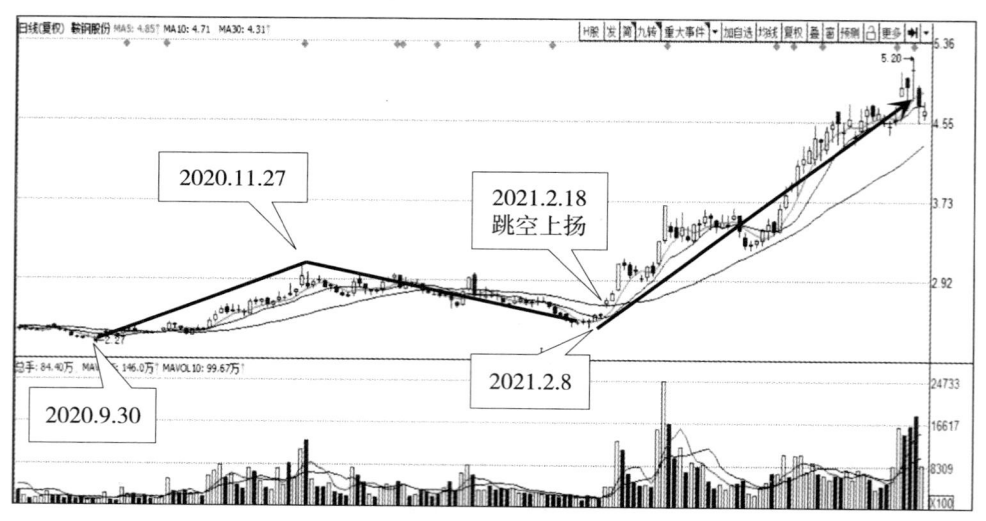

图 5-21　鞍钢股份（000898）日 K 线走势图

2021 年 2 月 8 日，该股股价回调至阶段低点后开始企稳反弹。此后的两个交易日，股价出现振荡回升。此时，整个均线系统中，短期均线中的 5 日均线和 10 日均线开始拐头向上，而 30 日均线同步呈现放平态势，这也是股价企稳反弹的一个显著信号。观察该股股价的企稳反弹点可知，该低点要明显高于 2020 年 9 月 30 日的低点，也就意味着此时股价很有可能会进入主升浪，投资者可保持观察，随时做好入场的准备。

2021 年 2 月 18 日，该股股价跳空走高，直接越过了各条均线，并站到了 30 日均线的上方。至此，鱼跃龙门形态正式成立。同时，该形态的出现也标志着该股走势正式进入主升浪行情中最迅猛的上升阶段，投资者可积极入场追涨。

五、主升浪战法——异动上攻

主升浪是整个股价上升最猛的一个阶段，不过，主力在拉升初期，也会故意采用一些迷惑战术，让更多的散户放弃手中的筹码。正因如此，在主升浪大幅上攻前或启动初期，往往会呈现出一些比较典型的形态，如图 5-22 所示。

严格意义上来说，股价在主升浪启动前的异动，还是具有很大迷惑性的。欲扬先抑、先拉再打等手法的使用，更是会让散户识别不清主力的真实意图。

因此，在此阶段，投资者更需要综合多种因素进行研判。

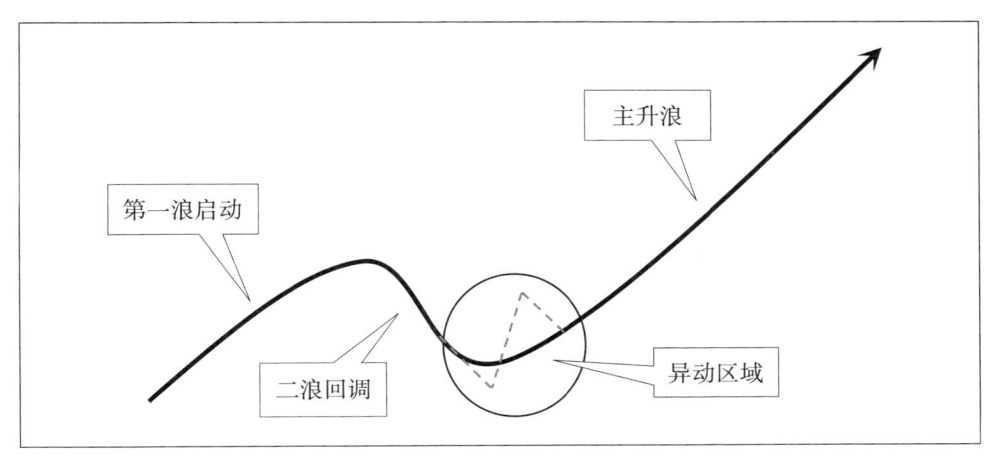

图 5-22　异动上攻战法

第一，外部环境。

良好的外部环境是主升浪启动的基础。能够掀起主升浪行情的股票，必然会拥有较好的外部环境。比如，整个宏观经济形势的向好，个股基本面的改善，个股或行业盈利模式的改善等。

当然，一些个股在利空兑现后，也可能会成为主升浪的启动时刻，这就是"利空兑现即利好"，特别是在利空消息持续释放的情况下，股价之前已经出现了较长时间的下跌，此时再出现大的利空，就有转为利好的可能。

第二，K 线走势。

从 K 线走势来看，投资者是很难辨识清股价走势的。一些短线支撑位会被砸破，技术指标也可能会发出卖出信号。

第三，成交量因素。

成交量是主力很难作假的一个指标。股价临近快速拉升前，成交量常常会发出一些异动信号，如成交量的大幅萎缩、成交量维持温和放大等。这都是主力进场或锁仓的一些明确信号。

第四，技术方面因素。

从短线来看，很多技术指标可能会发出超买或超卖的信号，而长线来看，即使股价短线出现大幅回落，但技术指标的运行趋势仍旧是上行的，特别是 MACD 指标等能够反映股价波段运行趋势的指标。

第五，经典的异动上攻形态包括回马枪、仙人指路、空中加油、散兵坑等。

下面来看一下中京电子的案例，如图 5-23 所示。

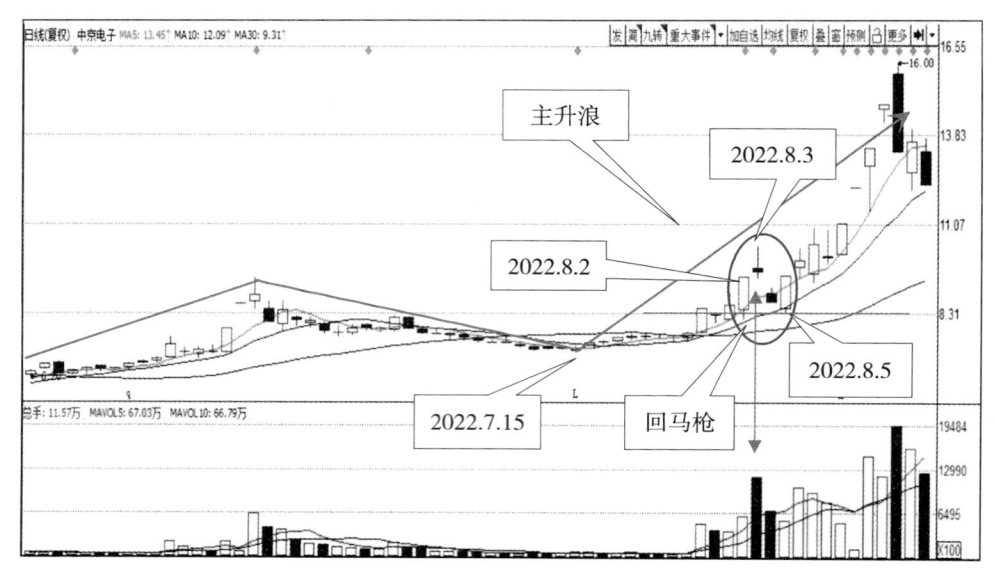

图 5-23　中京电子（002579）日 K 线走势图

从图 5-23 中可以看出，中京电子的股价自 2022 年 7 月 15 日触底反弹，标志着第三浪（主升浪）开启。

在主升浪启动初期，股价上升还很缓慢，进入 7 月底，该股股价出现异动。8 月 2 日，股价强势涨停；8 月 3 日，该股股价在前日涨停的基础上跳空高开高走，再反向下跌。盘中出现大幅振荡，在 K 线图上留下了一根带长上影线的 K 线。当日，该股成交量出现了较大规模的放大，给人一种主力在出货的感觉。

此后的交易日，该股股价再度低开低走，并以跌停报收，这就更让人确认前日主力出货的判断。

2022 年 8 月 5 日，该股股价低开振荡后反向上攻，并以涨停报收。回马枪形态出现，意味着股价将进入一轮快速上升周期。

第四节 波段交易战法

在技术分析领域，很多技术分析指标在研判波段起点与终点方面都有不错的效果，其中最具代表性的当属中期均线、MACD指标和布林线指标。

一、中期均线波段战法

均线是最常使用的一种技术分析指标。在整个均线指标系统中，中长期均线的稳定性更强，其所发出的交易信号也最为强烈。因此，中期均线也常常用作波段交易的参照线和指导线。对于非长线投资者来说，20日均线、30日均线是应用最多的中期均线，其中30日均线最为典型。

如果股价和30日均线皆呈现上升趋势，表明上涨行情仍在继续，投资者可适度追涨；如果股价和30日均线皆呈现下降趋势，表明下跌行情仍在继续，投资者应坚决空仓。该技巧比较适合波段交易者使用。

应用30日均线进行波段交易的操作要点如下。

第一，30日均线方向向右上方倾斜。

第二，股价向上突破30日均线后，一直沿30日均线同步上行，投资者可一直持有股票。

第三，股价连续3个交易日站到30日均线之上，即可认定突破有效。

第四，股价在30日均线上方运行，可能会出现回调，但只要没有跌破30日均线，投资者就可以继续持股。

第五，当股价有效跌破30日均线时，投资者就可以考虑执行卖出操作。

下面来看一下大业股份的案例，如图5-24所示。

2023年3月下旬，大业股份的股价出现了一波调整行情。2023年5月4日，该股股价放量向上穿越30日均线。与此同时，30日均线已经开始由向右下方倾斜转为放平，这属于典型的趋势向好信号。

图 5-24 大业股份（603278）的日 K 线图

此后的几个交易日，尽管该股股价出现了调整，但整体上仍位于 30 日均线上方，说明本次股价对 30 日均线的突破为有效突破。波段交易者可在此时入场执行买入操作。

此后，该股股价一路沿着 30 日均线振荡上升，且 30 日均线也同步向右上方倾斜。

进入 7 月后，股价出现了明显的滞涨状态，7 月底到 8 月中旬，该股股价几度回调至 30 日均线附近，因受均线支撑而重新上攻。与此同时，30 日均线出现了明显的放平状态，说明股价很可能会出现回调或下跌行情。

8 月 22 日，该股股价大幅向下跌破 30 日均线，说明该波段行情有终结的可能，投资者可考虑卖出操作。

二、MACD 指标波段战法

MACD 指标被认为是投资者进行波段交易最有效的一种指标。MACD 指标从低位反攻向上，形成黄金交叉，以及向上突破 0 轴，直至高位出现死叉的过程，都可以作为波段交易的重要参考标准。

下面来看一套基于 MACD 指标设计的波段交易战法。

1. 买入条件设定

（1）大盘环境。

中短线良好的大盘环境是进行波段操作的前提。若大盘指数位于 30 日均线上方，且 30 日均线方向向上，则可认定此时属于较佳的操作环境（激进型投资者可将 30 日均线更换为 20 日均线）。

（2）个股趋势。

个股处于超跌反弹或上升趋势中，是波段交易操作成功的保证。若个股股价位于 30 日均线上方，且 30 日均线方向向上，则可认定适宜波段操作（激进型投资者可将 30 日均线更换为 20 日均线）。

（3）MACD 指标走势。

DIFF 快线自下而上穿越 DEA 慢线形成黄金交叉，且交叉点位于 0 轴上方附近。若交叉点位于 0 轴下方较近位置，且 DIFF 快线已经显露出上攻迹象亦可。

2. 仓位设置

初次投入资金占计划投入量的比重为 50% 左右。

3. 加仓条件设定

（1）DIFF 快线回调不破 DEA 慢线（若买入时 DIFF 快线位于 0 轴下方，可将第一加仓点设置在 DIFF 快线向上突破 0 轴时）。

（2）DIFF 快线与 DEA 慢线形成死叉后，很快又再度形成金叉。

4. 减仓条件设定

DIFF 快线与 DEA 慢线形成死叉。

5. 止损位设置

（1）股价自高位下跌 10%（若股票涨势较猛可适当放宽止损位，如 10%～15%；反之，若股价涨势较慢，则应收紧止损位，如 5%～8%）。

（2）DIFF 快线跌破 0 轴。

6. 止盈位设置

通常情况下，投资者应该为每次波段操作设置大致的止盈位，股价到达止盈位后，出现任何卖出信号，立即清仓止盈。如涨幅超过 50% 时，MACD 形成高位死叉（投资者可根据个人偏好，设置盈利比例）。

下面来看一下上工申贝的案例，如图 5-25 所示。

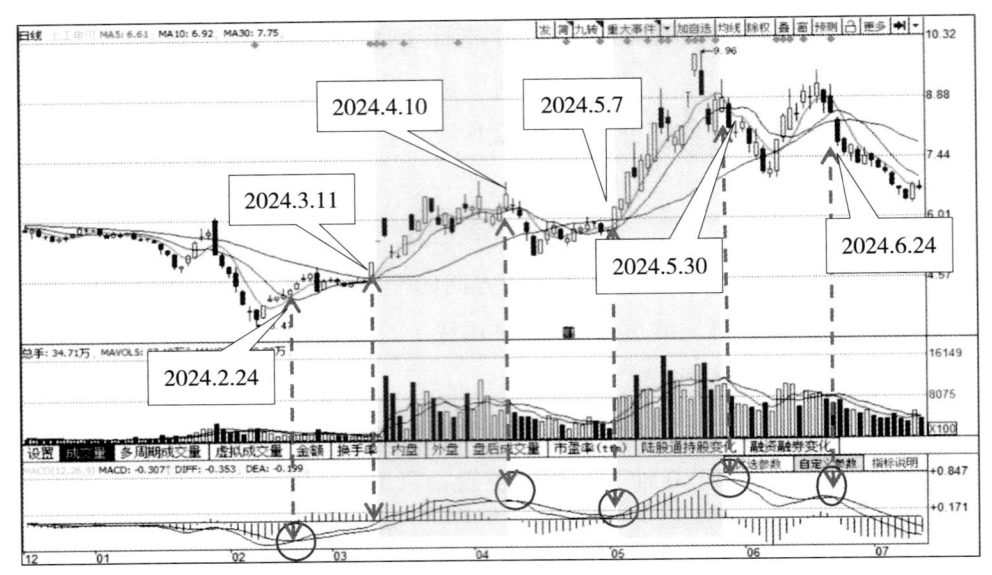

图 5-25 上工申贝（600843）波段走势图

从图 5-25 中可以看出，上工申贝的股价在 2024 年上半年随着大盘的上涨而出现了一波振荡上升走势。该股 MACD 指标在 2024 年 2 月 24 日形成低位金叉，但此交叉点位于 0 轴下方，且股价仍在 30 日均线下方，说明该股上攻的条件并不成熟，投资者可继续观察。

2024 年 3 月 11 日，该股股价成功上攻 30 日均线，且 MACD 指标向上突破了 0 轴，这属于一个较佳的入场点。投资者可在此时设置完善的交易计划，并入场买入 30% 左右仓位的股票。

4 月 10 日，该股股价出现回调，DIFF 快线向下跌破了 DEA 慢线，投资者此时可进行的操作包括：其一，清仓该股，获利 30% 左右；其二，减仓，即减持股票数量的 50%。因此时该股上升幅度并未超过 50%，且 DIFF 快线仍位于 0 轴上方，建议投资者采取减持策略。

5 月 7 日，该股再度上攻，且 MACD 指标形成二度金叉，交叉点位于 0 轴上方不远处，属于比较典型的买入信号，投资者可在此时加大仓位买入该股。

5 月 30 日，该股处于顶部振荡形态的 MACD 指标形成高位死叉，鉴于此时盈利较多，建议投资者采取清仓或大幅减仓的操作方法。6 月 24 日，该股股价有效跌破 30 日均线，且 MACD 指标无力重新形成金叉时，应该坚决执行清仓操作。

三、布林线中轨波段战法

布林线由三条曲线组成，分别是上轨线、中轨线和下轨线。其中上轨线和下轨线之间的区域构成了布林线指标的价值通道，即布林通道，而中轨线为股价波动的中轴线。

在布林线指标中，布林线中轨线本质上就是一根中期均线，而布林线喇叭口则圈定了股价大致的波动范围，这就为投资者交易股票提供了重要参考。

基于布林线指标的右侧交易系统，主要由以下几部分构成。

1. 买入条件及仓位控制

（1）股价处于上涨途中，股价自底部反弹向上，并放量突破布林线中轨，且布林通道由收缩转为发散时，是执行买入操作的最佳时机。

（2）右侧交易入场仓位可以根据市场情况适当调整，一般应控制在 40% 以下（计划投入资金量的 40%）。

2. 加仓条件及仓位控制

（1）加仓条件。

投资者建仓后，若股价上涨一段时间后出现回调，但股价回调至布林线中轨线位置时，因中轨线支撑作用而再度上升，则是较好的加仓点。

（2）加仓仓位。

第一次加仓仓位控制在 40% 以下（计划投入资金量的 40%）。

第二次加仓仓位控制在 20% 以下（计划投入资金量的 20%）。

3. 卖出条件

（1）股价触及上轨线后出现回调或股价自上而下跌破上轨线时，是该股第一次减仓的时机。

（2）股价自上而下跌破中轨线，则清空股票。

4. 止损条件

投资者第一次买入股票建仓后，若股价并未上升而是向下跌破了中轨线，则可执行止损操作。

下面来看一下杉杉股份基于布林线的波段交易案例，如图 5-26 所示。

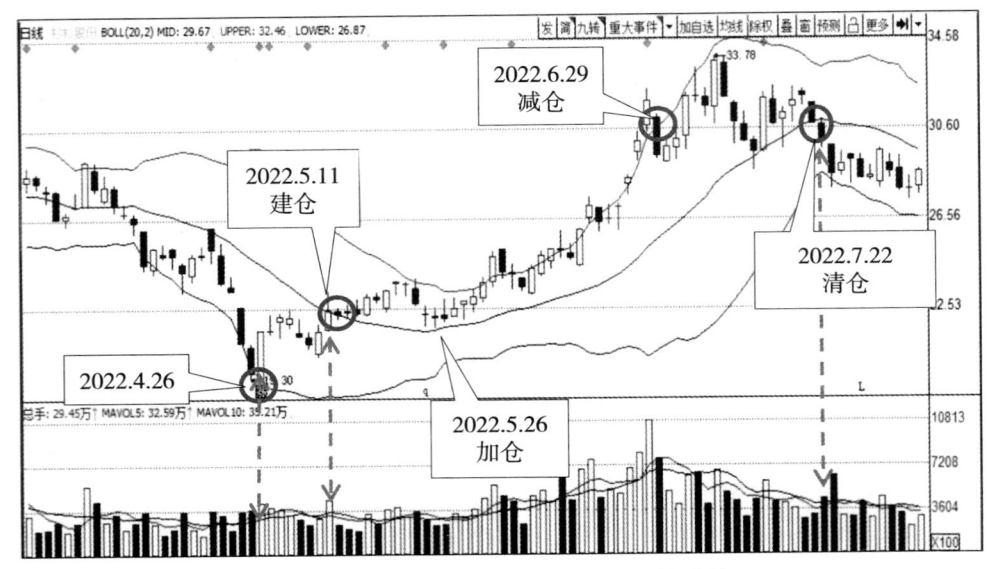

图 5-26　杉杉股份（600884）日 K 线走势图

从图 5-26 中可以看出，杉杉股份的股价在 2022 年 4 月底到 7 月期间经历了一波振荡上涨行情。2022 年 4 月 26 日，该股股价触及布林线下轨后出现触底反弹走势。投资者可保持对该股后续走势的关注。

5 月 11 日，股价放量突破布林线中轨，且中轨线由下行开始转为放平，说明股价结束下跌重启上升的可能性很大。鉴于当时布林通道并未出现明显的放大，投资者在当日建仓该股时，应适当将仓位控制在 30% 以下。

随后该股出现了回调走势，5 月 26 日，股价回调至中轨线位置时，因中轨线支撑而再度上攻，且成交量在股价回调时呈现缩量状态，而股价重拾升势时呈温和放大态势，这说明股价与成交量配合良好，且布林通道开始放大，说明股价未来可能有一波可观的涨幅，投资者可进行加仓操作。此后，该股股价的上攻逐渐转入强势，并一度向上突破了上轨线。

6 月 29 日，该股在沿布林线上轨线运行多日后出现了回调走势，并跌破了上轨线，此时投资者可进行第一次减仓操作。

7 月 22 日，该股股价跌破了布林线中轨，说明股价运行趋势有结束的可能，投资者可考虑清仓操作。

第六章
振荡交易模式

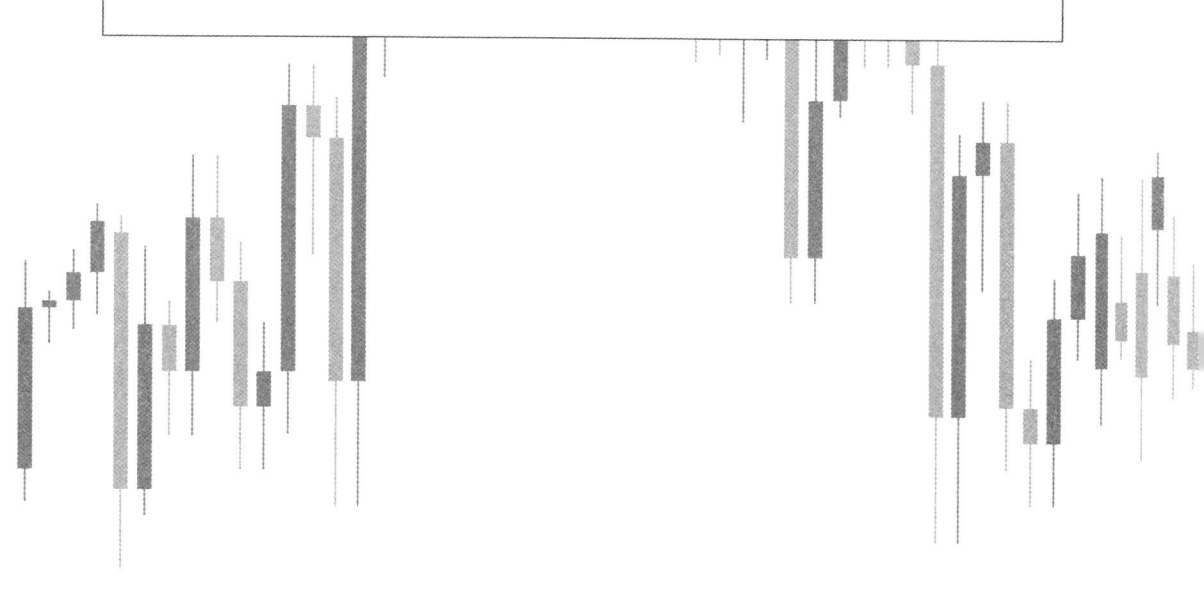

振荡交易模式，也可以看成一种波段交易模式或中短线交易模式。振荡交易模式的内在机理比较简单，即股市运行趋势总是难以琢磨的，但波动是随时随地发生的，投资者只要准确地捕捉到了某一波股价的振荡，通过振荡交易模式，就可以实现盈利。

振荡交易模式的注意要点包括如下几点。

第一，振荡区域或点位的划定。只有确认股价在一定的区域内振荡，且能够大致明确振荡的边界，如上限价格、下限价格，或者大致的价格区间，才能进行振荡交易。

第二，投资者需要明确一点：股价在某一区域内振荡，必然是一个暂时的行为。从长远来看，股价必然会突破当前的振荡区域。因此，振荡交易模式也必然会面临一定的交易失败风险或踏空的风险。

第一节　固定点位交易战法

固定点位交易战法，即在入场交易前就已经设定好了入场价和离场价。入场价和离场价的确定，主要通过之前股价波动的规律获得。比如，在过去相当长的时间里，股价始终在某一价格点位内波动，那么，投资者在入场交易前就可以按照这一标准来确定买入价格和卖出价格。

一、固定价格交易法

股价在某一大致的价格区间内波动，但又没有形成明确的、可预判的上限或下限，同时，股价波动过程中，常常会包括某一相对低点和高点。那么，投资者就可以将这一相对低点看成买入点，将相对高点看成卖出点。只要股价没有脱离这一价格区间，就可以持续执行此交易策略。

在A股市场上流传着这样一个故事，说是有一位老太太炒股，根本不懂技术面数据，也不懂技术指标，只是将自己的钱坚定地投放到马钢股份这只股票上，在股价跌到 3 元左右的价位时入场买入，然后一直耐心持股，直至股价上涨至 5 元左右的价位再卖出。如此循环操作，长期下来，也是获利颇丰。

下面来看一下马钢股份的日 K 线走势情况，如图 6-1 所示。

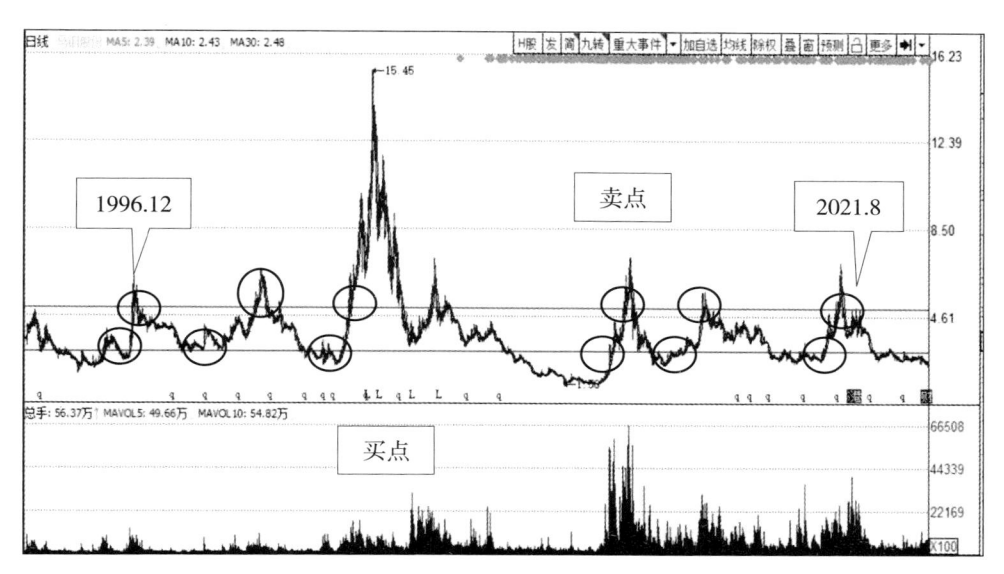

图 6-1　马钢股份（600808）日 K 线走势图

从图 6-1 中可以看出，马钢股份的股价从 1996 年到 2021 年 8 月的 20 多年里，曾数次来到 5 元附近，也曾多次跌至 3 元，甚至更低的位置。若投资者能够坚持按照"3 元买入，5 元卖出"的策略进行交易，那么，这段时间内交易的利润率是十分可观的。

不过，并不是所有股票都适合这类交易策略。一般来说，能够应用该类交易策略，需要满足以下两个条件。

第一，股票质地不错，最好是超级绩优股，这类股票一般不会出现大幅上升或下跌的行情。

第二，股票盘子很大，股价很少出现暴涨暴跌的行情。

二、1 分钱交易法

1 分钱交易法，即以股价最小波动单位为目标的交易方法。目前，A 股市场的最小交易单位为 0.01 元，即 1 分钱。也就是说，投资者买入股票后，加上 1 分钱的价格就可以执行卖出操作。该交易法通常需要与 T+0 交易法结合使用。

具体操作示例如下。

假如投资者持有单价为 1.50 元的股票 10 万股。某天开盘后，股票的价格在 1.50 元和 1.51 元之间徘徊。那么，投资者就可以在"买一"位置排队买入 5 万股该股票，然后再在"卖一"位置排队卖出 5 万股。那么，投资者持仓还是 10 万股，扣除交易税费、佣金，还有一定的盈余。这就是 1 分钱交易法。

1 分钱交易法的操作要点如下。

第一，股票单价必须够低，这样 1 分钱的价差也能达到 0.5% 以上的波动幅度。当然，股价也不能过低，若股价低于 1 元，就会触发面值退市的风险，这点也是要考虑的。

第二，标的股应以超级绩优股为主。一些垃圾股虽然便宜，但也存在持续下跌，直至面值低于 1 元的风险。

第三，通常情况下，股价波动幅度较小，每日的波动都在几分钱的范围之内。

第四，投资者交易的股票量必须要大，只有交易量大，才能覆盖交易税费和佣金等费用。

下面来看一下包钢股份的案例，如图 6-2 所示。

图 6-2 为包钢股份 2024 年 7 月 29 日的股价走势情况。从图中可以看出，当日该股股价大部分时间都在 1.43 元到 1.44 元之间振荡。同时，相比于只有 1.43 元的股价来说，1 分钱的波动幅度也达到了 0.7%。因此，投资者通过 T+0 交易法，在 1.43 元的位置买入股票，并在 1.44 元的位置设置卖盘。手中的股票量要是很大的话，也可以同时设置买盘和卖盘，这样无论哪方成交，都算交易完成了一半。

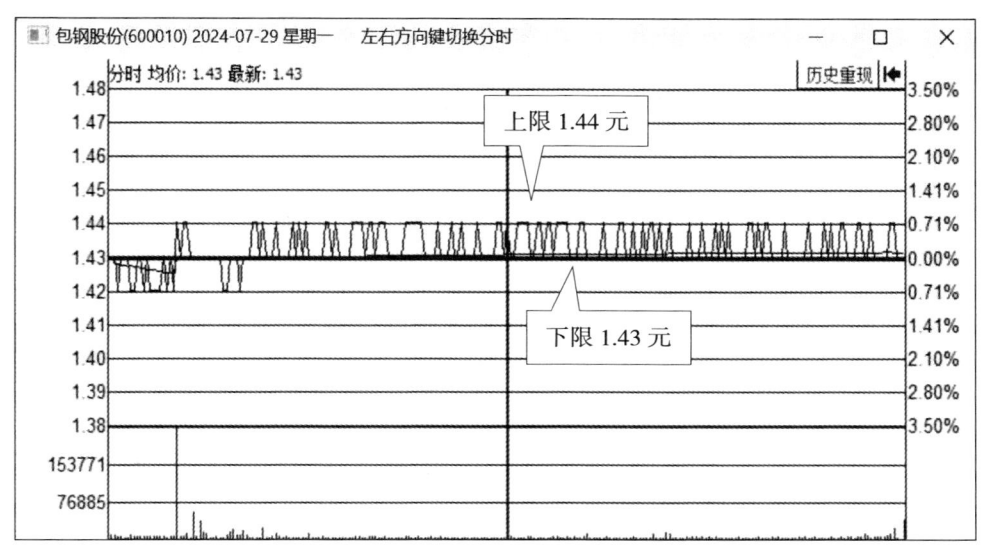

图 6-2　包钢股份（600010）分时走势图（2024.7.29）

第二节　波动区域交易战法

当股价在一定区域内振荡波动时，投资者就可以沿着振荡区域的上限与下限展开交易行动。比如，投资者可将股票的买点设在波动区域的下限位置，将股价的卖点设在波动区域的上限位置。

不同的投资者在波动区域的划定方面也会有所不同。一般来说，波动区域的划分，大致包括这样几类。

第一，以布林线指标喇叭口为振荡区域划分标准。由于布林线指标本身就带有一个较为宽阔的波动带，当股价触及布林线某条轨道线回落时，执行卖出操作；当股价处于布林线某条轨道线反弹时，执行买入操作。

第二，以平行通道作为波动区域划分依据。当股价触及通道上轨回落时，执行卖出操作；当股价触及通道下轨时，执行买入操作。

第三，以股价的某种整理形态作为振荡区域划分标准。比如矩形、三角形等都有上边线与下边线，而这两条线就可以作为交易的参照基准线。

第四，以画线工具为依托，绘制股价振荡区域，比如速阻线、江恩箱、黄金分割线、斐波那契线等。

一、布林线低吸高抛法

布林线指标的三条指标线，为股价波动划定了大致的范围。一般来说，布林线指标中轨线可以作为投资者入场的操作指导线，即当股价位于布林线中轨之上时，可进行持仓交易操作；而股价若在布林线上轨与中轨之间振荡，投资者即可执行低吸高抛操作。

具体操作要点如下。

第一，股价呈现振荡上行态势，布林线通道呈现向右上方倾斜态势。

第二，股价在振荡过程中自下而上完成对中轨线的突破，可执行买入操作。

第三，股价上升一段时间后，若触及上轨线或自上轨线返回，则可执行卖出操作。

下面来看一下中原高速的案例，如图6-3所示。

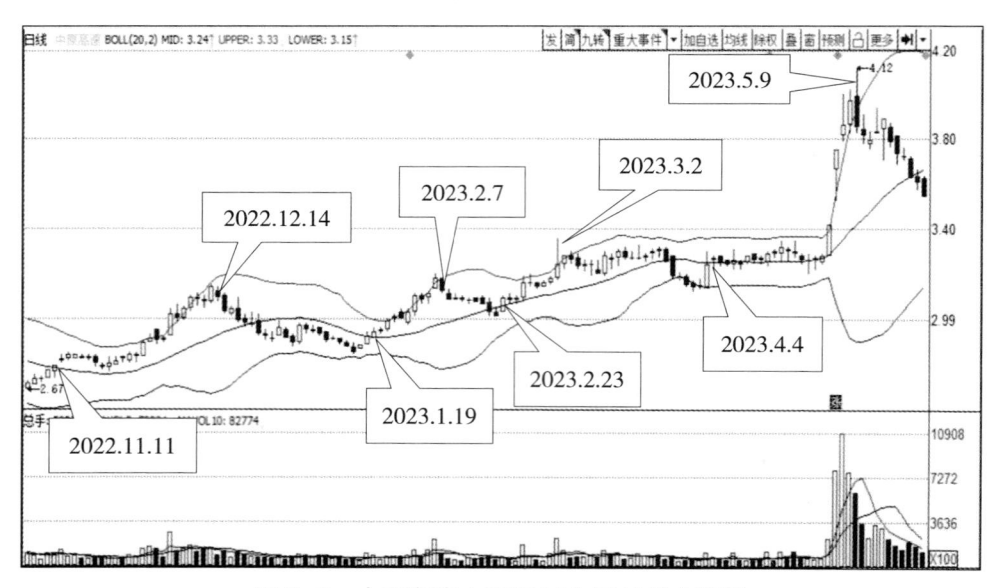

图6-3 中原高速（600020）日K线走势图

从图6-3中可以看出，中原高速的股价在2022年11月到2023年5月期间呈现振荡上升态势，股价在大部分时间里都运行在布林线中轨之上的区域。

投资者可利用布林线指标进行低吸高抛操作。2022年11月11日，股价向上突破中轨线时，执行买入操作；2022年12月14日，股价触及布林线上轨后回落，属于较佳的卖出机会。如此往复，在股价上升期间，投资者可执行多次低吸高抛的操作。

二、通道交易法

通道线，又称平行线或平行通道线，是在股票箱理论的基础上演变而来的。通道线以趋势线为核心，是由相互平行的阻力线和支撑线组成的一组直线。股价在运行过程中，下跌的低点总是在支撑线上，上涨的高点也总是在阻力线上。投资者可以将股票交易的买点设置在通道线的支撑线上，而将卖点设置在通道线的阻力线上。

通道交易法的具体操作要点如下。

第一，股价呈现振荡上行态势，且股价运行在向上倾斜的通道之内。

第二，股价在振荡过程中，会有触及通道上轨和下轨的动向。

第三，股价向上触及上轨后出现回落走势时，执行卖出操作；股价向上遇通道下轨支撑而重新反弹向上，且成交量开始放大时，执行买入操作。

第四，股价若向下有效跌破下轨线，则意味着通道线失灵，投资者不应该再继续执行通道交易法。当然，若股价偶尔跌破通道线后，又重新回到通道区域之内，仍可看成通道继续有效。

第五，只有股价运行在上升通道内，即整个通道线呈向右上方倾斜态势时，才可以入场交易。

下面来看一下赣粤高速的案例，如图6-4所示。赣粤高速的股价在2024年年初时段出现了振荡反攻走势。2024年2月19日，该股股价向上突破了上升通道线；2月23日，股价遇上升通道的上轨出现了回落走势。此后股价一直运行在上升通道内，直至7月18日，股价向下跌破了上升通道下轨。

当股价运行在上升通道内时，投资者就可以在股价遇下轨支撑时执行买入操作；在股价遇上轨回落时，执行卖出操作。如此往复，进行振荡交易。

该股股价运行在上升通道内期间，投资者至少可以进行三波振荡交易。

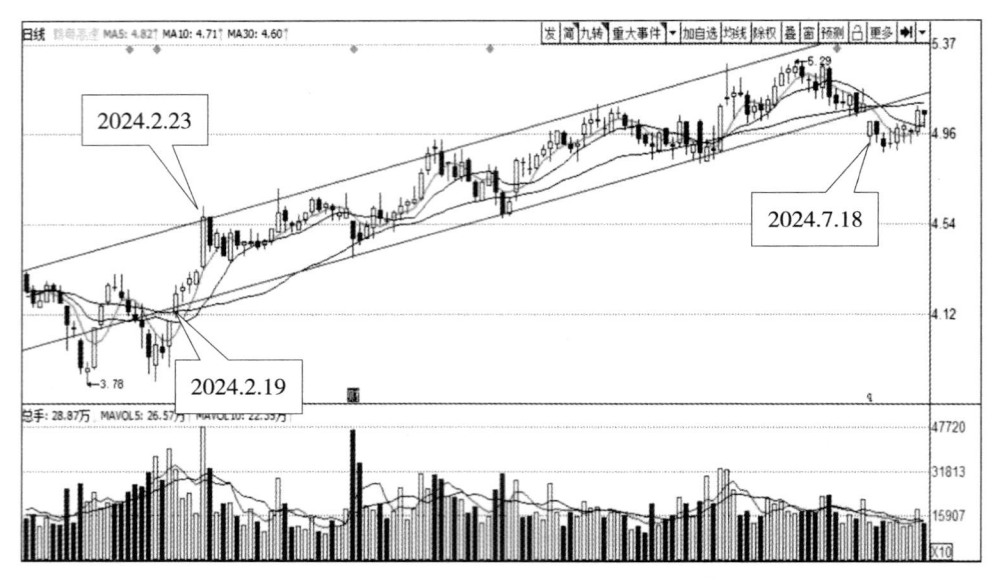

图 6-4　赣粤高速（600269）日 K 线走势图

三、速阻线振荡交易法

事实上，画线工具也可以提供很多振荡交易的思路。比如在众多画线工具中，速阻线就是其中比较有效的一种。

投资者可以利用炒股软件中的"速阻线"功能完成画线。选择"速阻线"工具后，首先用鼠标确定一个低点 A，然后再寻找一段涨幅的高点 B，这时系统就会自动生成上升速阻线。一组速阻线通常由三条线构成，分别为主线、1/3 线和 2/3 线。

利用速阻线判断股价的买点与卖点，实质上是对股价运行趋势以及阻力位、支撑位研判的细化。

其具体操作要点如下。

第一，股价必须处于上升趋势中，当股价回调至速阻线支撑线，且明显获得支撑后重新上行，则可看成较佳的买点。

第二，若股价上升过程中触及速阻线阻力线后出现回调走势，则可执行卖出操作。

第三，如果股价加速上涨，突破上升速阻线上轨线，则可考虑加仓买入。

第四，股价向下跌破上升速阻线区域，说明股价运行趋势有转向的可能，投资者宜清仓卖出股票。

下面来看一下重庆港的案例，如图6-5所示。

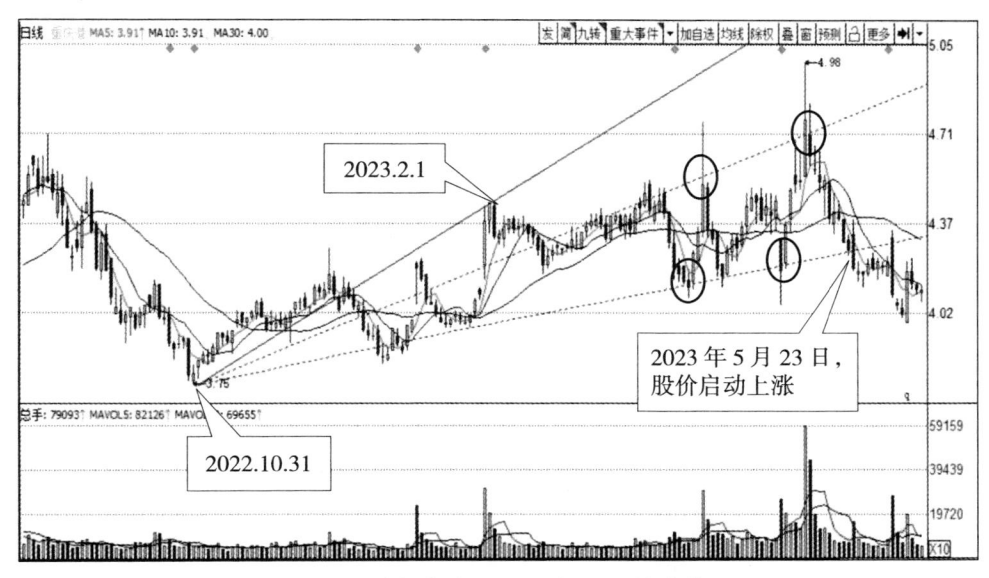

图6-5 重庆港（600279）日K线走势图

从图6-5中可以看出，2022年10月31日，处于下行趋势中的重庆港收出一根带影线的小阳线后，启动了一波上涨行情。

该股股价在振荡上涨过程中形成了若干个短期高点，投资者可以以2022年10月31日的股价收盘价为低点，以2023年2月1日股价的波段顶点为高点，画出一条上升速阻线。

此后，股价基本运行在速阻线范围之内，股价上涨到2/3速阻线时，因遇到速阻线的阻力而向下回落，股价下跌到1/3速阻线时，又因受到速阻线的支撑而上涨。

投资者可据此进行振荡交易操作，在股价触及2/3线回落时执行卖出操作，在股价触及1/3线反弹时执行买入操作。如此往复。

2023年5月23日，股价跌破1/3速阻线，预示股价将快速下跌，投资者宜清仓。

四、整理区间交易法

很多情况下，股价在选择突破方向前，总是会进行相当长时间的振荡。有些投资者为了让交易更加纯粹和有效率，选择性地放弃了这些振荡可能带来的机会。事实上，这些振荡也并不是毫无意义或者毫无交易价值的。只要股价振荡的幅度够大，投资者还是有很多交易机会的，而且这种交易的风险相对较小。

整理区间交易法的操作要点如下。

第一，股价振荡运行在一定的整理区间之内，比如矩形、三角形、楔形、旗形等。

第二，股价运行的整理区间的上边线与下边线的距离足够大，即股价振荡幅度较大，这就为交易提供了机会。

第三，通常来说，当股价触及整理区间的上边线，且股价开始回落时，就意味着股价的卖点已经出现；反之，当股价触及整理区间的下边线，且股价开始反弹时，就意味着股价的买点出现。根据股价振荡态势，投资者可循环进行振荡交易。

第四，股价向上突破振荡区域，投资者可继续耐心持股；股价向下跌破振荡区域后，投资者要坚决卖出。

下面来看一下恒顺醋业的案例，如图6-6所示。恒顺醋业的股价自2021年年中出现了大幅下跌走势。2021年9月1日，该股股价经历了长时间的下跌后，出现了企稳反弹迹象。此后的几个交易日里，股价持续反弹。9月7日，该股股价冲高回落。此后，股价大致运行在一个呈现扩散状三角形的区域内。该股股价每次运行至三角形下边线附近时，会因下边线的支撑而出现反弹走势；此后，当股价反弹至三角形上边线附近时，又会因上边线的阻力而出现回落态势。投资者可在股价触及下边线出现反弹时，执行买入操作；而在股价反弹至上边线且出现回落态势时，执行卖出操作。

2021年12月6日，该股股价再度触及下边线后出现反弹走势，投资者据此买入股票后，股价经过一小波反弹，并未上行至上边线附近（距离上边线还很远），就再度进入了下行通道。2022年1月13日，该股股价向下跌破了三角形的下边线，意味着股价已经脱离了振荡区域，投资者不宜再持有该股了，应坚决执行清仓操作。

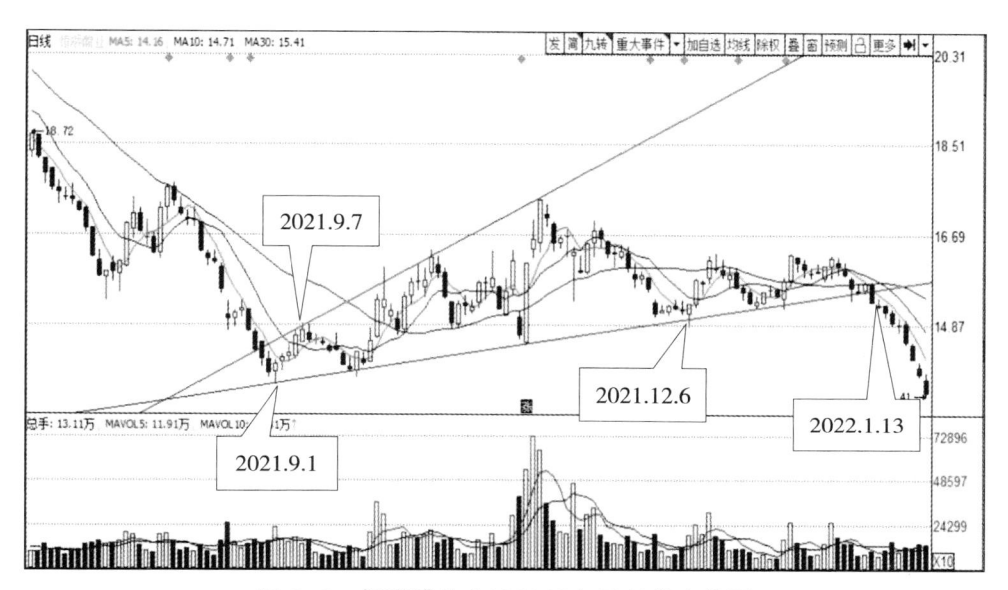

图 6-6　恒顺醋业（600305）日 K 线走势图

第七章
中长线交易模式

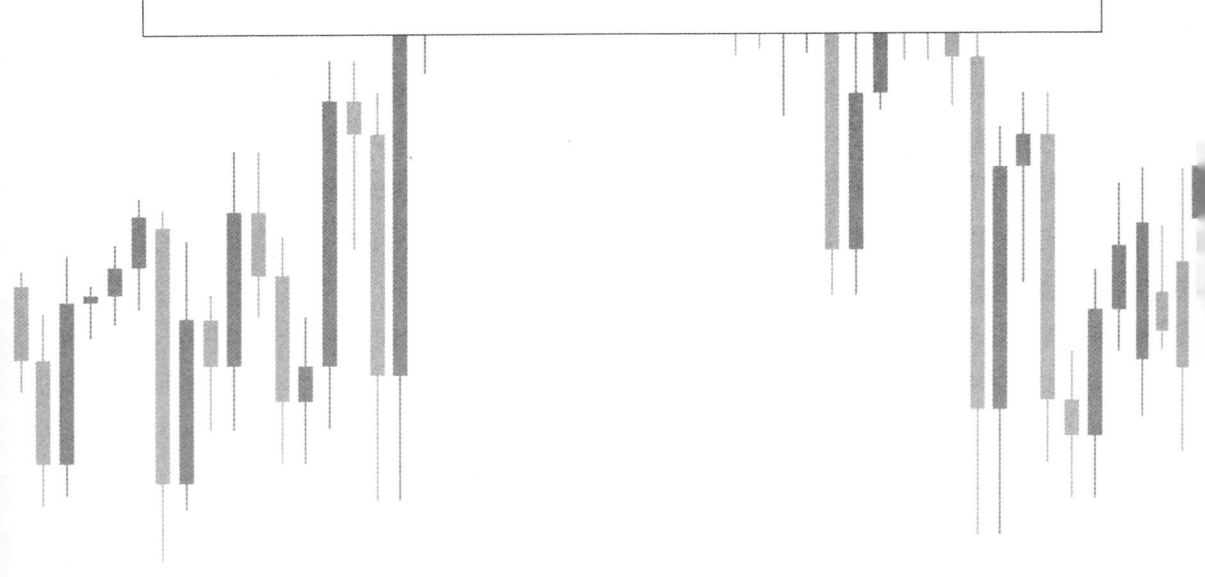

第七章 中长线交易模式

中长线交易模式立足于通过较长时间的持仓，屏蔽掉股价短期内的波动，以博取股价长线的价差。通常来说，中长线交易入场与离场时机的选定，更多的是依据股票投资价值或股票成长性的大小来决定的。而对于股票投资价值的判断，有很多不同的方法和工具。

第一节 中长线趋势交易战术

中长线趋势交易战术，主要是从股票技术分析角度来探寻股票投资价值的一种方法，即从技术走势上识别股价低估的股票或者已经进入上升趋势的股票，然后耐心持有该股，直至技术面发出卖出信号。

从趋势交易角度来看，中长线交易战术包括很多类型，比较典型的如趋势交易法、左侧交易与右侧交易、中长期均线交易法等。

一、趋势交易法

趋势交易是目前主流的投资交易理论。该理论强调，投资者买入或卖出股票应该首先考虑股价当前所处的趋势，即上升趋势、下降趋势或横向趋势。按照查尔斯·道（Charles Dow）的理论，所谓的上升趋势，并不是说股价会一直上涨而没有下跌，而是其下跌的低点和上涨的高点逐渐抬升，从整体上呈现出明显的上升态势。因此，按照上升趋势的定义，可将上升趋势简化为如下一个简单的模式，如图 7-1 所示。

从图 7-1 中可以看出，一个完整的上升趋势中，包含了若干次的上升与回调，且每次上升都会将股价推向更高的高点，而股价在回调时，一般不会跌破上一次回调的低点。

下降趋势则正好与上升趋势相反。

总之，投资者买入股票前，需要先判断大盘和个股的运行趋势，只有大盘和个股处于上升趋势时，才是入场交易的时机。趋势交易理论由道氏理论演化、发展而来，而道氏理论将股票市场的价格波动划分为三类运动模式，即主要运动、次级运动与日间波动。

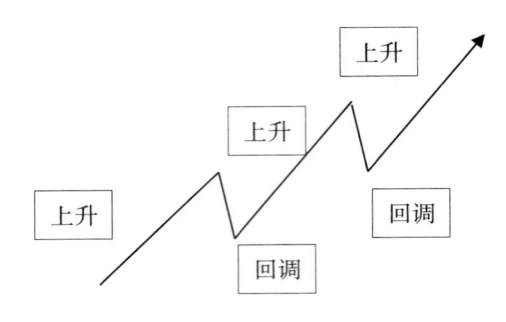

图 7-1　上升趋势简化模式

1. 主要运动

股市的主要运动决定了市场上大多数股票价格的运动方向，而股市的主要运动又不可避免地与经济基本面相关联。当国民经济向好时，股市往往处于牛市期间；反之，则可能身处熊市期间。在牛市行情中，大部分股票都会有上佳的表现；反之，在熊市中，大部分股票都会出现下跌走势。换句话说，了解和掌握股市主要运动的方向和阶段，是投资者入场交易前的必修课。

通常所说的市场属于牛市（上升趋势）或熊市（下降趋势），都属于股市主要运动的范畴。

2. 次级运动

从某种意义上来说，次级运动就是主要运动的一次反向运动。次级运动有这样几个特点。

第一，它与主要运动的方向相反，即牛市期间的次级运动都是下跌运动；熊市期间的次级运动都是上升运动。关于这一点威廉·汉密尔顿（William Hamilton）曾经在文章中写道："20多年讨论这个话题所得到的经验告诉我们，市场中的次级运动本身，并不与牛市的主要运动规律相一致。牛市中的次级运动仅与熊市在方向上相同，而本质上却大相径庭。"

第二，回调或反弹的幅度要小于主要运动运行的幅度。若其超出主要运动的幅度，那将不再是次级运动，而是主要运动了。

第三，持续时间相对较短。通常为三周到数月不等。

第四，次级运动不可能改变主要运动的方向。

通常情况下，在一个主要运动中，不可避免地会出现若干次次级运动，这些次级运动本身也是主要运动的组成部分。

3. 日间波动

股价不可避免地会被人为操纵，但其只能控制日间波动，很少能控制主要运动，从这点上来说，人为操纵对股市的影响非常有限。道氏理论强调，仅根据股票价格一天的走势去判断股价运行趋势是不现实的，但是，即使再大的行情或运动也是由日复一日的日间波动组合而成的。

研究日间波动的本意就是要找到人为操纵的痕迹，然后试图从中获利。日间波动以及由日间波动衍生而出的小型趋势，尽管不能改变股市的整体运动趋势，却可以改变个股短期的运行态势。

趋势交易理论关注的基本点包括以下几个方面。

第一，大盘所处的趋势。大盘的运行趋势是个股交易获利的保证。只有当大盘处于上升趋势（牛市），至少应该是横盘趋势，才是操作个股的机会。当大盘处于下跌趋势时，投资者应该谨慎入场。

第二，个股所处的趋势。在大盘满足操作个股要求的前提下，投资者所选的个股也需要处于上升趋势，也就是通常所说的追涨杀跌。当然，这并不是说只要个股处于上升趋势就可以执行买入操作，而要考虑个股当期处于上升趋势的哪一个阶段，只有处于上升趋势初期的个股，才是良好的交易标的；反之，若个股已经处于上升趋势的尾声，投资者入场则有被套的风险。

第三，抛弃不具有内在价值的垃圾股。尽管趋势交易对个股质地要求不高，但投资者也要尽量回避那些基本面极差或者存在退市隐患的个股。

其实，无论何种投资理念，保护好资金，确保资金安全永远是第一位的。宁可错过，也不要做错。股市中的机会天天都有，但投资者手中的资金不见得天天都有。

下面来看一下迈得医疗的案例，如图 7-2 所示。迈得医疗的股价自 2023 年上半年开始随着大盘的走高而大幅上攻。该股股价自 2022 年 10 月 12 日的低点 8.57 元开始走高。

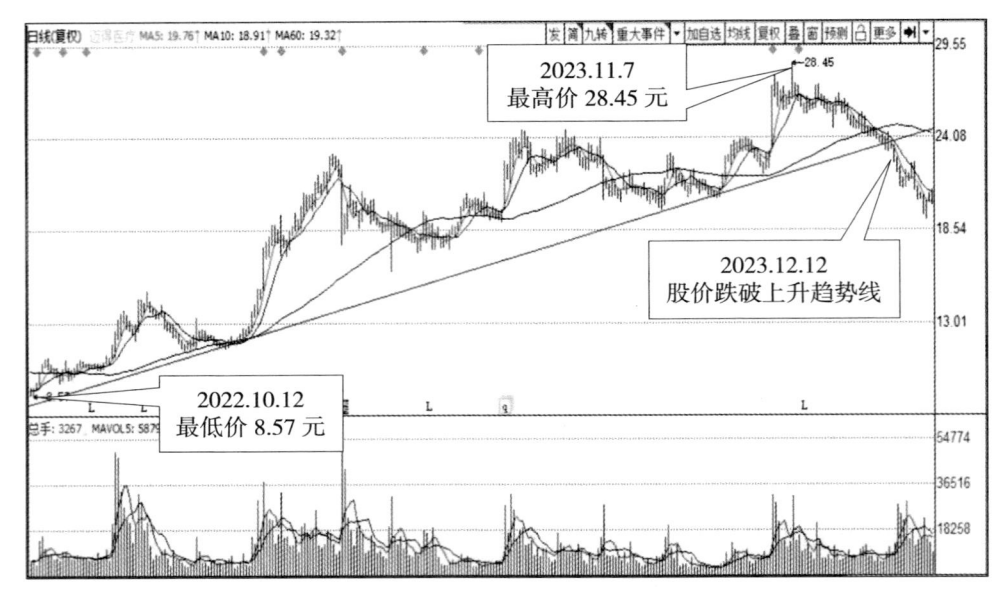

图 7-2　迈得医疗（688310）日收盘价线走势图

此后，该股股价振荡上升，回调的低点一个比一个高，说明股价已经进入上升趋势。投资者也可以通过回调的低点绘制一根上升趋势线。

2023 年 11 月 7 日，该股股价到了 28.45 元的高位（复权价）后，出现振荡下跌走势。2023 年 12 月 12 日，股价收盘价线跌破了上升趋势线，说明该股已进入空头格局。从趋势交易的角度考虑，该股未来下跌的概率远远大于上涨的概率，投资者宜执行卖出操作。

二、左侧交易与右侧交易

左侧交易与右侧交易是股市中常见的两种交易模式。左侧交易是指在一个操作周期内，在股价下跌至波谷前买入股票，并在股价上涨至高峰前卖出的一种交易模式；右侧交易是指在一个操作周期内，在股价走出波谷后买入股票，并在股价顶部形成后卖出股票的一种交易模式，如图 7-3 所示。

左侧交易模式强调对股价预判的及时性，即尽量做到在最低点前买入，在最高点前卖出；右侧交易模式则强调对股价真实运行趋势的确认，即当股价趋势走出低谷时买入，在股价顶部已经形成时卖出。

从本质上来说，两种交易模式并没有高低上下之分，投资者可以根据个人的投资偏好、性格做出适宜的选择。在实战过程中，无论是左侧交易系统

第七章 中长线交易模式

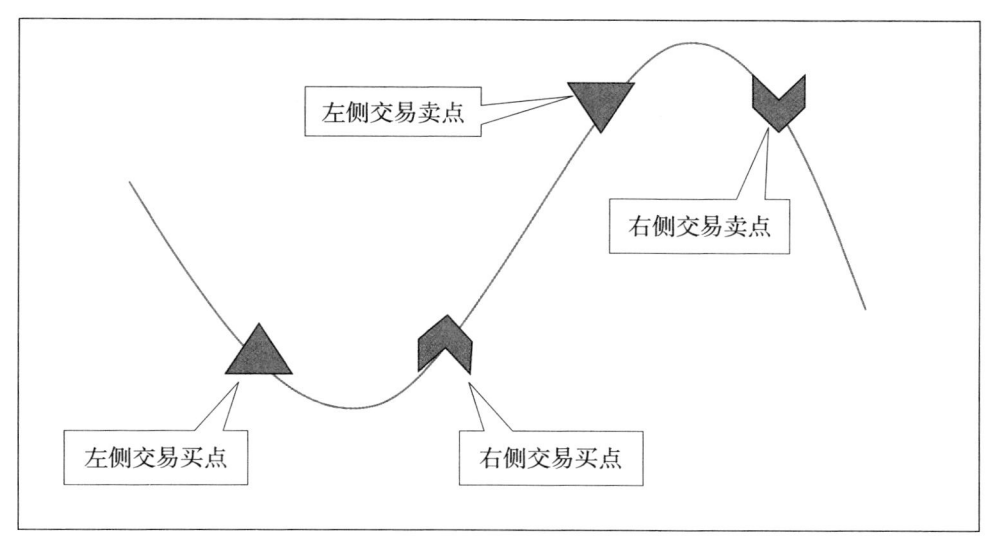

图 7-3 左侧交易与右侧交易

还是右侧交易系统，都会选定某一技术指标作为辅助交易工具，其中又以均线指标、MACD 指标、布林线指标为多，本节以均线指标为例进行介绍。

1. 左侧交易系统

基于均线指标的左侧交易系统，是指以均线指标为基础，设置买入卖出触发点位的一套交易系统。该系统主要由以下几部分构成。

（1）买入条件及仓位控制。

①股价处于下跌途中，且出现企稳迹象。短期均线经过一段时间向下运行后出现拐头迹象，且股价向上穿越了短期均线，说明空方力量减弱，股价即将结束下跌。此时左侧交易的投资者可考虑入场交易。

②鉴于左侧交易的高风险性，一般入场仓位应控制在 30% 以下（计划总买入量的 30%）。

（2）加仓条件及仓位控制。

①加仓条件。

投资者建仓后，若股价启动上涨，短线均线向上穿越中期均线形成低位黄金交叉，可考虑第一次加仓买入；短期均线、中期均线双双穿越长期均线，可考虑第二次加仓买入。

②加仓仓位。

第一次加仓仓位控制在 30% 以下（计划投入资金量的 30%）。

第二次加仓仓位控制在 30% 以下（计划投入资金量的 30%）。

剩余资金留作备用，除遇特别好的机会，否则不再加仓。

（3）卖出条件。

①股价经过一段时间的上涨后，跌破短期均线且短期均线出现拐头向下迹象，说明多方力量减弱，股价即将结束上涨。此时左侧交易的投资者可卖出持有股票的 50%。

②短线均线向下穿越中期均线形成高位死叉，可清空所持有的股票。

（4）止损条件。

短线均线拐头向上后，股价不涨反跌，同时短线均线重新拐头向下时，说明判断错误，投资者宜卖出止损。

下面来看一下大业股份的案例，如图 7-4 所示。

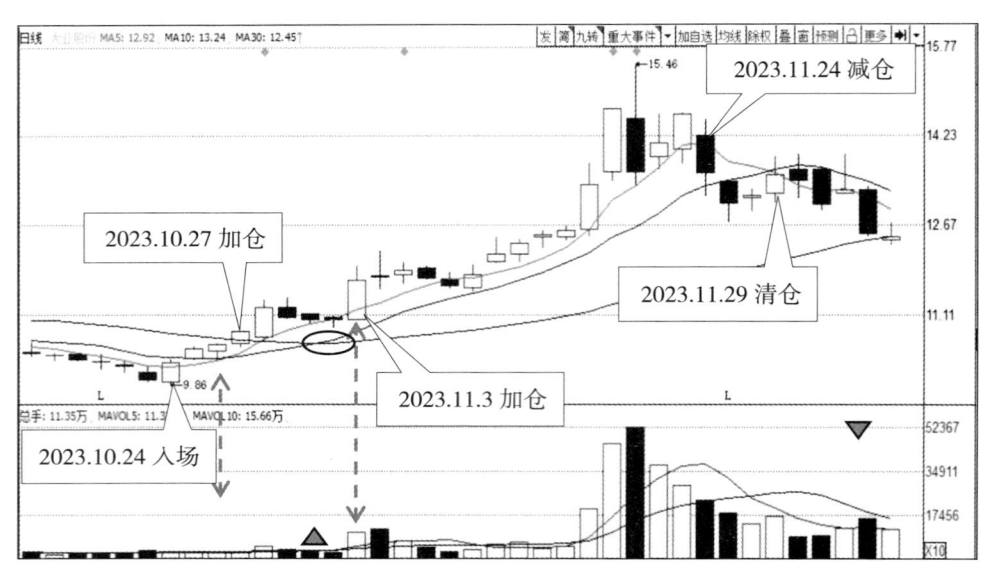

图 7-4　大业股份（603278）日 K 线走势图

从图 7-4 中可以看出，大业股份的股价在 2023 年 10 月经历了一波振荡下跌行情。该股股价在不断下跌过程中，均线指标在跌至谷底后不再下跌，股价开始横向盘整，说明空方力量有所不足。10 月 24 日，股价向上突破 5 日均线，且 5 日均线拐头向上，擅长左侧交易的投资者可考虑建仓该股。

随后该股继续上涨。2023年10月27日，5日均线向上突破10日均线，形成低位黄金交叉，且股价K线完成了对30日均线的突破，投资者可考虑第一次加仓买入；11月3日，5日均线、10日均线向上突破了30日均线，投资者可考虑第二次加仓买入。

11月24日，该股股价在上涨途中出现回调，股价跌破5日均线，且5日均线出现拐头向下迹象，投资者可减仓50%。

11月29日，该股股价继续下跌，5日均线向下跌破10日均线，形成高位死叉，且股价跌破10日均线后连续3个交易日没能回到10日均线上方，投资者可考虑清仓操作。

2. 右侧交易系统

基于均线指标的右侧交易系统，主要由以下几部分构成。

（1）买入条件及仓位控制。

①股价处于上涨途中。股价上涨带动短期均线与中期均线形成黄金交叉形态，且交叉点位于长期均线之上。

②右侧交易入场仓位可以根据市场情况适当调整，一般应控制在40%以下（计划投入资金量的40%）。

（2）加仓条件及仓位控制。

①加仓条件。

投资者建仓后，若股价持续上涨，短期均线出现回调遇中期均线支撑而再度上涨，可考虑加仓买入。

若股价跌破中短期均线，并在长期均线处获得支撑，也可考虑加仓买入。

②加仓仓位。

第一次加仓仓位控制在40%以下（计划投入资金量的40%）。

第二次加仓仓位控制在20%以下（计划投入资金量的20%）。

（3）卖出条件。

①股价滞涨，短线均线自上而下与中期均线形成高位死叉，可卖出大部分持仓股票（具体比例应根据股价上涨幅度决定，上涨幅度越大，卖出比例越大）。

②中短期均线跌破长期均线，则清空该股。

（4）止损条件。

股价自上而下跌破长期均线，则坚决止损。

下面来看一下益丰药房的案例，如图 7-5 所示。

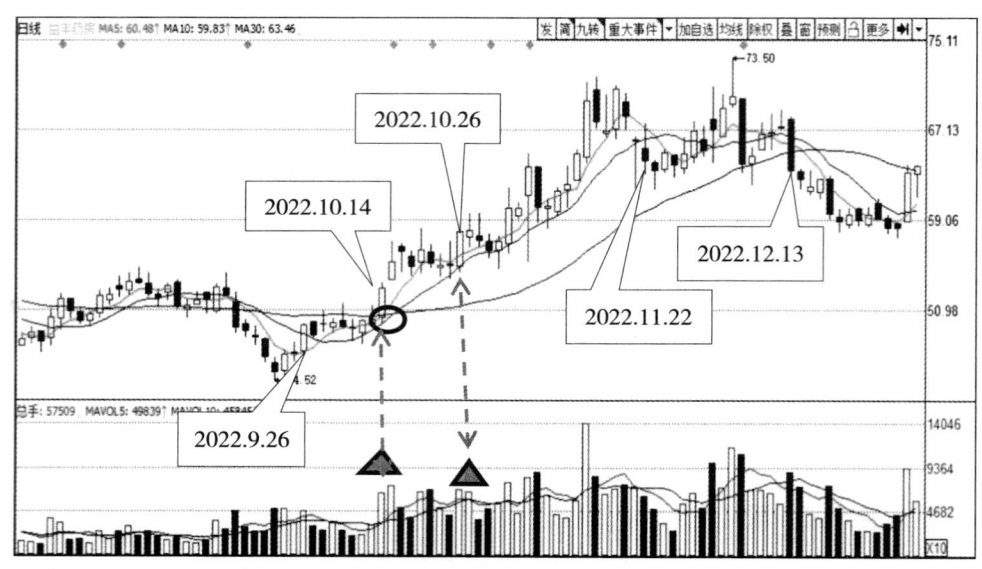

图 7-5　益丰药房（603939）日 K 线走势图

从图 7-5 中可以看出，益丰药房的股价在 2022 年 9 月下旬到 10 月初期间经历了一波振荡筑底行情。其中在 2022 年 9 月 26 日，该股股价突破短期均线，此后的一个交易日，股价继续上攻，且 5 日均线与 10 日均线形成黄金交叉，不过此交叉点位于 30 日均线下方，并不符合预先设定的建仓条件。其后，该股股价开始横向盘整。

2022 年 10 月 14 日，该股股价重新上攻，且 5 日均线与 10 日均线之间的距离开始扩大，两条均线同步向上穿越了 30 日均线，30 日均线由放平状态转为向右上方倾斜。此时符合买入条件，投资者可在此建仓。

2022 年 10 月 26 日，该股股价和 5 日均线回调至 10 日均线附近因受 10 日均线支撑再度上攻，投资者可于此时加仓买入。

此后，该股股价一路上攻。

2022 年 11 月 15 日，益丰药房的股价触顶回调；11 月 22 日，5 日均线向下跌破了 10 日均线形成高位死叉，鉴于死叉点位于 30 日均线上方，投资者可考虑减仓操作。

其后，该股股价振荡上扬，但各条均线出现放平迹象，说明该股上攻乏力。12月13日，股价跌破了30日均线，说明该股走势已坏，宜清仓卖出。

三、中长期均线交易法

在中长线交易体系中，均线具有不可替代的作用。很多投资者都将中长期均线作为最重要的交易指导线。相对而言，60日均线因其稳定性更佳，且周期不算太长，成为很多中长线交易者的最爱。

60日均线是最近60日收盘平均价的连线，反映了最近三个月的平均成本，对股价或指数的后期走势，尤其是中长期走势具有重要意义。相对于其他周期均线而言，60日均线能更清晰地显示出行情大的变化趋势，既不过于敏感，也不过于滞后，因而又称为趋势线。

60日均线为中线行情的分析和判断提供了比较准确的依据，所以在实际运用时比较容易受到投资者的青睐。庄家的平均持股成本一般用60日均线来表示，其总是在60日均线以下建仓，在60日均线以上出货。通常情况下，股价或指数如能向下有效跌破60日均线，会动摇多头市场，后市看跌；股价或指数如能向上有效突破60日均线，会扭转空头市场，后市看涨。

60日均线是中线牛熊的分界线。如果股价在60日均线上方不断攀升，且均线方向向上，则这只股票正处于牛市行情中，投资者可追涨买入或持股待涨。如果股价在60日均线下方不断下跌，且均线方向向下，则这只股票正处于熊市行情中，投资者应该果断止损或持币观望。

60日均线交易法的操作要点如下。

第一，对于中长线投资者来说，60日均线就是其入场操盘的重要参照基准线。当股价运行于60日均线上方，且60日均线呈向右上方倾斜态势时，投资者可以考虑入场买入股票。

第二，60日均线符合买入条件后，投资者还需结合股价K线与中短期均线的位置关系，确定最佳的买入点位。比如，当股价向上突破5日均线，或5日均线向上突破10日均线，或5日均线向10日均线靠拢后重新打开上涨空间等。

下面来看一下皇氏集团的案例，如图 7-6 所示。

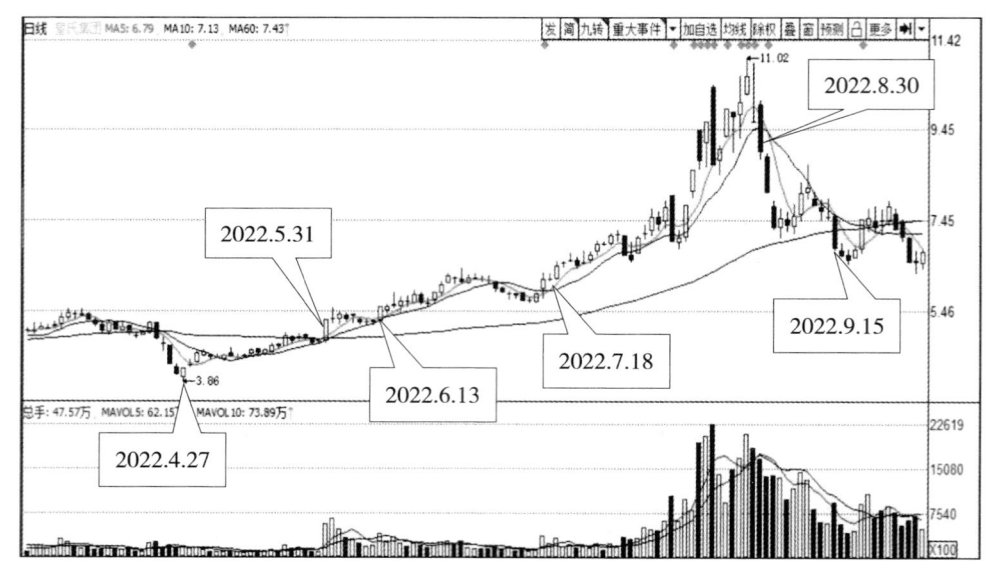

图 7-6　皇氏集团（002329）日 K 线走势图

从图 7-6 中可以看出，皇氏集团的股价进入 2022 年后一直呈现横向盘整状态。该股股价在多数时间里一直运行在 60 日均线下方，此时并不适合入场交易。

2022 年 4 月 27 日，该股股价触底后开始反弹，并带动 5 日均线向上突破 10 日均线，形成黄金交叉形态。不过，此时该股股价仍处于 60 日均线下方，仍不适合进行中长线交易。

2022 年 5 月 31 日，该股股价向上突破 60 日均线，与此同时，5 日均线和 10 日均线同步向上突破了 60 日均线，说明该股股价中期运行趋势已经发生了改变，此后股价将步入上升通道。投资者可考虑此时入场建仓买入股票。

6 月 13 日，该股股价经过一波回调后出现拉升态势，5 日均线在向 10 日均线靠拢后再度上扬，这是该股一个较佳的加仓点。

7 月 18 日，该股股价经过一波回调后再度上升，5 日均线重新向上突破 10 日均线，投资者此时可考虑再度加仓。

此后，该股股价进入加速上升通道。股价 K 线在 60 日均线上方，且距离 60 日均线越来越远。

8月30日，该股股价向下跌破10日均线，且5日均线同步向下跌破10日均线，此时投资者应考虑股价上升趋势有终结的可能，宜卖出手中大部分仓位。由于该股股价仍运行于60日均线上方，投资者可保持少量仓位。

此后，该股股价振荡下跌。9月15日，该股股价向下跌破60日均线，预示着股价很可能转入下行通道，投资者宜执行清仓操作。

第二节 绩优股价值投资法

价值投资，从字面意义上来看，就是一种投资活动，它与趋势交易不同，是一种基于股票价值的投资活动。这里的价值，并不只是股票本身的内在价值，而是股票的投资价值。股票的内在价值，反映了股票本身所含有的资产价值，最直接的一个财务指标就是每股净资产，而股票投资价值的计量却复杂得多。股票的投资价值涵盖了股票的内在价值以及未来的发展潜力、市场供需等因素。

价值投资建立在以股票内在价值为基础的投资交易体系上。该理论认为，股价的波动都是围绕股票的内在价值展开的，随着外围环境的变化，股价有时会高于内在价值，有时会低于内在价值，但从整体上来看，股价终归是要回归于内在价值的。在价值投资理论体系内，投资者需要将自己真正看成企业的投资者（所有者），并且有长期持有该股的打算，一般需要持股在5年以上。

价值投资理论关注的基本点包括以下几个方面。

第一，股票的内在价值。这是投资者进行投资活动的基本出发点。当然，这里所说的内在价值不仅仅指股票的净资产等财务方面的价值，还包括企业的商誉、企业的竞争优势等能够帮助企业获得额外利益的因素。

第二，股票的投资价值。投资者需要将当前股价与股票的内在价值进行对比。内在价值高的股票并不见得具有投资价值，因为股价可能已经被炒上天了。只有当股价低于股票的内在价值时，才具有投资价值。

总之，能够应用价值投资法进行交易的股票，往往都会具有如下两个特点。

第一，股票质地优良。最终能够成为价值投资标的的股票都应该属于长期的超级绩优股。竞争优势越大的股票，越有可能成为价值投资的候选标的。

第二，股票价格尽管也会随大盘或市场的波动而波动，但整体上保持上升态势。

一、价值投资的原则

价值投资理论自本杰明·格雷厄姆（Benjamin Graham）首创后，经历了菲利普·费雪（Philip Fisher）、沃伦·巴菲特（Warren Buffett）等人的发展后，形成了相对完整的股票价值评估与投资体系。价值投资体系中包括四项基本原则，如图7-7所示。

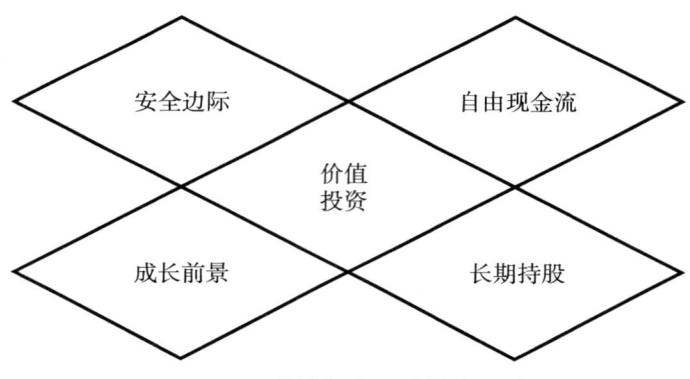

图7-7 价值投资四项基本原则

1. 安全边际

安全边际是格雷厄姆创立价值投资理论伊始便坚持的基本原则。安全边际原则也是价值投资理论中最重要、最核心的原则。随着时代的变迁和投资理念的发展，对安全边际的理解也有所发展。

在格雷厄姆时代，安全边际有着最直接的体现。格雷厄姆喜欢用最简单、最直接的方法评估拟购入资产的价值，一般由净流动资产的价值作为切入点。假如一家企业的净流动资产为3000万元，那么，格雷厄姆总是希望以低于2000万元的价格买入，这样从净流动资产方面来看，就有了1000万元的安全边际，而固定资产就等同于白送给自己的了。当然，企业的盈利能力以及未来的成长性，在格雷厄姆看来都是额外的附加价值。也就是说，在大部分情况下，用资产净价值三分之二的价格完成收购，并获得三分之一以上的安全边际，是格雷厄姆最喜欢做的事情。

随着时代的发展，特别是巴菲特在收购伯克希尔公司受挫后，很多坚持价值投资的投资者开始修正了安全边际的评估对象，即从以前的净流动资产转为自由现金流的贴现价值。也就是说，假如一家企业在未来持续为自己创造的自由现金流的净值为1000万元，那么，此时以800万元买入，则相当于获得了20%的安全边际。

2. 自由现金流

充裕的自由现金流是一家企业最重要的资产，也是股票估值最重要的参考指标。无论企业的竞争优势多强，若不能将其转化为强劲的现金流，都是空谈。

长期以来，到底该如何评价企业的内在价值，一直困扰着价值投资者。按照格雷厄姆的评估净流动资产法，只有在股市暴跌时才能找到合适的标的，因而，越来越多的投资研究者开始寻求更为科学、合理的内在价值评估方法。拉里·威廉斯（Larry Williams）所设计的自由现金流贴现模型提供了一个不错的思路，即通过将未来数年内企业获得的可自由支配的现金流贴现到当下，计算当前企业的现金净值。基于当前的现金净值，投资者可以很容易地计算企业当前的内在价值。

当然，自由现金流贴现模型也是一个相对比较理想化的模型。尽管借助该方法能够准确地计算出股票的内在价值，但自由现金流的计算很难准确。也就是说，投资者只能靠预测的未来现金流来计算贴现价值，这在一定程度上影响了股票估值的准确性。

3. 成长前景

股票的成长性是费雪理论的核心。在格雷厄姆首创的价值投资理论体系中，并没有涉及严格的股票成长性分析，即使是企业当前的盈利能力，关注也并不多。格雷厄姆将购入企业表现出的较强的盈利能力看成一种额外的奖励。不过，在费雪提出著名的挖掘成长股十五条方法后，巴菲特也将企业的成长前景看成价值投资分析体系中重要的一环。特别是经历了伯克希尔纺织厂投资的失败，更是让巴菲特感觉到企业成长的重要性。同样是拥有1000万元资产的企业，每年能带来10万元利润的企业和每年能带来200万元利润的企业之间的价值，肯定会存在较大的差别。

当然，一家企业的成长性与行业、大环境有关，也与企业自身的核心竞争力有关，还与其自身的财务业务能力、内部管理水平有关。

4. 长期持股

在价值投资体系中，长期持股是一个相对基本的要求，却也不是亘古不变的原则。格雷厄姆创立价值投资时认为，买入一家企业的股票后，若股价已经上涨了50%以上，那么投资者就应该考虑卖出了。而在费雪的成长股理论体系中，只要一家企业的成长逻辑没有改变，投资者就不应该轻易卖出手中的股票。

结合我国A股市场的实际情况来看，投资者在长期持股的原则方面需要更加灵活地使用，毕竟长期持股只在少数几只股票身上发挥了较大的作用，比如贵州茅台、格力电器等，下面来看一看上证指数的走势就清楚了，如图7-8所示。

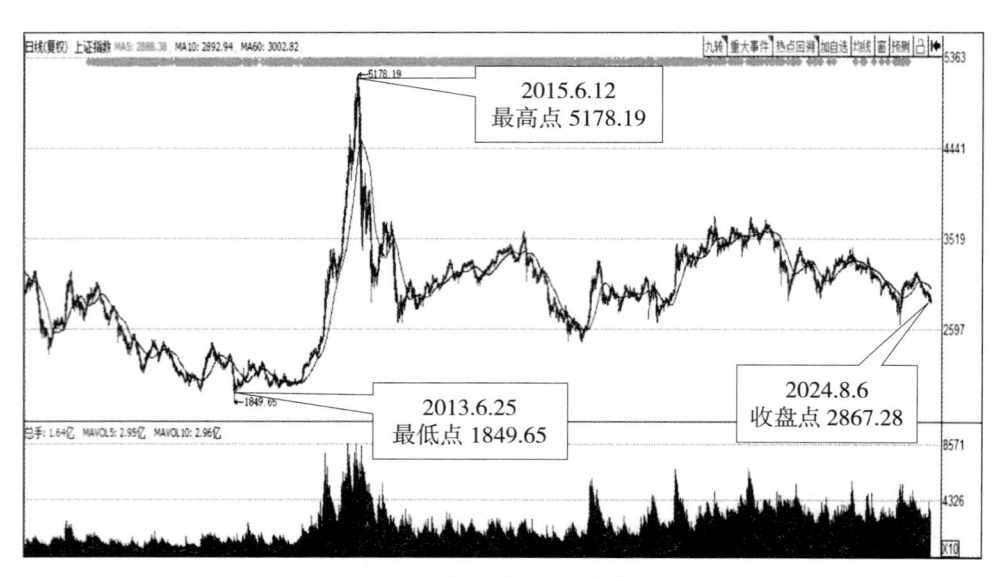

图7-8　上证指数日K线走势图

从图 7-8 中可以看出，上证指数在过去十五年的时间里经历了两拨明显的高潮与低谷，而整个点数的涨幅并不大。也就是说，很多企业股票的股价经过了十五年时间的起落之后，上涨幅度十分有限。也就是说，只有个别几只长线绩优股能够穿越牛熊，更多的股票会随着大盘的涨跌而起起伏伏。

总之，在 A 股市场上，坚持价值投资的投资者既要有长线持股的心态，也要能够在股市短线暴涨时适时地选择减仓或暂时空仓。毕竟一只股票的股价在短线暴涨之后，其所具有的成长性已经被严重透支，这时候投资者短暂出局也是一个选择。当然，若整个股市大盘的点数较低，比如在 3000 点以下，则投资者可安心长期持股。

二、价值投资的基本分析框架

从短期来看，股票价格的波动与资金的推动有关，这充满了随机与偶然，而背后又与社会上投资者的心理有着重要的关系；从长期来看，股票价格的波动则与股票本身所创造的价值有直接的关系，即只有那些真正能够持续为投资者赚取盈利的企业，其股票价格才会具有持续上涨的动力。从这点来看，守住价值投资的底线，挖掘股票本身的价值，确实是长线投资的有效策略。

价值投资分析和研判的方法与对象也不是一成不变的，随着时代的变化，这一投资策略的分析内容也会随之调整。比如，经历了股市大动荡，甚至大萧条的格雷厄姆，更倾向于用较少的钱购买较多的资产（这部分资产并不一定能够良性运营）；而费雪则更倾向于选择那些在未来成长性较佳的标的（可能会支付高于资产价值的成本）；巴菲特则是兼收了两者的优势，并有所发展。

价值投资的基本分析框架如图 7-9 所示。

从某种意义上来说，价值投资的基本分析框架与价值投资的起源以及价值投资的基本原则密切相关。

1. 内在价值

内在价值与安全边际密切相关。只有确认了一只股票的内在价值，而后才能去寻找交易的安全边际。也就是说，要买入一件商品，若想以非常便宜的价格买入，首先就得知道这件商品到底值多少钱。若这件商品的成本在 10 元左右，那么，花 5 元或 6 元买入都是比较便宜的，因为这时就获得了 4 元

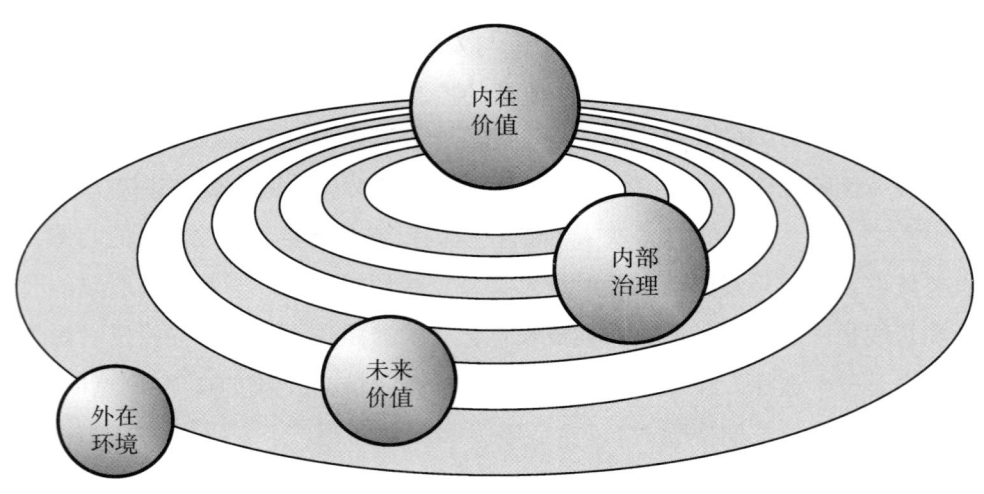

图 7-9　价值投资的基本分析框架

到 5 元的安全边际。反之，若不知道这件商品值多少钱，那么投资者的安全边际也就无从获得。人们当然不能根据卖家给出的价格来确定自己的安全边际，因为谁也不知道卖家的报价中有多少水分。在股市中也是如此，股价的涨跌会受到多方面影响，因而单从股价上很难看出一只股票的内在价值。

格雷厄姆在创立价值投资理论时，就建立了一套分析股票内在价值的方法，包括对企业自身资产、分红或股息、盈利、资产结构等方面进行分析，以确认股票的内在价值。

时至今日，经过拉里·威廉斯、费雪、巴菲特等人的发展，内在价值的计量方法有所改进，但最根本的思想基础没有改变，即准确地计量股票内在的真实价值。

2. 内部治理

在费雪关于成长股的论述和巴菲特所写的年报中，都反复提及了对企业内部治理的关注。一家企业的资产质量再好，若没有稳定的股权结构、优秀而稳定的管理团队，企业的运营业绩也不会有多优秀。巴菲特在解释自己所投资的企业时承认，很多次都是源于对高级管理人员的信任。也就是说，他相信优秀的管理者肯定善于驾驭企业的资产并将其发挥最大的价值。因此，巴菲特在挑选股票时，总是会将一流的管理团队列为主要的评估指标。

由于 A 股市场的发展还不成熟，很多企业的股权结构并不稳定，这在一定程度上也可能影响企业未来的经营与发展，因而，投资者也需要有所关注。比较有代表性的案例包括格力电器的控制权更迭、万科A控股权的争夺战等。

3. 未来价值

未来价值是指企业未来能够获得的有价值的资产。通常情况下，需要重点分析那些能够确保企业在未来获得稳定且高速发展的因素，比如，核心竞争优势，巴菲特用护城河来形容一家企业的核心竞争优势。当然，核心竞争优势只是未来价值的一部分，其他部分还包括企业的品牌或声誉资产、可持续的成长性。在费雪的成长股理论体系中，若一家企业的净利润能够持续保持较快的增长速度，那么市场就会接受较高的市盈率。

4. 外在环境

在价值投资理论体系中，并不提倡投资者进行波段或短线交易，但企业所属行业的发展态势以及极端的股市行情，还是需要投资者考虑的。

站在发展的角度来看，似乎没有什么行业会保持长盛不衰。仅从当前情况来看，众多行业也被区分为朝阳产业和夕阳产业。若投资的标的企业所属行业为夕阳产业，那么，无论安全边际有多高，管理层有多优秀，可能最终都是很难获得预期回报的。

人们常说，股市是经济的晴雨表，然而，股市的走势也不会与经济完全一致，特别是在牛市的顶峰和熊市的低谷期更是如此。一波牛市展开时，股票价格会大幅上涨并严重偏离其内在价值；反之，在熊市低谷期，股票价格也会因大幅下跌而严重偏离其内在价值。其实，这一时段往往就是投资者进行调仓的最佳时机。

巴菲特曾经这样说过：在别人贪婪时我恐惧，在别人恐惧时我贪婪。这种心态与价值投资理念完全一致。牛市时，市场上的投资者都非常贪婪，想要获得更高的收益，因而股价被大幅推升，此时已经非常不适合继续进行价值投资了，因而暂时离场也是不错的选择；熊市时，市场上的投资者都如惊弓之鸟，稍有风吹草动就会出逃，致使股价大幅低于其内在价值，此时往往是进行价值投资的最佳入场时机。

三、价值投资的基本程序

基于前面对内在价值、价格和投资价值的介绍，大致可以梳理出价值投资的基本决策程序，如图 7-10 所示。

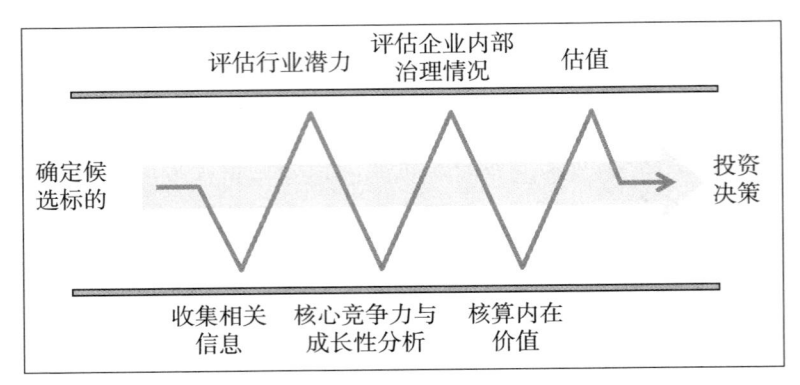

图 7-10 价值投资的基本程序

1. 确定候选标的

目前 A 股市场上有几千只股票，而大多数股票其实并不具备进行价值投资的条件，真正能持续为投资者带来盈利的股票寥寥无几。同时，很多绩优股因为属于市场上的稀缺品种，被基金长期驻守，使得其价格已经远远高于内在价值了。因此，投资者要寻找的适合价值投资的标的，往往属于那些股价并未出现大幅拉升或刚刚经历了一些变故使得股价大幅走低的股票。

这些候选标的往往需要具备这些特征：其一，资产质量较高，即资产结构中净流动资产较高，应收账款、商誉等价值较低，品牌价值高的企业更好；其二，净利润增长率比较高，若能达到复合增长率超过 15% 以上为佳；其三，股价并未被资金大幅炒作过，或因某些突发情况导致股价大幅下跌，即股价相对比较低（当然，是不是真的低于内在价值还需要研判）。

2. 收集相关信息

一般情况下，投资者需要预先划定几只候选的投资标的，然后开始搜集这些标的股的相关信息。这些信息应该包括但不限于以下几个类别。

第一，企业最近几年的财务报告数据信息，重点关注每股收益、营业总收入、扣非净利润、每股净资产、毛利率等。

现在的炒股软件已经替投资者完成了大部分财务报告数据的收集工作，在各种炒股软件中都有各只股票的财务指标。例如，投资者可以打开同花顺软件，在相关股票页面点击【F10】，即可调出相关的资料页面，点击【财务分析】，即可查询某只股票历年或季度的财务信息，如资产负债表、现金流量表、利润表以及比较重要的财务指标等，如图7-11所示。

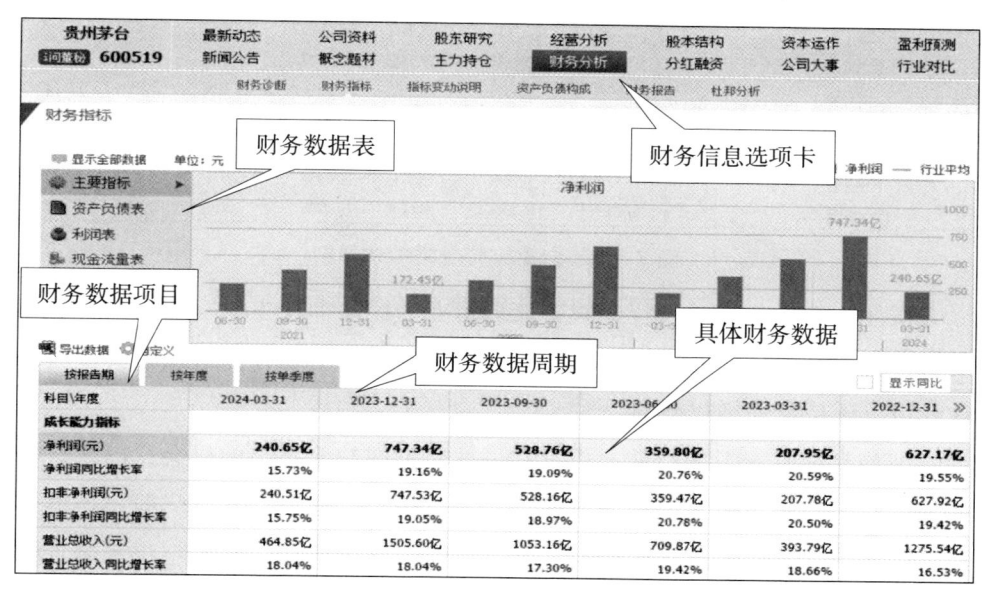

图7-11 财务数据信息示例

第二，企业经营数据信息，包括最近几年企业产品的分类信息、各类产品的销售额占总收入的比重、各类产品的毛利率、地区或国家销售占比等。

投资者可以打开同花顺软件，在相关股票页面点击【F10】，即可调出相关的资料页面，点击【经营分析】，即可查询某只股票最近几期的主营结构数据信息、主要客户信息以及董事会经营评述信息等，如图7-12所示。

3. 评估行业潜力

一个新兴行业肯定要比一个日渐衰退的行业更容易诞生绩优股和成长股，市场上的资金也更愿意炒作新兴行业，这就使得很多新兴行业股票的价格要远远高于其内在价值。相反，一些衰退行业中，由于资金缺少炒作的话题，股价往往相对较低，会出现股价低于内在价值的情况。

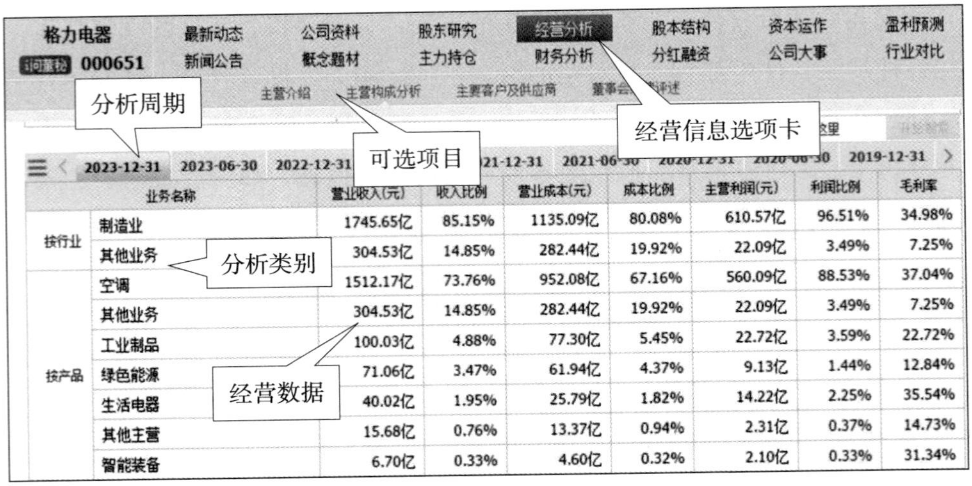

格力电器 000651	最新动态 新闻公告	公司资料 概念题材	股东研究 主力持仓	经营分析 财务分析	股本结构 分红融资	资本运作 公司大事	盈利预测 行业对比
		主营介绍	主营构成分析	主要客户及供应商	董事会评述		

分析周期：2023-12-31 / 2023-06-30 / 2022-12-31 / ... / 2019-12-31

可选项目 / 经营信息选项卡

	业务名称	营业收入(元)	收入比例	营业成本(元)	成本比例	主营利润(元)	利润比例	毛利率
按行业	制造业	1745.65亿	85.15%	1135.09亿	80.08%	610.57亿	96.51%	34.98%
	其他业务	304.53亿	14.85%	282.44亿	19.92%	22.09亿	3.49%	7.25%
按产品	空调	1512.17亿	73.76%	952.08亿	67.16%	560.09亿	88.53%	37.04%
	其他业务	304.53亿	14.85%	282.44亿	19.92%	22.09亿	3.49%	7.25%
	工业制品	100.03亿	4.88%	77.30亿	5.45%	22.72亿	3.59%	22.72%
	绿色能源	71.06亿	3.47%	61.94亿	4.37%	9.13亿	1.44%	12.84%
	生活电器	40.02亿	1.95%	25.79亿	1.82%	14.22亿	2.25%	35.54%
	其他主营	15.68亿	0.76%	13.37亿	0.94%	2.31亿	0.37%	14.73%
	智能装备	6.70亿	0.33%	4.60亿	0.32%	2.10亿	0.33%	31.34%

分析类别 / 经营数据

图7-12　企业经营数据信息示例

按照一般成长股的投资逻辑，衰退行业的股票即使再便宜也是不应该投资的，其便宜的价格自然有其发展空间小的原因。不过，在价值投资领域，这种情况还是要仔细权衡的。

即使是面临衰退的行业，也存在一些转型或技术革新的机会，巴菲特手中的可口可乐公司也并非朝阳产业，只要价格足够便宜，且这只股票还属于这个行业中具有垄断优势的股票，那么还是可以考虑的。当然，投资者肯定不能买入那些近年来要被淘汰的行业的股票，即使这些行业内的企业股票价格极低。

4. 核心竞争力与成长性分析

投资者需要利用已经收集到的各类信息对企业有一个整体上的描述，包括企业的核心产品、核心竞争优势有哪些，之前该股的净利润增长率如何，未来该股是否能够保持强劲的增长态势。

一个企业的增长态势是否能够保持或者迎来上升的拐点，往往与企业的核心竞争力有关。企业的成长性往往也与其所处的行业、在行业中的地位有密切的关系。若企业处于行业内的垄断企业或龙头企业，其成长性必然要被高看，同时，若这个行业的发展潜力很大，天花板很高，则其成长性更佳。

5. 评估企业内部治理情况

对于普通投资者来说，要想全方位地了解一家企业的内部管理水平以及管理团队的实力，相对比较困难。在这方面，机构投资者往往具有较为明显的优势。

通常情况下，投资者所关注的企业内部治理情况，包括但不限于以下几方面信息。

第一，企业的股权结构信息。企业有无控股股东、明显的大股东以及股东结构，最近有无股权变动情况或相关隐患，有无管理层减持信息等。

第二，企业内部管理团队信息，包括管理团队是否稳定、最高管理者的个人领导能力等。

第三，企业内部控制信息，包括企业运营控制、财务控制方面是否得力等。

6. 核算内在价值

该步骤是整个价值投资的核心环节。在格雷厄姆首创价值投资理论时，其核算的主要内容是企业资产的价值，特别是净流动资产价值。其后，在拉里·威廉斯的自由现金流贴模型中，将自由现金流贴现价值提升到核心地位。当然，以后还可能会有更加精确的核算内在价值的方法出现。

7. 估值

在以前的价值投资理论体系中，估值就是内在价值核算的延续。不过在实战中，投资者还是要在以内在价值核算为基础的前提下，充分考虑行业因素、内部治理因素、核心竞争力以及成长性因素，对估值进行适当的调整。

8. 投资决策

估值完成后，投资决策就变得相对简单了。通常情况下，当股票的市场价格大幅低于股票的内在价值时，投资者可以建仓；反之，则不宜建仓。

在 A 股市场中，考虑到投资者的不成熟和易情绪化，最好不要在牛市的中后期建仓。牛市一旦结束，无论股票的价值是否低于内在价值，都会有一波下跌行情。而在熊市的末端积极建仓则是一个不错的选择，这也是巴菲特总是强调的"在别人恐惧时我贪婪，在别人贪婪时我恐惧"。

四、价值投资的入场与离场

按照价值投资理论的要求，入场与离场也有着明确的条件，即当一家优质企业的股价较低时，便可入场建仓；反之，当股价上涨至较高位置，且已经远远超出其内在价值时，就可以离场了。

通过前面对股市波动的介绍，可以大致确定几个比较典型的入场和离场时机。

1. 最佳入场时机

相比之下，在大盘指数处于暴跌后的底部区域或横向振荡趋势时，投资者借助价值投资理论进行选股操作更容易获得成功。也就是说，即使投资者所选的股票拥有极佳的安全边际，也不应该在大盘连续大幅上攻之后介入。

通常情况下，最佳入场时机包括这样几个。

第一，大盘暴跌进入底部区域后，很多绩优大白马股也会因为被错杀而出现股价与内在价值的背离，其股价远远低于内在价值。由于市场上的大白马股通常为稀缺品种，因而，往往股市暴跌时才是入场大白马股的最佳时机。

第二，大盘处于横向振荡趋势时，投资者若发现股价远低于内在价值时，往往就可以直接买入股票。若个股出现黑天鹅事件，且不会危及股票未来的长期盈利能力，则可趁机买入建仓。其实大多数白马股的"黑天鹅"事件的影响都是属于短期的，很难在根本上改变股价运行态势，因此，这时往往是买入股票的最佳时机。

2. 最佳离场时机

相对于入场时机，离场时机更加难以把握。就如费雪所说，如果一只股票的增长逻辑没有改变，那就不应该卖出，也就不应该离场。然而，看看A股市场三十年的走势就会发现，很多股票的股价就如同过山车一样，有过高点，又回到低点，周而复始。A股并没有像美国的道琼斯指数那样通过不断抬升低点而上升，因此，即使股票的增长逻辑没变，投资者还是应该在股价来到高点时暂时退出。

通常情况下，离场的时机包括这样几个。

第一，在大盘暴涨的推动下，股票价格已经远远高于其内在价值，此时继续持有该股，很有可能会与大盘同时陷入暴跌的趋势中。为了投资收益最大化，投资者还是应该暂时离场。

第二，股市处于筑底或振荡趋势中，股票价格受某些利好消息的刺激而出现大幅上涨走势，致使股价高于内在价值。此时，投资者可考虑部分离场的方法，即减仓三分之一到二分之一为宜。

其实就连一直倡导长期持股的巴菲特也不是无论何种行情都持有股票的。在 20 世纪 60 年代后期，美国股市出现了一波长牛走势，市场上的股票价格持续走高。这让巴菲特感到非常恐慌，因为他已经找不到价格公道且有增长潜力的股票。巴菲特甚至于 1969 年关闭了合伙投资的公司，承认自己这种勤勤恳恳地通过市场调查选股的方式已经不适应充斥短线投资的市场了。他在写给合伙人的信中写道："这场游戏的参与者都在自欺欺人，无所顾忌地炒高股价，制造了大量的泡沫。"也就是说，巴菲特难以接受市场上价格高得离谱的股价。

其后的市场走势证明了巴菲特的英明。20 世纪 70 年代初期美国股市迎来一波大熊市，是继 1929 年经济危机后最严重的一次股市大萧条。

第三节　成长股投资法

成长性是成长股最主要的特征。这种成长性需要投资者站在一个更高的角度来看待：一方面，这类股票必须在过去若干年内表现出了很强的成长性（比如利润率或营业收入连续多年持续高增长）；另一方面，这类股票还必须能够确保在未来数年乃至数十年内具有较强的成长性，也就是说，这类企业所生产的产品应该不会很容易被替代或者这类企业自身具备较强的创新与适应能力，能够适应未来竞争环境的变化。

在成长股投资方面，费雪是绝对的权威，其代表性著作《怎样选择成长股》列出了选择成长股的 15 项标准，如图 7-13 所示。

在费雪的思想体系中，排在第一位的是股票的成长性而非低价。投资者在分析股票的质地时，重点寻找那些盈利即将大幅改善的企业，最好是盈余改善即将到来，而市场并未推动股价上攻的标的股。比如，某只股票的市盈率可能达到了行业均值的两倍，表面上看，这只股票的价格已经偏高了，但是，若该企业的业绩增速远远高于行业平均水平的两倍，那么这只股票就是一只

选择成长股的 15 项标准

第 1 项：是否有足够的潜力产品或服务支撑业绩增长？
第 2 项：是否有继续增加产能或销量的方法或产品？
第 3 项：考虑规模因素，企业在研发方面的投入是否有效？
第 4 项：企业是否拥有高水平的销售团队？
第 5 项：是否具备有价值的利润率？
第 6 项：企业为维持和增加利润率做了哪些努力？
第 7 项：企业是否具备出色的人事和劳务关系？
第 8 项：是否具备出色的行政关系？
第 9 项：企业的管理架构是否合理、有效？
第 10 项：企业内控系统是否运作良好？
第 11 项：提升核心竞争力方面，企业还有哪些具体措施？
第 12 项：企业是否有更好的短期或长期利润前景？
第 13 项：企业未来是否需要股权融资？由此带来的股东利润稀释需要多久才能抵消？
第 14 项：企业是否拥有坦率且愿意与投资者沟通的管理层？
第 15 项：企业的管理层是否足够诚实？

图 7-13 选择成长股的 15 项标准

非常值得投资的优质标的。当然，若未来这只股票的成长性减弱，则其高市盈率将难以维系，其实这也是消费品领域很多白马股市盈率很低，而医药生物板块中很多股票的业绩并不突出，但市盈率很高的原因，即很多消费品企业的市场占有率已经接近行业天花板了，继续增长变得十分困难；反之，在医药生物领域，很多企业研发的新药具有很大的市场潜力，因而高市盈率是一种十分正常的现象。

一、寻找高成长股

高成长性的股票，意味着在以后的数年或数十年内都有可能保持较高的增长势头，因而，其很容易获得市场的青睐。通常情况下，投资者可通过以下四个维度识别高成长性股票,如图 7-14 所示。

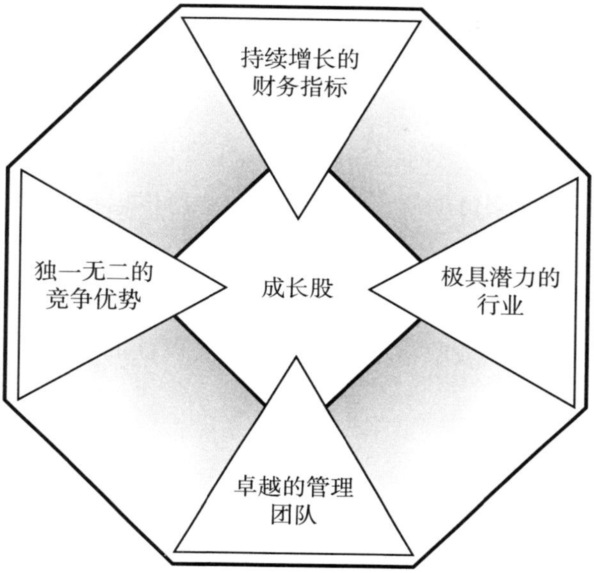

图 7-14 高成长性股票的特征

1. 持续增长的财务指标

企业的财务指标能够反映整个企业的运作和发展情况。若你是一个想要并购该企业的投资者,那一定会先选择查看该企业的财务指标。同理,作为该企业的股票投资者,查看其基本的财务指标也是必不可少的。这些基本的财务指标包括但不限于以下几类。

(1)季度每股收益。

季度每股收益是以季度为周期核算的上市公司每股净收益数据。目前,上市公司的财报是以季度为周期公示的,因而,在判断股价的收益情况时,也可以将季度作为周期。每股收益越高,代表企业效益越好。

在研判每股收益时需要注意以下几点。

①当期的每股收益越高越好。

②一次性额外收益必须剔除。例如,某公司在某季度因出售资产获得一次性收益较多,因而促使当季每股收益大幅提升。这样的收益是无法持续的,因而必须剔除。

（2）每股收益增长率。

每股收益增长率，即与上年同期相比每股收益的增长情况。

研判每股收益增长率时需要注意以下几点。

①年度复合增长率。

成长性较强的股票，往往会在连续几年之内保持20%以上的增长率。鉴于部分高成长性股票可能属于周期性行业，所以以年为周期核算其复合增长率也是不错的选择。

②增长率名列前茅。

所选标的公司的每股收益增长率，应该在以往的几年中取得了领先行业内部同类企业的成绩。

（3）净资产收益率。

高成长性企业的年度净资产收益率应该高于15%，且能够保持多年。投资者可以借助炒股软件，通过点击【F10】查看这些财务指标，如图7-15所示。

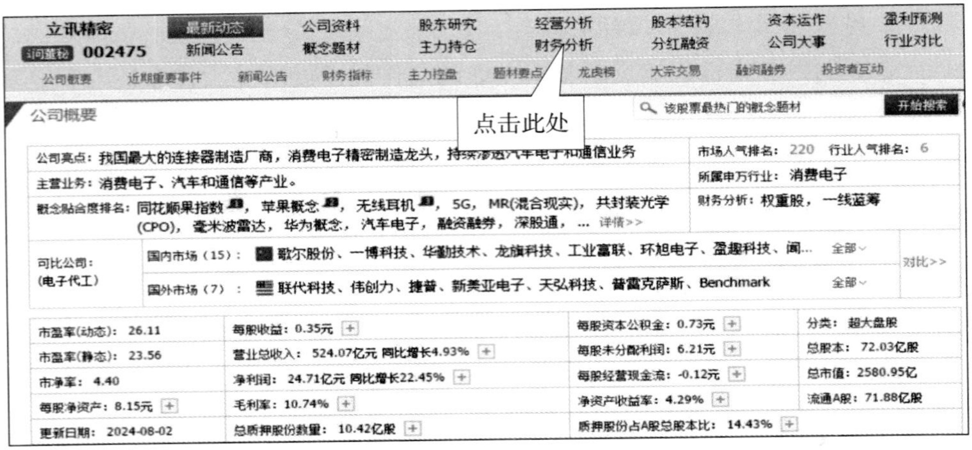

图7-15 立讯精密（002475）F10资料

图7-15中，投资者可以查看到立讯精密2024年第一季报的基本财务数据。若想查看更为详细的财务数据或者时间更长的财务数据，可以点击【财务分析】选项卡，查看具体内容，如图7-16所示。投资者也可以通过点击财务数据上方的选项卡，切换财务数据周期，以便获得更为详细的财务数据。

立讯精密 002475	最新动态 新闻公告	公司资料 概念题材	股东研究 主力持仓	经营分析 财务分析	股本结构 分红融资	资本运作 公司大事	盈利预测 行业对比
		财务诊断	财务指标	指标变动说明	资产负债构成	财务报告	杜邦分析 切换财务周期

按报告期	按年度	按单季度					显示同比
科目\年度	2024-03-31	2023-12-31	2023-09-30	2023-06-30	2023-03-31	2022-12-31	
成长能力指标							
净利润(元)	24.71亿	109.53亿	73.74亿	43.56亿	20.18亿	91.63亿	
净利润同比增长率	22.45%	19.53%	15.22%	15.11%	11.90%	29.60%	
扣非净利润(元)	21.83亿	101.86亿	70.33亿	41.54亿	17.72亿	84.42亿	
扣非净利润同比增长率	23.23%	20.65%	17.63%	22.48%	16.26%	40.34%	
营业总收入(元)	524.07亿	2319.05亿	1558.75亿	979.71亿	499.42亿	2140.28亿	
营业总收入同比增长率	4.93%	8.35%	7.31%	19.53%	20.05%	39.03%	
每股指标							
基本每股收益(元)	0.3500	1.5400	1.0300	0.6100	0.2500	1.2900	
每股净资产(元)	8.15	7.80	7.30	6.88	6.58	6.31	
每股资本公积金(元)	0.73	0.70	0.65	0.58	0.54	0.51	
每股未分配利润(元)	6.21	5.88	5.42	5.01	4.81	4.55	
每股经营现金流(元)	-0.12	3.86	1.01	1.24	0.51	1.79	

图7-16 立讯精密（002475）财务概况

2. 极具潜力的行业

行业也是投资者选择和判断成长股的一个重要标准。某个企业若处在朝阳产业，且在可以遇见的将来，行业还会有更加广阔的发展空间，那么身处这类行业的绩优股就可能会有较佳的表现；反之，若一个企业身处国家已经明令禁止或即将淘汰的产业，那即使该股在某个财务周期取得了较佳的业绩，这种成长性也是无法持续的。

例如，目前的互联网行业诞生了很多极具成长性的独角兽企业，如阿里巴巴、腾讯、百度等。这些企业所处的互联网行业在可以预见的将来肯定还会有更好的发展，而作为互联网行业的龙头企业，这些企业的股票也很可能会有更加优异的表现。

除了互联网行业，一些国家出台相关规划重点扶持和支持的行业，也会成为未来的朝阳产业，其中难保不会出现类似阿里巴巴、腾讯类的企业。这些行业规划中，投资者需要重点关注集成电路芯片、节能环保、高端制造、新能源和新材料等行业。

3. 独一无二的竞争优势

优势产品是指上市公司所依赖的产品或技术具有显著的竞争优势，且这种竞争优势足够支撑企业未来的长期发展。

优势产品的判断标准包括以下几点。

（1）拥有垄断优势的产品或技术。

通常情况下，一家公司如果获得了某种产品或技术的垄断权，且这种产品或技术在未来相当长的时间内不会被淘汰，那么，这种优势就是无可比拟的。当然，市场上具有这种优势产品的企业并不多见，如云南白药、安琪酵母等。

（2）具有明显技术领先优势的产品或服务。

有些企业的产品虽不能垄断市场，但其在技术或研发方面的领先优势是其他公司短期内难以追赶的，那么，这种领先优势将在未来数年内为企业创造可观的收益。

（3）创新基因与可观的研发投入。

产品更新换代的速度越来越快，使得昨天还占据优势地位的产品，今天就已经进入淘汰品的领域了，这在无形中加大了投资者判断或选择拥有优势产品企业的难度。不过，研究历史上成功企业的经验后就会发现：很多具有优良创新基因的企业，往往能够占领科技发展的最前沿，当然，这也与其历来重视研发资金的投入有关。

拥有优势产品的企业判断标准包括：其一，拥有一种或几种能够持续为企业创造高利润的产品；其二，过去曾出品过主导重大变革类的产品；其三，当前以及未来正在加大研发投资力度，以确保未来的竞争力。

如安琪酵母和云南白药公司，就是两个获得了较大竞争优势的企业。在其所属的领域内，没有任何一家公司有与其抗衡的产品。这也使得这两家公司获得了很多超额收益。

4. 卓越的管理团队

卓越的管理团队，是一家企业持续盈利的重要保障。很多天使投资人在描述投资决策的因素时，也是不断地强调，和项目相比，人是更重要的。

卓越的管理团队往往具有以下特点。

（1）拥有清晰的愿景和目标。

企业的管理团队决定了企业的发展方向和路线，如果管理团队对企业的发展前景没有清晰的愿景、规划和计划，就根本无法带领企业前进。当然，光有愿景还不够，还要看到其为愿景和目标所付出的努力和取得的成绩。愿景、行动、成果都具备了，才能认定这家企业的管理团队是比较优秀的。

（2）以往的经营业绩优良。

尽管历史成绩无法证明未来，但是如果一家企业的管理团队在之前的数年内，都带领企业取得了不俗的业绩（行业同类企业中的业绩佼佼者），而且业绩增长势头很平稳，就可以证明该管理团队具备较强的管理能力。

对于普通投资者来说，由于接触信息有限，判断一家企业管理团队的优劣确实比较有难度。同时也要杜绝一类认识上的误区，即某位管理者演讲水平较高或者某些观点非常前卫，那么该公司的管理团队就一定比较优秀。

投资者在判断管理团队是否卓越时，还是应该通过上市公司以往的经营业绩、经营业务的稳定性和一致性方面等进行评定。

二、适当时机进入

包括成长股在内，股价在运行过程中都会有振荡起伏，也会随着大盘的涨跌出现上升与下跌走势。换句话说，若你在错误的时间买入一只正确的股票，要想实现盈利，就要比别人耗费更长的时间。其间若你立场稍不坚定或者有其他原因而不得不抛出股票，就可能造成一次不小的损失。

下面来看一下贵州茅台的股价走势图，如图7-17所示。

贵州茅台的股价自2014年1月8日的-104.35元（前复权价格）位置启动上涨，并在2021年2月18日创下了2489.11元的高点。股价在短短七年的时间内翻了数十倍。

观察该股的日K线走势图可以看出，投资者若没有在正确的时间介入该股，可能也会浪费很多时间。例如，投资者若在2018年6月12日的阶段高点买入股票，那就要等到几年后的2019年3月4日才能解套。其间投资者若因某些原因想要卖出股票，就只能忍痛割肉了。而投资者若选择2021年2月18日买入股票，可能就要等几年之后才能解套了。由此可见，一个正确的入场点对交易成长股同样非常重要。

选择买入成长股时，需要参考的因素包括但不限于以下几个方面。

第一，个股有无特定的波动周期，若存在周期涨跌的规律，则应回避在

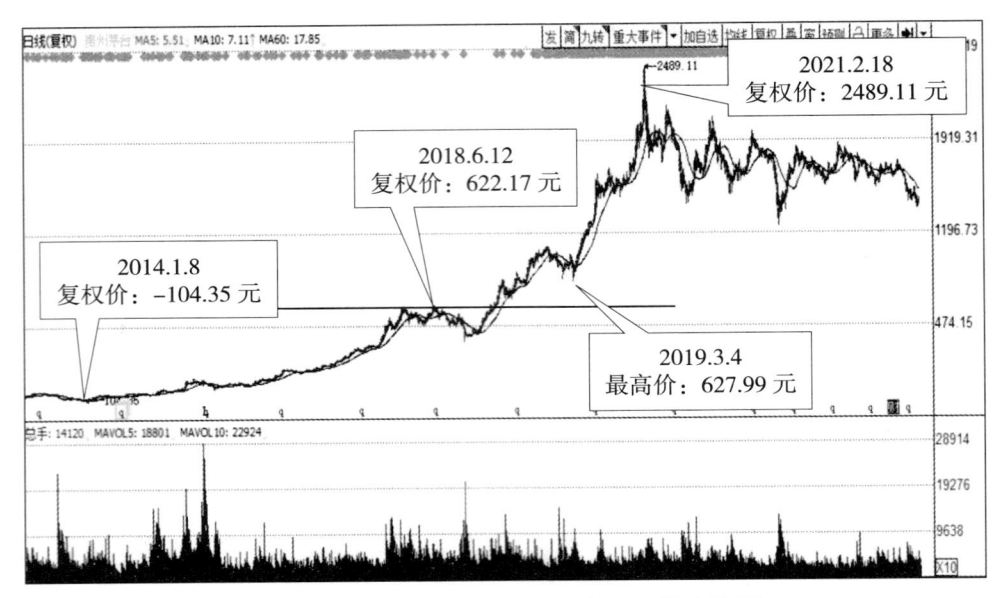

图 7-17 贵州茅台（600519）日 K 线走势图

波动高点时段介入该股。

第二，个股股价是否正在创下新高。尽管一只股票在上升过程中经常会创出新的高点，但在其创出新高时，同样也面临较大的风险。

第三，大盘走势。尽管成长股的走势都会强于大盘指数，但若大盘处于下跌趋势中，也不是购入个股的良机。

第四，尽量避免在个股爆出重大利好时买入股票。重大利好落地前，股价往往会有一番炒作过程，当利好兑现时，往往就是股价开始回调的时候。

三、选择熟悉的标的

沃伦·巴菲特说："我只喜欢我看得懂的生意，这个标准排除了90%的企业。""只投资于你熟悉、你了解的公司，反而会赚得更多。胡乱投资那些自己不熟悉、不了解的公司，往往只会亏得更多。"

买股票，其实就是在做投资。你拿着自己的血汗钱投向一个你认为值得投资的企业，那么，你肯定会先弄清楚这家企业是做什么的、盈利模式如何、未来发展的潜力与前景如何等。事实上，作为一个散户，想要全面了解上市公司的运作细节并不容易，但是在买入股票前，还是应该尽可能多地收集一些关于标的企业的信息。

1998 年，当所有投资者都在狂热地追捧高科技股票时，在伯克希尔公司股东大会上，巴菲特被问及是否考虑过在未来的某个时候投资于科技公司。他的回答是："这也许很不幸，但我的答案的确是'不'。我很崇拜安迪·葛洛夫（Andy Grove，英特尔公司创始人）和比尔·盖茨（Bill Gates，微软公司创始人），但我不会买英特尔或微软的股票。因为当我分析英特尔和微软的股票时，我不知道 10 年后这两家公司会是什么样子。我不想玩这种别人拥有优势的游戏。我可以用所有的时间思考下一年的科技发展，但不会成为分析这类企业的专家，第 100 位、第 1000 位、第 10000 位专家都轮不上我。也许很多人都会分析科技公司，但我不行。"

通常情况下，投资者收集信息的途径包括但不限于以下几种。

第一，上市公司披露的各项公开信息。投资者可借助炒股软件的【F10】功能，随时调出关于上市公司的各类信息，包括各项财务数据信息、管理层信息、投资与交易信息等。

第二，企业网站信息。企业会在自己公司的网站披露一些日常运作信息、领导活动信息以及产品信息，这些信息对了解该企业运作具有重要的意义。

第三，相关论坛上的信息。这类信息多带有小道消息的性质，可靠性不高。投资者需要甄别信息的质量和可靠性。

第八章
熊市交易模式

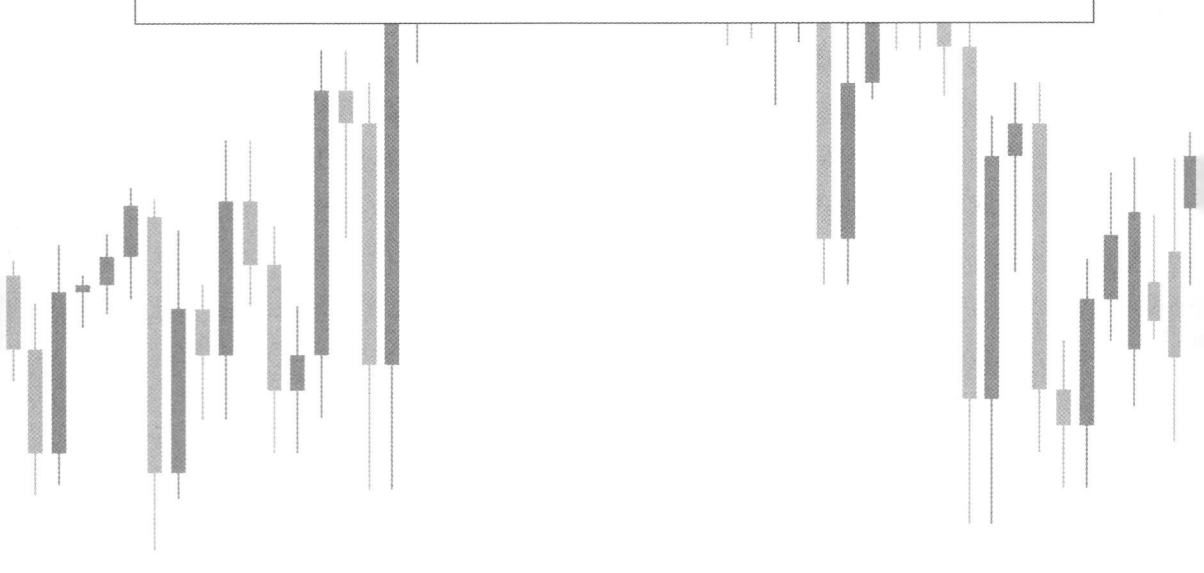

第八章 熊市交易模式

熊市来临时，最佳的交易模式，永远都是不交易、空仓。只有空仓，才能有效地规避熊市给交易资金带来的冲击。但事实上，我们也能看到，无论何种市场，即使熊市，也有很多投资者在坚持交易。其实这与投资者对整个市场、个股走势的观点存在分歧有关。假如投资者知道自己即将买入的股票一定会下跌，那肯定不会有人买入。然而现实却是，投资者之所以买入股票，就是因为预判当前的股票很可能会上涨，况且很多投资者也不想放弃抄底带来的收益。毕竟股市一波涨幅十分有限，放过了底部反弹，后面也可能没有多大的涨幅空间了。也就是说，即使到了熊市，想要入场交易的投资者仍然很多。

为此，本章总结了一些熊市常用的交易模式。

第一节 熊市基础交易战法

熊市交易，往往是九死一生，但仍有很多投资者在坚持。进入熊市后，投资者若要坚持交易，首先必须控制仓位，坚持使用少量仓位进行交易，然后再选择合适的交易技法。

一、休眠交易法

休眠交易法，从整体上来看，是立足于减少交易，甚至不交易的交易技法。在熊市中，股价下行的概率远超上行的概率，因此，少交易，不交易，才是上策。也就是说，没有亏钱，或少亏钱，就是最成功的交易。

休眠交易法的核心要点包括以下几点，如图8-1所示。

1. 减少交易频次

减少交易频次是熊市生存的第一法则。无论输赢，都要控制交易频次。若整个市场环境没有得到根本性好转，交易次数越多，亏损的也就会越多。

```
        减少交易频次           控制交易仓位

                      休眠
                      交易法

        关注市场动态           避免情绪化交易
```

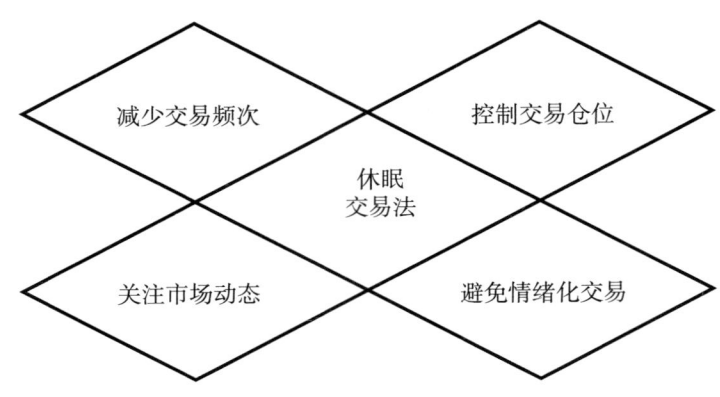

图 8-1　休眠交易法

熊市减少交易频次需要做到以下几点。

第一，坚持上一笔盈利后，再进行下一笔交易。

第二，前一笔亏损后，先停下来修正一下，再交易。

第三，避免同时进行多笔交易，除非前一笔已经产生了较大的盈利，且能够有机会兑现。

2. 控制交易仓位

仓位水平在一定程度上决定了投资者的收益水平。熊市中，仓位水平越高，亏损的概率和幅度也越大。熊市中，盈利次数少于亏损次数，是一种大概率事件。因此，只有控制好仓位，才能让本金更加安全，才有希望看到熊市的终结。通常来说，在熊市中，即使出现了反弹向好的行情，仓位也不能超过50%，甚至不要超过30%。

3. 关注市场动态

控制交易仓位，减少交易频次，可以在熊市中保住本金不受侵蚀，或者少受损失，但无法实现盈利。毕竟，盈利要靠交易来实现。因此，投资者需要密切关注市场动态，政策方面的变化。一旦市场出现积极的信号，则可以考虑加大入场规模。考虑到 A 股市场的特点，对政策面的反应往往比较积极，因此，投资者对政策面的变化应该给予更多的关注。

4. 避免情绪化交易

熊市所考验的不只有投资者的交易技术，更多的还是在考验投资者的心态。避免情绪化交易，也是休眠交易法的一个核心要旨。在交易失败的情况下，投资者需要特别控制好自己的情绪，避免在情绪不稳定时进行交易。

二、熊市赚股，牛市赚钱

一分钱一分货，优股高价，在牛市中表现得尤为明显。而在熊市中，即使是超级绩优股，也未必有与之相匹配的价格。因此，从这点上来说，越是熊市，越是投资者选择绩优股的良机。在熊市的背景下，很多超级绩优股也难逃股价暴跌的命运。对于投资者来说，这时往往是买入超级绩优股的机会。同样的资金额度，在熊市可以买到更多数量的优质股，这也是很多投资者常说的"熊市赚股"。

当然，这并不意味着所有股票都适合这种交易模式。在熊市中能够用来"攒股"的股票，应具有如下几个特征。

第一，股票质地优良，属于典型的超级绩优股。只有这类股票，股价下跌幅度无论有多大，最终还能反弹回来。很多垃圾股，股价跌下去了，就很难再回来，甚至还会退市，这时再"攒股"就没有任何意义了。

第二，股价相对较低，具备较好的投资价值。股票本身具有很高的内在价值，并不一定能成为投资一只股票的理由。只有股价远远低于其内在价值，具备很强的投资价值时，才是入场的时机。事实上，对于超级绩优股来说，这种时机往往只在熊市中出现，牛市是不可能有这种机会的。

第三，买入股票后，只需耐心持股，等到市场走出熊市，迎来牛市时，待持仓产生较多的盈利后，就可以考虑卖出股票了。

下面来看一下海尔智家的股价走势情况，如图8-2所示。

海尔智家作为家电行业的龙头企业，在洗衣机、冰箱等白色家电领域拥有强大的竞争力，属于市场上典型的超级绩优股。该股股价自上市后，一直呈现振荡上扬态势，股价也翻了很多倍。从最近十几年的股价走势来看，该股股价自2013年6月25日的1.61元低点启动上扬，一路振荡上行，到2021年2月18日，股价上涨至34.56元的高点。也就是说，该股股价在八年的时间里，翻了20多倍。

观察该股股价的K线走势还可以发现，股价上升的过程也不是一帆风顺的，而是经历了多次调整。特别是在大盘处于熊市期，该股股价也走出了下

图 8-2 海尔智家（600690）日 K 线走势图

跌态势，但是当大盘企稳后，股价又会呈现振荡反弹走势，很快收复失地，并重新创出新的高点。

换句话说，熊市中，如果投资者想要选择一些超级绩优股的话，那么像海尔智家这类股票无疑是一个理想的选择。在熊市期入场买入该股，一直持有到市场进入牛市期再卖出，如此交易即可。

三、微笑曲线分批交易法

微笑曲线交易法，本是应用在指数基金定投方式的一种基金买入方法。在熊市期间，若某只或几只股票已经具备了较佳的投资价值，而投资者又不确定市场底部和个股底部时，也可以分批建仓买入股票，以期通过微笑曲线式的交易方式，摊低买入成本，早日实现投资盈利。

由于 A 股市场的波动性较大，投资者很难做到在低点时开始定投，不过只要能够坚持下去，即使在股市下行趋势中开启分批投入模式，在不远的未来也会有一个不错的收益。这就是定投领域经典的微笑曲线原理，如图 8-3 所示。

从图 8-3 中可以看出，即使投资者入场后股价就开始下跌，那么，只要保证一定的投资额度，并坚持一段时间，待股价向上反弹一定幅度（有时甚

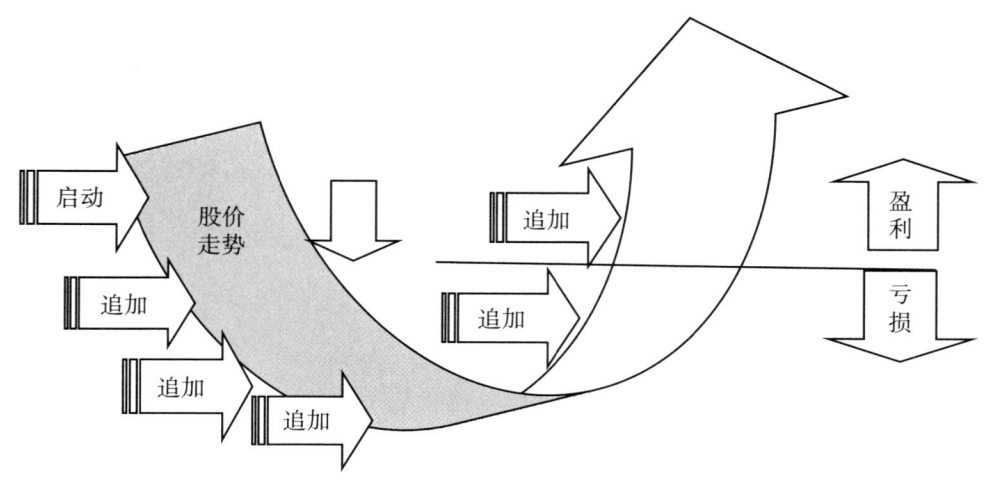

图 8-3 定投微笑曲线

至不需要反弹至定投起始点位置），投资者就可以实现盈利。这主要是由于在股价下跌过程中，投资者通过不断的投入拉低了平均持仓成本，因而，当股价反弹到一定幅度后，投资者很快就可以实现盈利。

定投微笑曲线告诉投资者，定投成功的关键在于：坚持！坚持！坚持！只有坚持，才能不断地拉低持仓成本；只有坚持，才能实现最终的盈利。

不过，应用微笑曲线分批交易法的操作要求比较高，具体包括如下几点。

第一，投资标的质地优良，属于典型的超级绩优股。只有这类股票，股价下跌幅度无论有多大，最终也能反弹回来。很多垃圾股，股价跌下去了，就很难再回来，甚至还会退市。

第二，股价相对较低，具备较好的投资价值。此时开始入场建仓，后面加仓也会很容易走向盈利。观察微笑曲线也可以发现这一点，建仓时间越接近底部，越容易实现盈利。

第三，入场前，投资者需要规划好加仓的时间和批次。投资者事先可以将一些特殊点位（比如股价大幅下跌后的企稳时刻、大盘暴跌反弹点位等），设置为加仓时点。

第四，股票的微笑曲线交易法，可以像指数基金一样定投，也可以选择根据股价走势情况分批投入，即每当股价创出一个显著的新低时投入一批资金（与前一批投入时间跨度较长或跌幅较大）。

下面来看一下伊利股份的案例，如图8-4所示。

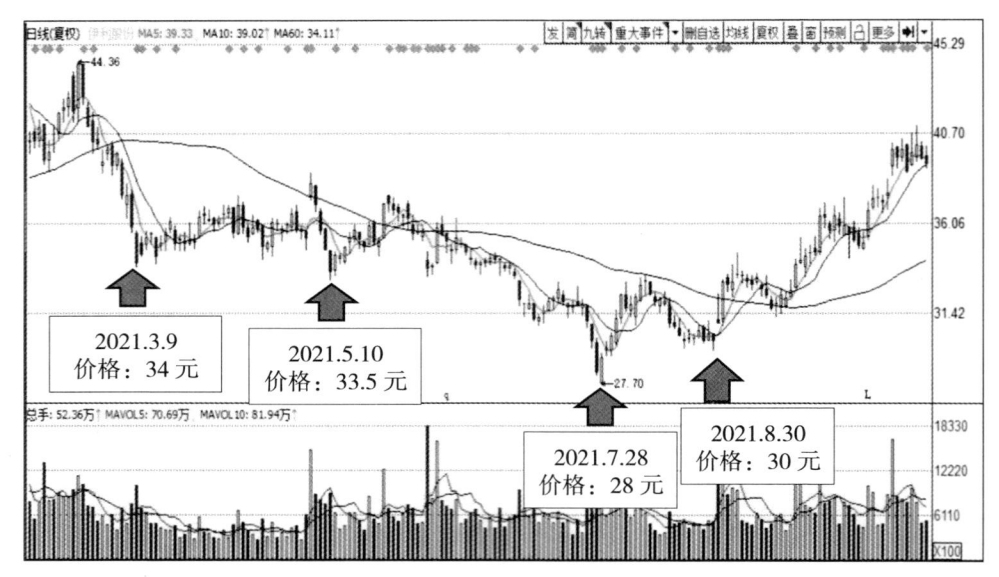

图8-4 伊利股份（600887）日K线走势图

从图8-4中可以看出，伊利股份的股价自2021年1月5日的高点开始振荡下跌。该股股价在下跌过程中不断创出新的低点。鉴于该股属于超级绩优股，投资者想要买入建仓该股，又担心抄底到半山腰，就可以采用微笑曲线分批交易的策略。

3月9日，该股股价触及短线低点后反弹，此时投资者可进行第一笔建仓，假设买入价格为34元。

5月10日，该股股价自短线高点下行后反弹，此时投资者可进行第二笔建仓，假设买入价格为33.5元。

7月28日，该股股价再度出现大幅下跌后反弹，此时投资者可进行第三笔建仓，假设买入价格为28元。

8月30日，该股股价自反弹高点下行后反弹，此时投资者可进行第四笔建仓，假设买入价格为30元。

假设投资者每次买入相同资金的股票，那么8月30日买入完成后，投资者持仓股票的平均成本为31.38元，那么，投资者买入次日，持仓股票就会实现盈利（8月31日，该股股价最高点为32.39元）。

第二节 熊市间断式交易模式

即使整个市场步入了熊市,其间也会出现若干次小波段反弹。正如道氏理论中所描述的市场运行一样,当整个市场的主要运动为熊市(下降)运动时,其间也会夹杂着若干次的次级运动(反弹或上行运动)。投资者若能抓住这些次级运动,快进快出,也是可以实现盈利的。但这种在熊市期间博反弹的交易方法,肯定是"赢少亏多",投资者必须慎之又慎。

一、极阴抢反弹交易法

股价经过大幅下跌后,做空力量被极大地消耗,空方已经无力继续向下打压股价,此时随着市场环境的好转,股价反向启动上攻,并走出强势大阳线,即极阴次阳形态。通常来说,此类形态预示着股价很可能会出现一波反弹走势。

其操作要点如下。

第一,股价经过大幅下跌,已经距离均线较远,乖离率较高,这就意味着股价存在反弹向均线靠拢的需求。

第二,股价反弹当日,收盘价至少达到了前日跌幅一半以上的位置,此时才能说明反弹为有效反弹,股价有继续走高的可能。

第三,投资者尽量在反弹当日临近收盘,股价确实可能收于较高位置时,再入场买入股票。

第四,极阴次阳形态的出现,只能说明股价反弹的可能性很大,但反弹的高度和持续的时间并不确定。入场交易的投资者必须秉持"快进快出"的原则,买入次日若能产生一定的利润,应第一时间离场。

下面来看一下华塑控股的案例,如图8-5所示。2024年1月到2月初期间,华塑控股的股价开启了一波持续大幅下跌走势。到2月初,该股股价下跌的速度明显加快。2月5日,华塑控股的股价更是出现了跌停走势,由此可见，该股股价走势之弱。此后的 2 月 6 日、2 月 7 日，股价更是持续走低，连续收出 7 个点以上的跌幅。

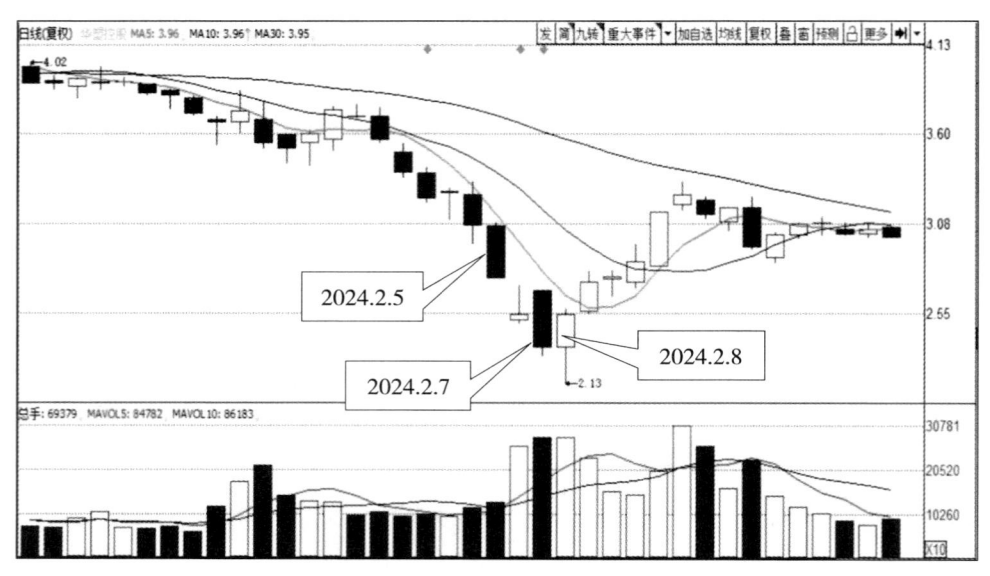

图 8-5　华塑控股（000509）日 K 线走势图

2 月 8 日，华塑控股开盘之后，延续了之前的跌势，如图 8-6 所示。

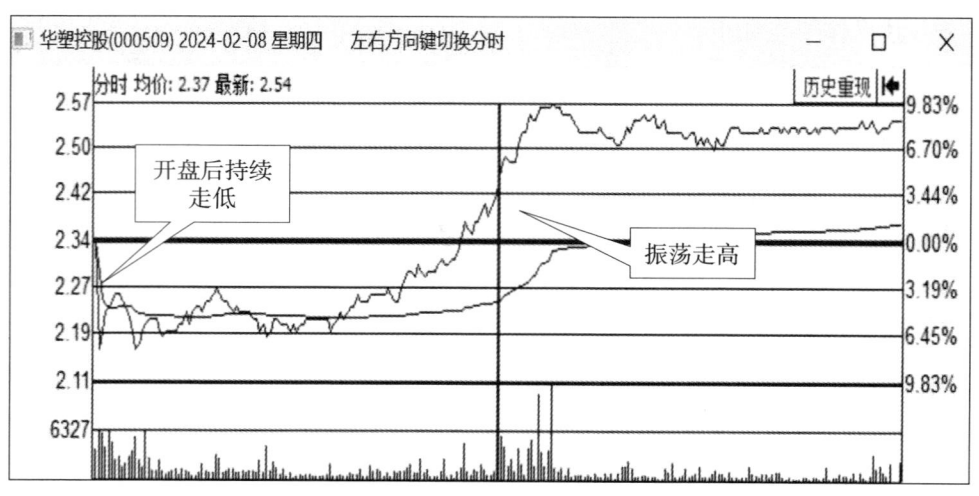

图 8-6　华塑控股（000509）分时走势图（2024.2.8）

从图 8-6 中可以看出，华塑控股的股价在 2 月 8 日开盘后，延续了之前的跌势，给人一种股价继续下行的感觉。盘中时段，该股股价跌幅一度超过了 7 个点。此后，做多力量入场，股价开始全线反攻，临近收盘时段，股价涨幅超过了 8 个点。至此，该股股价的极阴次阳形态基本确立，想要入场博反弹的投资者可在当日临近收盘时段入场。

下一个交易日，该股股价延续了上攻走势，投资者可选择清仓、减仓等操作，就完成了一次成功的博反弹操作。

二、底部短线交易法

在熊市中，激进型投资者仍可把握股价短线起涨带来的收益。股价经过一段时间的下跌后，进入底部区域，整个市场对其缺乏兴趣，导致成交量萎缩。某一交易日，股价开始反攻，并向上突破了短期均线，同时成交量也开始放大，这往往意味着股价短线很可能会迎来一波上升行情。

其操作要点如下。

第一，股价经历了一波漫长的下跌，投资者对这只股票的兴趣已经大减，整个市场的交易非常清淡。

第二，随着股价下跌的持续，该股的成交量本来已经萎缩至较低的位置了。市场普遍认为股价已经下跌到位时，该股再度加大打压力度，将市场仅存的一点信心也消耗殆尽。

第三，经过一波放量下跌后，股价再度下跌时，成交量又出现萎缩，这就是典型的筑底信号出现。

第四，随着股价的下跌，股价 K 线距离均线位置较远，说明该股股价的乖离率已经很大了，存在反弹的需求。

第五，某一交易日，该股股价突然出现放量上攻，股价 K 线一举突破多根均线，这是股价全面转暖的一个信号。

第六，股价上攻时，成交量是一个重要的辅助性指标。只有成交量放大在一倍以上，才能保证突破的有效性。当然，若股价当日早早涨停，成交量出现萎缩也是可以接受的，毕竟交易时间较短。

下面来看一下冠捷科技的案例，如图 8-7 所示。冠捷科技的股价自 2022 年 8 月下旬开始进入了振荡下跌走势。随着股价的振荡走低，成交量同步出现萎缩态势。

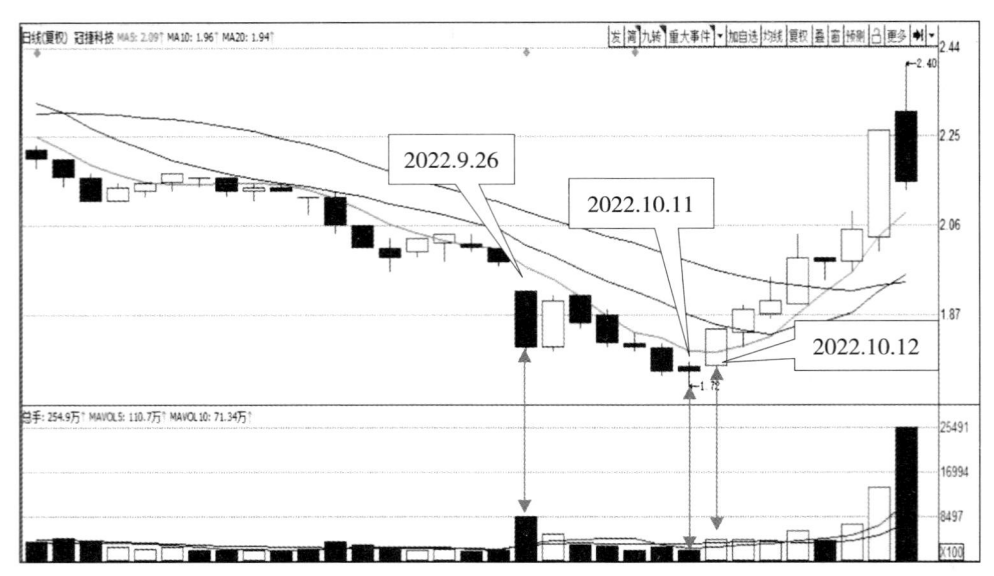

图 8-7 冠捷科技（000727）日 K 线走势图

到 2022 年 9 月下旬，该股股价的下跌态势有所缓和，给人一种股价即将反弹的感觉。不过，9 月 26 日该股却反向出现跳空下跌态势，当日股价暴跌，成交量同步放大若干倍，意味着股价还将延续下跌态势。

10 月 11 日，该股股价延续了下跌态势，股价 K 线以小阴线报收，成交量萎缩严重。这本身就是空方实力不济的一个明确信号。

10 月 12 日，该股股价放量上攻，并突破了 5 日均线，说明股价的拐点已经来临，投资者可积极入场追涨该股。

此后，该股股价彻底结束了下跌态势，并开启了一波上升走势。此时，无论个股或大盘的反攻能够持续多久，从短线来看，该股确实具备一定的交易机会。

三、网格交易法

网格交易法，本质上是一种针对市场大部分时间处于振荡状态而设计的动态投资系统。投资者在建立初始仓位后，还需对市场运行区间进行大致的分区，并划分网格，市场每下行一格，则加仓一份；市场每上行一格，则减仓一份。

该策略的核心目的在于动态调整仓位，降低持仓成本，提升收益率。网格交易法也是指数基金投资经常使用的一种方法，在股票市场也可以使用。

网格交易法通过设置各个网格，动态调整仓位，借助股价的波动，实现收益的最大化，如图 8-8 所示。

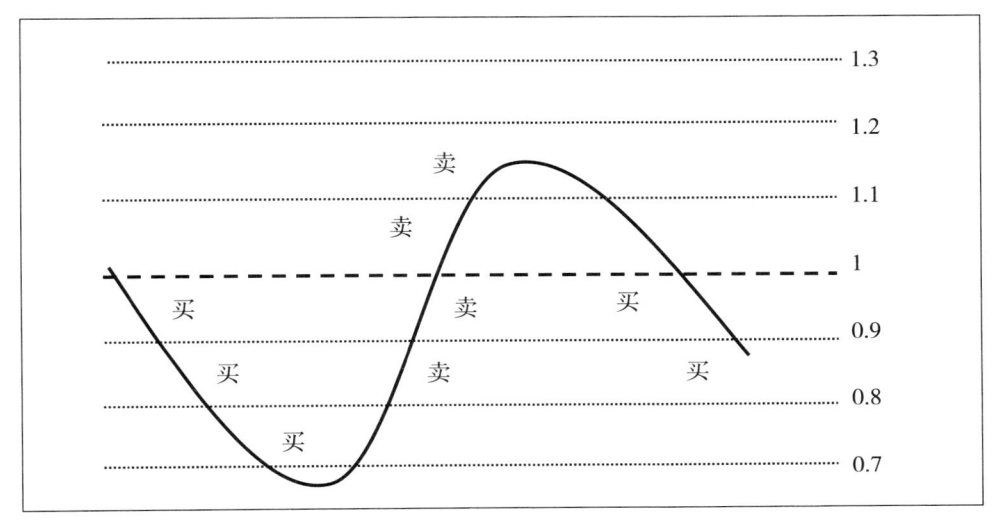

图 8-8　网格交易模式示意图

从图 8-8 中的数据可以看出以下几点。

第一，股价以 1 元（100%）为基准数额进行浮动。随着市场的波动，网格交易的推进，即使市场点位最终仍只是在原点附近波动，投资者仍可能获得一定的收益。

第二，在实战中，单个网格的设置以及每个网格加减仓位的数量，需因人、因投资品种而有所不同。

第三，投资者既可以以股价作为入场、离场基准，也可以将投入的金额作为基准。

第四，在进行第 7 笔交易和第 9 笔交易时，市场点位和持仓数量均为初始值，但额外产生了一定的利润。这就是网格交易的利润。

进入熊市尾声后，空方将很难再组织较大规模的做空力量，而多方暂时也无力发动反攻，股价很可能会出现一定的横向振荡。此时往往就是网格交易法发挥威力的时刻。

网格交易法的操作要点包括如下几点。

第一，在入场前，投资者需要根据股票价格情况以及对股价未来走势的判断，设置网络线的点位。通常来说，至少要留足超过 5 个批次的入场资金。

第二，网格交易法的目标股票应该以绩优股、白马股为主，尽量避免交易垃圾股。

第三，待市场趋势明确后，投资者可修正交易策略。若市场开始进入上升趋势，可降低减仓次数；若市场开始新一波的下跌，则需降低加仓次数，甚至直接清仓离场。

下面以老板电器为例进行说明，如图 8-9 所示。

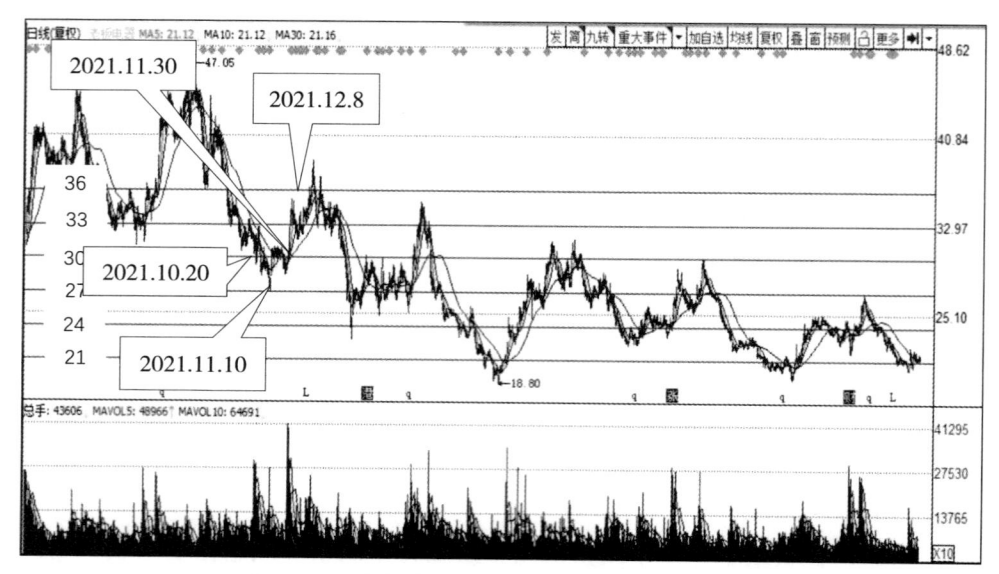

图 8-9　老板电器（002508）日 K 线走势图

从图 8-9 中可以看出，老板电器的股价自 2021 年下半年开始出现了一波振荡下行走势。从整个趋势来看，股价整体呈现出明显的下行趋势，但在下行过程中，股价又不断地出现大幅振荡态势，这就给了投资者不错的交易机会。

若投资者从 2021 年 10 月下旬开始使用网格交易法，以 30 元为基准入场位。2021 年 10 月 20 日，假设以 30 元价格买入 1000 股老板电器的股票，价值 30000 元（不计交易税费）。

2021 年 11 月 10 日，以 27 元价格买入 1000 股老板电器的股票，价值

27000元（不计交易税费），总计持仓2000股，价值54000元，亏损3000元。

2021年11月30日，以30元价格卖出1000股老板电器的股票，价值30000元（不计交易税费），总计持仓1000股，价值30000元，盈利3000元。

2021年12月8日，以33元价格卖出1000股老板电器的股票，价值33000元（不计交易税费），总计持仓0股，价值0元，盈利6000元。

至此，投资者手中不再持有老板电器的股票，整个交易过程产生了6000元的盈利，还是不错的。投资者可继续按照网格交易法的要求，在股价跌回30元的价格时重新入场，进行网格交易。

总之，网格交易法的目标就是捕捉股价短线波动产生的利润，即使股价整体涨幅不大，甚至处于下行趋势，也可能通过网格交易实现整体上的交易盈利。

第三节 熊牛转换交易模式

进入熊市尾声时，市场会自然不自然地出现各类转向信号。当然，这类信号的出现并不意味着市场或个股会迅速转向，有时从熊市向牛市转向需要花费相对较长的时间，个股可能还会出现幅度较大的下跌。因此，投资者必须有针对性地设计交易模式，才能避免股价下跌带来的风险，并获得一定的收益。

一、左侧添油交易法

左侧添油交易法，是建立在左侧交易的基础之上，投资者预判到当前股价已经远远低于其内在价值，股价反弹只是时间问题，因此选择在股价下跌过程中积极入场建仓的一种交易模式。

通常来说，该交易模式所面临的风险还是非常大的。投资者不可能一次性买中股价自低点反弹的转折点，因此，投资者可考虑分批次买入的方法，在股价下跌过程中逐步分批建立仓位，此后一旦股价反弹向上，很快就可以实现盈利。

其基本交易模式，如图 8-10 所示。

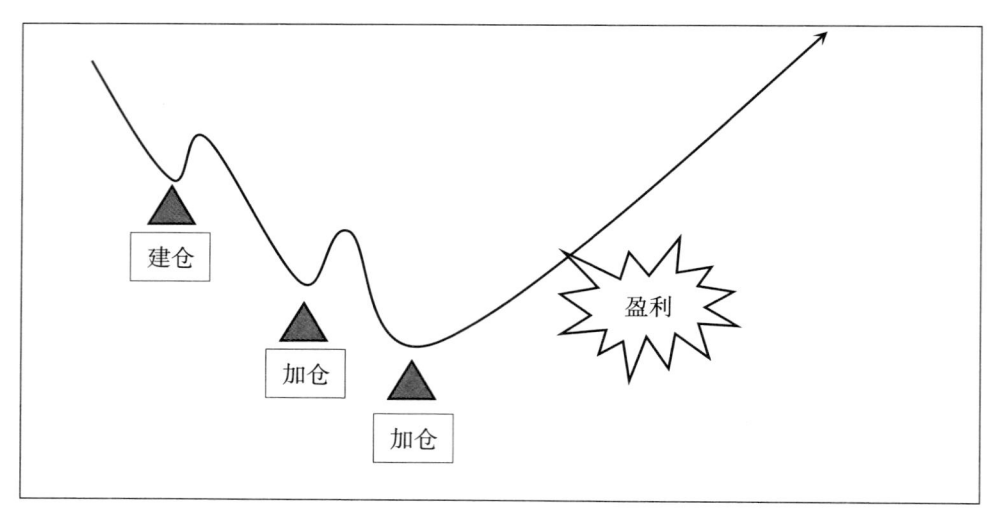

图 8-10　左侧添油交易法

从图 8-10 中可以看出，股价进入下跌尾声后，投资者就可以启动入场建仓，而后随着股价的下跌持续加仓，然后坐等股价出现反弹。

在操作过程中，以下几点需要特别注意。

第一，交易批次的控制。由于该交易采用的是左侧交易模式，对低点的选择未必会十分准确，即使设置了几次买入，最后一次买入也未必是最终的底部。因此，投资者在入场前必须对交易批次、交易入场的时间间隔等进行有效控制，特别是需要预留一批后备资金，不到真正的最后时刻不要用。该交易法最忌讳的是早早将手中的资金分批次地全部投入到一只或几只股票身上，以致失去应急或转换的空间。

第二，交易标的的选择。左侧交易的风险较大，因此，所选的标的必须是超级绩优股，且第一批入场时股价已经大幅低于其内在价值了，此时才是相对稳妥的选择。

第三，交易止损的考虑。对于大多数投资者来说，该交易法并不需要预设止损位，若股价出现加速下跌的情况，只需在股价企稳时入场加仓即可。但作为普通投资者，不可能对一只股票永无止境地加仓，因此，面对特殊的行情（比如持续暴跌的行情），还需要考虑如何撤出或止损的问题。投资者可考虑暂停加仓或者部分止损，待股价真正企稳后再加仓。总之，投资者需要依据个股、市场环境等因素综合考虑。

下面来看一下山西汾酒的案例。山西汾酒属于白酒行业中的龙头品种。该股自上市后，一直保持了不错的业绩，且连续数年保持了较高的业绩增速，属于市场上的超级白马股。

来看一下该股的日 K 线走势情况，如图 8-11 所示。

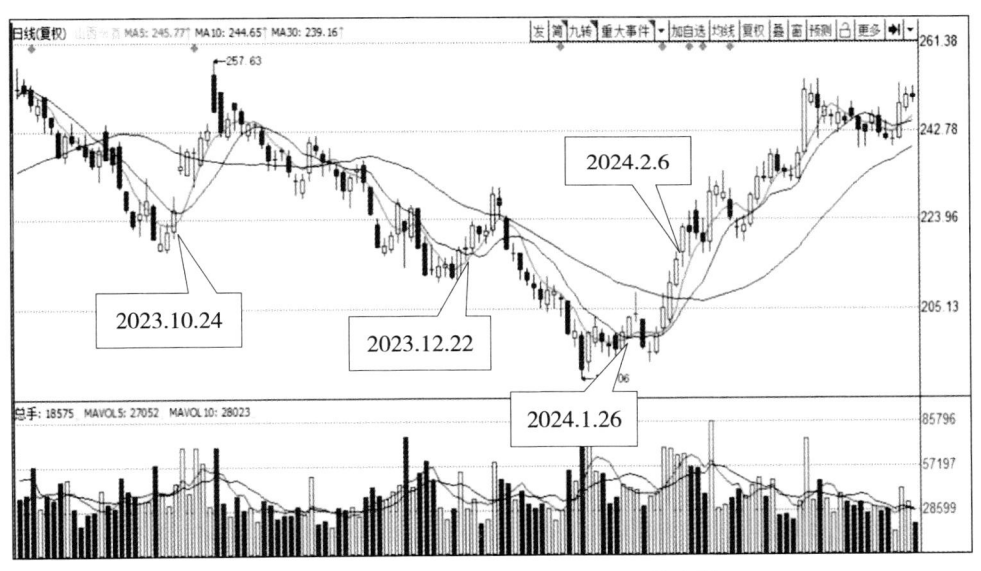

图 8-11　山西汾酒（600809）日 K 线走势图

从图 8-11 中可以看出，自 2023 年年底到 2024 年年初的一段时间里，山西汾酒的股价出现了持续振荡下跌走势。

鉴于山西汾酒的优秀业绩以及较高的净利增速，投资者可考虑利用左侧添油交易法，分批次建仓该股。

2023 年 10 月 24 日，该股股价经过一波下跌后出现反弹，且股价 K 线向上突破了 5 日均线，投资者可考虑第一批建仓。假设以 225 元的价格买入 500 股，持仓金额为 112500 元（不计交易税费）。

2023 年 12 月 22 日，该股股价经历反弹后再度下跌又出现反弹，且股价 K 线向上突破了 5 日均线，投资者可考虑第二批建仓。假设以 220 元的价格买入 500 股，持仓金额为 220000 元（不计交易税费），亏损 2500 元。

2024 年 1 月 26 日，该股股价底部横向振荡后出现反弹，且股价 K 线向上突破了 5 日均线，投资者可考虑第三批建仓。假设以 200 元的价格买入 500 股，持仓金额为 300000 元（不计交易税费），亏损 22500 元。此时投资者的平均持仓成本为 215 元。

2024 年 2 月 6 日，该股股价延续了前一个交易日的大幅上攻，股价最高点超过了 216 元。也就是说，投资者在当日即可实现盈亏平衡。

其后，该股股价持续上攻，将为投资者提供源源不断的利润。

二、持仓不动交易法

熊市的尾声，市场往往能够感知到牛市的气息，只是在个股层面未必会立即转入上行通道。有些股票在熊市尾声还可能出现规模较大的下跌。面对这种情形，很多心态不稳的投资者由于心生慌乱而草草撤退，而当这些投资者割肉离场时，往往又是股价正式进入牛市的时刻。

因此，很多心态稳健的投资者选择了"以不变应万变"，即买入股票后坚持持股不动，直至迎来真正的牛市。

当然，这类交易法对股票和交易时机也有较高的要求，具体要求如下。

第一，所选的股票标的，以超级绩优股且属于低估值的超级绩优股为宜。垃圾股要坚决远离。

第二，入场时机的选择。持股不动需要耐心，更需要机会。并不是所有时间持股不动都是有效的，即使是超级绩优股，也要选好入场时机。通常来说，在熊市尾声，很多绩优股也会出现补跌走势，此时往往就是入手这些股票的时机。

第三，当超级绩优股的股价大幅低于其内在价值时，往往就是这类交易模式启用的时刻。当然，投资者必须清楚一点，即此时买入股票，未来股价涨回来并实现盈利的希望非常大，但到底多久能涨回来，时间是不确定的。因此，投资者投入的资金必然是暂时不会动用的。

下面来看一下美的集团的案例。美的集团是家电行业的龙头企业，而且是一家年销售收入超过 3500 亿元的大型家电企业。美的集团的每股收益也一直维持着较高的水平,因此该股也被认为是典型的超级白马绩优股。

来看一下该股的日 K 线走势情况,如图 8-12 所示。

图 8-12 美的集团(000333)日 K 线走势图

从图 8-12 中可以看出,美的集团的股价在整个 2023 年都处于弱势整理态势。在 2023 年之前的 2022 年和 2021 年,美的集团更是出现了超过 20 个月的单边下跌。也就是说,到 2023 年,美的集团的下跌动能已经被释放殆尽,而该股的基本面却没有多少变化,业绩依旧强悍。这说明该股股价的下跌并非由基本面恶化而引发,只是单纯地因为市场调整造成的。

基于以上分析,投资者可以从 2023 年 3 月开始建仓买入该股,毕竟股价已经跌至 50 元下方,继续下行的空间十分有限,投资者可考虑买入一定数量的股票,然后耐心地持股不动。

进入 2024 年以后,美的集团的股价迅速出现了修复走势。